De cabo a rabo

The Most Comprehensive Guide to Learning Spanish Ever Written

Actividades

David Faulkner

Flashforward Publishing

De cabo a rabo: Actividades

The Most Comprehensive Guide to Learning Spanish Ever Written

Published by Flashforward Publishing

Boulder, CO

ISBN: 978-0-9964497-8-6 (softcover)

FOREIGN LANGUAGE STUDY / Spanish

QUANTITY PURCHASES: Schools, companies, professional groups, clubs, and other organizations may qualify for special terms when ordering quantities of this title. For information, please contact the author through DavidFaulknerBooks.com.

Flashforward
Publishing

Querid@ estudiante,

I wrote *Actividades* to serve as a fun and practical workbook to walk students through *Gramática* and *Vocabulario* unit by unit (all 30 of them); it's the glue that binds them together. It's no secret that, to learn new grammar or vocabulary in any language, one must see and use it in context over and over again in fresh, new ways each time. This workbook provides that much-needed context and varied repetition. Over the course of the book, you'll be challenged to practice old vocabulary with new grammar as well as old grammar with new vocabulary and, little by little, you'll see how all the puzzle pieces of the language come together.

This workbook offers you a great opportunity to roleplay as it'll ask you to answer questions about fictional people as though they were your friends and even put you on the spot to answer questions about yourself. There's no need to answer anything honestly here; the goal is to explore the language in as many ways as possible, even humorously. So if a question asks you what your brother ate for breakfast yesterday, and you don't have a brother, feel free to make it up in the name of practice or cross out the word and substitute it with a different one that better suits your personal situation.

The *De cabo a rabo* series packs a lot of information into relatively small volumes, making them uniquely comprehensive and portable. They were designed to be used in conjunction with each other but are offered separately to provide students with the most flexibility possible regarding which books to have open at any given time. In addition to offering *Gramática*, *Vocabulario*, and *Actividades*, I encourage you to actively seek out as much authentic audio input as you can get your ears on: movies, music, TV, friends, neighbors, and strangers. The world is your classroom! With that, I wish you good luck on your journey exploring the Spanish language. Don't forget to enjoy it!

Un abrazo,

David

Contenido

Actividad 1-1

¿Qué significan en inglés las siguientes palabras/frases interrogativas?

1. ¿Qué? _What_

2. ¿Cuándo? _When_

3. ¿Por qué? _Why_

4. ¿Cómo? _how_

5. ¿Dónde? _Where_

6. ¿Quién(es)? _Who_

7. ¿Cuál(es)? _Which_

8. ¿Cuánto(s)? _How many_

Responde las siguientes frases y preguntas.

1. Buenos días

Buenos dias

2. ¿Cuándo es tu cumpleaños?

Mi cumpleaños es el viente-tres marzo

3. Hola

Hola

4. ¿Cómo te llamas?

Me llamo Andie

5. Hasta luego

Hasta luego

6. ¿Cómo estás?

Estoy muy bien, gracias

7. ¡Mucho gusto!

Encantada mucho gusto en conocerte

8. ¿Qué día es hoy?

Hoy es el dies y tres marzo

5

Actividad 1-2

¿Cómo se dicen en español las siguientes palabras/frases interrogativas?

1. When? _Cuándo_

2. Why? _Por qué_

3. Who? _quién_

4. Where? _dónde_

5. What? _Qué_

6. How? _Cómo_

7. How many? _Cuánto_

8. Which? _Cual_

Responde las siguientes frases y preguntas.

1. ¿Cuáles son los días de la semana?

los días de la semana son lunes, martes, Miercoles, jueves viernes, sabado y domingo

2. ¿Cuántos meses hay en un año?

Hay doce meses en un año

3. ¿Cuál es la fecha de hoy?

La fecha de hoy es el trece Marzo

4. ¿De dónde eres?

Soy de Palo Alto, California (en los Estados Unidos)

5. Buenas tardes

Buenas tardes

6. ¿Cuáles son los meses del año?

los meses del año son enero, febrero, marzo, abril, mayo, junio, julio, avosto, septiembre, octubre, noviembre diciembre

7. ¿Cuál es tu número de teléfono?

mi numero de teléfono es el quatro dos cinco, tres dos cero seis quatro quatro dos

Actividad 2-1

Llena el espacio en blanco con la conjugación correcta del verbo *ser*.

1. Yo _soy_ inteligente y artístico. (ser)

2. Ellos _son_ serios y tacaños. (ser)

3. Ella y yo _somo_ generosas y graciosas. (ser)

4. Tú _eres_ muy paciente y amable. (ser)

5. Tú y ellos _son_ ordenados y trabajadores. (ser)

6. Ella _es_ deportista. (ser)

Llena el espacio en blanco con la forma correcta de los adjetivos entre paréntesis.

7. Ella es _artística_ y _amable_. (artístico, amable)

8. Yo soy _atrevida_. (atrevido)

9. Mario es _deportista_ y _trabajadoro_. (deportista, trabajador)

10. Elena y yo somos _calladas_. (callado)

11. Lupita es _desordenada_ y _perezosa_. (desordenado, perezoso)

12. Juan es _generoso_. (generoso)

13. Marta y Julia son _graciosas_ y _sociables_. (gracioso, sociable)

14. Yo no soy _impaciente_. (impaciente)

15. Pepe y Panchito son _pacientes_. (paciente)

16. Él y ella son _ordenados_. (ordenado)

17. Yo no soy _tacaña_. (tacaño)

18. Leticia, tú eres _seria_ y _trajabadora_. (serio, trabajador)

19. Jorge y yo somos muy _prudentes_. (prudente)

20. Nosotras somos _desordenadas_. (desordenado)

Actividad 2-2

Llena los espacios en blanco con los pronombres que corresponden a los complementos indirectos (me, te, le, nos, os, les). Sigue los ejemplos.

1. A Mónica __le__ gusta escuchar música. (A Mónica → le)

2. A ellos __les__ encanta ver la tele. (A ellos → les)

3. A mí _me_ gusta ir a la escuela.

4. ¿A quién _Se_ gusta pintar? → "a quién" is 3rd person, singular

5. ¡A nosotras _nos_ encanta cocinar!

6. A mí y a Viviana _nos_ gusta nadar.

7. ¿Qué _te_ gusta hacer a ti?

8. ¿Qué _les_ gusta hacer a Ud.?

9. ¡A Israel _le_ encanta ir al cine!

10. ¿A ustedes _les_ gusta tocar la guitarra?

11. ¿A ti y a Manuel _les_ / _____ gusta trabajar?

12. ¿A vosotros _le_ gusta dibujar?

13. ¿A quiénes _les_ gusta hablar por teléfono? → "a quiénes" is 3rd person, plural

14. ¡A mí _me_ encanta escribir!

15. A mí y a ti _nos_ gusta practicar deportes.

Completa cada frase con una característica (adjetivo) que corresponde a los gustos de las personas.

16. A Yolanda le gusta practicar deportes. Ella es _deportista_ .

17. A Paco le gusta dibujar y pintar. Él es _artístico_ .

18. A mí y a Sara nos gusta ver la tele. Nosotros somos _perezosas_ .

19. A Juanita y a Magda les encanta estudiar. Ellas son muy _estudiosas_ .

20. A Tomás y a Paco les gusta estar con amigos. Ellos son muy _sociables_ .

Actividad 2-3

Contesta las siguientes preguntas con oraciones completas (complete sentences).

1. ¿Qué te gusta hacer?

A mi me gusta hablar en español. Soy muy trajabadora

2. ¿Te gusta pintar y dibujar?

Si, me gusta pintar y dibujar, pero no sé mucho como hacer

3. ¿A Carmen le gusta patinar?

No lo sé, pero creo que si, a ella le gusta patinar

4. ¿Qué les gusta hacer a ustedes?

A nosotros nos gusta Cocinar y comer

5. ¿Cómo eres?

Soy preparada y bonita

6. ¿Eres prudente o atrevido/a?

A veces soy prudente, y a veces soy atrevida

7. ¿Cómo te llamas?

Me llamo Andie

8. ¿Cuántos años tienes?

Tengo seisenta y seis años

9. ¿De dónde eres?

Soy de Arlington, Washington

10. ¿Cuándo es tu cumpleaños?

Me cumpleaños fué el viente-tres de marzo

Actividad 2-4

Rearrange the words in each sentence so that it makes sense.

1. y martes el de el son lunes días la . semana

el lunes y el martes son dias de la semana

2. me David . llamo

me llamo David

3. les practicar gusta deportes .

les gusta practicar deportes

4. ¿ dónde eres de ?

¿de donde eres?

5. y del noviembre son enero meses año .

enero y noviembre son meses del año

6. ¿ te hacer qué sábados los gusta ?

¿qué te gusta hacer los sabados?

7. ellos somos atrevidas pero nosotras , prudentes son .

nosotros somos atrevidas pero ellos son prudentes

8. tampoco pintar mí a me gusta .

a mi me gusta pintar tampoco

9. estás buenos , ¿cómo días ?

buenos dias, ¿cómo estás?

10. mi es 23 el de . cumpleaños marzo

mi cumpleaños es el 23 de marzo

Actividad 3-1

Llena el espacio en blanco con la forma correcta del verbo entre paréntesis.

1. Selene __ayuda__ en casa. (ayudar)

2. Tú __necesitas__ una calculadora para la clase de matemáticas. (necesitar)

3. ¿Quién no __ve__ la tele? (ver) → "quién" is 3rd person, singular

4. ¿__dibujas__ tú en la escuela? (dibujar)

5. Marcos __cocina__ también. (cocinar)

6. Nos __gusta__ estudiar español. (gustar)

7. ¿Quiénes __nada__ los domingos? (nadar) → "quiénes" is 3rd person, plural

8. Mi maestro y yo __escuchamos__ música en español. (escuchar)

9. Me gusta __hablar__ español con mi maestro. (hablar)

10. Mis amigos __hacen__ mucha tarea en casa. (hacer)

11. Yo __toco__ la guitarra en mi clase de música. (tocar)

12. Tú y yo __trabajamos__ mucho. (trabajar)

13. Tú __pintas__ muy bien en la clase de arte. (pintar)

14. ¿Vosotros no __leen__ libros en la escuela? (leer)

15. Marta y Tati __practican__ deportes. (practicar)

16. Uds. __es__ muy simpáticos. (ser)

17. Yo __estoy__ en la escuela. (estar)

18. ¡Me __encantan__ las ciencias! (encantar)

19. Nosotras __tenemos__ seis clases. (tener)

20. Yo no __estudiamos__ en la mañana. (estudiar)

Actividad 3-2

Contesta las siguientes preguntas con oraciones completas.

1. ¿Cuáles clases te gustan más?

A mi me gustan las clases de español y francés

2. ¿Te gusta trabajar?

Si, A mi me gusta mucho trabajar

3. ¿Te gusta más la escuela o el trabajo?

Ambos me gustan a mi. Me gustan ambos

4. ¿Trabajas de lunes a viernes?

No, trabaja todos los dias de la semana

5. ¿Necesitas una calculadora para tu trabajo?

De ves en cuandosi, necesito una calculadora para mi trabajo

6. ¿Qué hora es?

Ahorits son las cuatorce y viente · una

7. ¿Qué materiales necesitas para tu trabajo?

Necesito una escritoria, una computadora, y muchos libros para mi trabajo

8. ¿A qué hora empieza tu trabajo?

La mayora de los dias mi trabajo empieza a las nueve, pero frequentamente empieza a las ocho y media

9. ¿Cuál es más fácil, tu clase de inglés o tu clase de matemáticas?

Para mi la clase de inglés es mas fácil, pero la clase de matemáticas es mas interessante

10. ¿Qué te gusta hacer los sábados?

Quando no trabajo, me gusta hacer mi jardin

Actividad 3-3

Para cada verbo conjugado, escribe el sujeto (yo, tú, nosotros, etc.). Luego, escribe el infinitivo del verbo en español con el significado del infinitivo en inglés.

1. **ayudas** sujeto _____ tú _____

   infinitivo _____ ayudar _____ significado _____ to help _____

2. **trabajamos** sujeto _____ nosotros _____

   infinitivo _____ trabajar _____ significado _____ to work _____

3. **leen** sujeto _____ ellos, ellas, ustedes _____

   infinitivo _____ leer _____ significado _____ to read _____

4. **estudia** sujeto _____ él, ella, usted _____

   infinitivo _____ estudiar _____ significado _____ to study _____

5. **nadan** sujeto _____ ellos, ellas, ustedes _____

   infinitivo _____ nadar _____ significado _____ to swim _____

6. **patino** sujeto _____ yo _____

   infinitivo _____ patinar _____ significado _____ to skate _____

7. **hablamos** sujeto _____ nosotros _____

   infinitivo _____ hablar _____ significado _____ to talk, to speak _____

8. **dibujáis** sujeto _____ vosotros _____

   infinitivo _____ dibujar _____ significado _____ to draw _____

9. **cocino** sujeto _____ yo _____

   infinitivo _____ cocinar _____ significado _____ to cook _____

10. **escribes** sujeto _____ tú _____

   infinitivo _____ escribir _____ significado _____ to write _____

Para cada verbo conjugado, escribe el sujeto (yo, tú, nosotros, etc.). Luego, escribe el infinitivo del verbo en español con el significado del infinitivo en inglés.

11. **pintan**   sujeto _ellos, ellas, usted_

    infinitivo _pintar_   significado _to paint_

12. **estás**   sujeto _tú_

    infinitivo _estar_   significado _to be_

13. **son**   sujeto _ellos, ellas, ustedes_

    infinitivo _ser_   significado _to be (temporary)_

14. **escuchas**   sujeto _tú_

    infinitivo _escuchar_   significado _to listen_

15. **practica**   sujeto _él, ella, usted_

    infinitivo _practicar_   significado _to practice_

16. **ves**   sujeto _tú_

    infinitivo _ver_   significado _to see_

17. **eres**   sujeto _tú_

    infinitivo _ser_   significado _to be (permanent)_

18. **estamos**   sujeto _nosotros_

    infinitivo _estar_   significado _to be (temporary_

19. **gustan**   sujeto _ellos, ellas, ustedes_

    infinitivo _gustar_   significado _to like_

20. **necesitan**   sujeto _ellos, ellas, ustedes_

    infinitivo _necesitar_   significado _to need_

Actividad 3-4

Rearrange the words in each sentence so that it makes sense.

1. necesito clase yo diccionario un de y un para cuaderno mi español .

Yo necesito un cuaderno y un diccionario para mi clase de español

2. no arte tarea clase tengo la para de .

No tengo tarea para la clase de arte

3. maestra mi enseña muy inglés bien .

mi maestra enseña inglés muy bien

4. nuestra es jefa paciente muy .

Nuestra jefa es muy paciente

5. ¿ hora qué es ?

¿qué hora es?

6. con tengo cita mi a una tutor las tarde tres de la .

tengo una cita con mi tutor a las una de la tarde

7. colegas tus viernes de trabajan a lunes .

tus colegas trabajan de lunes a viernes

8. las once son y y cuatro la treinta de noche .

Son las once y treinta y cuatro de la noche

9. ¿ está lápiz dónde mi ?

¿dónde está mi lapiz?

10. ¿ qué la hora física empieza a clase educación de ?

¿a que hora empieza la clase de educación física?

15

Actividad 4-1

Llena el espacio en blanco con la forma correcta del verbo entre paréntesis.

1. Catarina __alquila__ videos todos los días. (alquilar)

2. Ellos __miren__ la tele en la noche. (mirar)

3. Yo __preparo__ la cena para mi familia. (preparar)

4. ¿Quién __asiste__ a la escuela los sábados? (asistir)

5. Pepito y yo __montamos__ en bicicleta en el parque. (montar)

6. Nos __gustan__ nadar y correr. (gustar)

7. ¿Prefieres __manejar__ tu carro? (manejar)

8. Mis amigos y yo __queremos__ escuchar música en español. (querer)

9. ¿Te gusta __viajar__? (viajar)

10. Mi maestra __enseña__ muy bien. (enseñar)

11. Marina __toca__ la guitarra en el parque. (tocar)

12. Yo no __sé__ dónde está la playa. (saber)

13. Tú y tus amigos __pueden__ / __podéis__ usar la computadora. (poder)

14. ¿ __Fuméis__ Uds.? (fumar)

15. Federico y Francisco __beben__ mucho jugo. (beber)

16. ¿Sabes dónde __está__ el parque de diversiones? (estar)

17. ¿Quieres __ir__ al gimnasio conmigo hoy? (ir)

18. No, yo no __quiero__ ir al gimnasio hoy, pero mañana sí. (querer)

19. Él no __tiene__ familia en la ciudad. (tener)

20. Nosotros no __leemos__ todos los días. (leer)

Actividad 4-2

Para cada oración, escribe la mejor respuesta en el espacio en blanco.

1. Me gusta esquiar en _el invierno_ .

     a. la primavera   b. el invierno   c. el verano   d. el otoño

2. Voy al gimnasio para _jugar al básquetbol_

     a. jugar al básquetbol b. fumar   c. mirar la tele   d. preparar la cena

3. Vivimos en _la ciudad_ .   _los suburbios_

     a. la playa   b. la ciudad   c. el parque   d. la piscina

4. Nos gusta _escuchar_ la música.

     a. enseñar   b. beber   c. abrir   d. escuchar

5. Vamos al parque para _caminar_ los sábados.

     a. cantar   b. manejar   c. caminar   d. viajar

6. Estoy cansado cuando _corro_ .

     a. pinto   b. corro   c. leo   d. estudio

7. Nosotros _alquilamos_ videos todos los viernes.

     a. alquilamos   b. tocamos   c. platicamos   d. bailamos

8. Me gusta _tocar_ instrumentos.

     a. limpiar   b. jugar   c. tocar   d. comer

9. Para nadar, prefiero ir al / a la _piscina_ .

     a. campo   b. alberca   c. centro comercial   d. parque de diversiones

10. Me gusta jugar al tenis _con amigos_ .

     a. sola   b. cansada   c. en la playa   d. con amigos

Actividad 4-3

Contesta las preguntas siguientes con oraciones completas.

1. ¿Bailas?

Si, de ves en quando a las bodas, bailo con mi esposo

2. ¿Vive tu familia en la ciudad o en el campo?

Vivemos en los suburbios de Seattle

3. ¿Quién puede tocar la guitarra?

los musicos pueden tocarla

4. ¿Qué te gusta hacer en el verano?

Me gusta hacer mi jardin en el verano

5. ¿Qué haces en la noche?

Yo como la cena y miro a la TV con mis esposo en la noche

6. ¿Por qué no vas al parque conmigo para jugar?

Por que está lloviendo

7. ¿Te gusta enseñar?

si, de vez en quando. Este depende de los estudientes

8. ¿Sabes manejar un carro?

Si sé manejar desde hace muchos años

9. ¿Juegas los videojuegos?

No, no juego ningun video juegos

10. ¿Quieren ustedes montar en bici a la playa?

¡Si! Quiero mucho montar en bici a la playa

Actividad 4-4

Para cada verbo conjugado, escribe el sujeto (yo, tú, nosotros, etc.). Luego, escribe el infinitivo del verbo en español con el significado del infinitivo en inglés.

1. **viven**   sujeto _ellos, ellas, ustedes_

   infinitivo _vivir_   significado _to live_

2. **asistimos**   sujeto _nosotros_

   infinitivo _asistir_   significado _to assist_

3. **viaja**   sujeto _el, ella, usted_

   infinitivo _viajar_   significado _to travel_

4. **cocináis**   sujeto _vosotros_

   infinitivo _cocinar_   significado _to cook_

5. **enseño**   sujeto _yo_

   infinitivo _enseñar_   significado _to teach_

6. **miras**   sujeto _tu_

   infinitivo _mirar_   significado _to watch, look_

7. **charlan**   sujeto _ellos, ellas, ustedes_

   infinitivo _charlar_   significado _to chat_

8. **leo**   sujeto _el, ella, usted_

   infinitivo _leer_   significado _to read_

9. **pintamos**   sujeto _nosotros_

   infinitivo _pintar_   significado _to paint_

10. **bebe**   sujeto _el, ella, usted_

    infinitivo _bebir_   significado _to drink_

Para cada verbo conjugado, escribe el sujeto (yo, tú, nosotros, etc.). Luego, escribe el infinitivo del verbo en español con el significado del infinitivo en inglés.

11. **escribes**   sujeto _tú_

    infinitivo _escribir_   significado _to write_

12. **manejo**   sujeto _yo_

    infinitivo _manejar_   significado _to drive_

13. **tienes**   sujeto _tú_

    infinitivo _tenir_   significado _to have_

14. **juegan**   sujeto _ellos, ellas, ustedes_

    infinitivo _jugar_   significado _to play_

15. **prefiero**   sujeto _yo_

    infinitivo _preferir_   significado _to prefer_

16. **veo**   sujeto _yo_

    infinitivo _ver_   significado _to see_

17. **sé**   sujeto _yo_

    infinitivo _saber_   significado _to know_

18. **quiere**   sujeto _el, ella, usted_

    infinitivo _querir_   significado _to want_

19. **puedes**   sujeto _tú_

    infinitivo _poder_   significado _to be able to_

20. **hago**   sujeto _yo_

    infinitivo _hacer_   significado _to do_

Actividad 4-5

Para formar cada oración, cambia el orden de palabras y puntuación para que tenga sentido.

1. encanta me el en viajar verano.

Me encanta en viajar el verano

2. ¿ a vas semana al tenis jugar fines los de ?

¿Vas jugar al tenis los fine de semana?

3. nadar yo sé no.

yo no sé nadar

4. ¿ quieres adónde ir tele mirar la para ?

¿adónde quieres ir para mirar la tele?

5. jugar compras ¿ prefieres videojuegos ir o de ?

¿prefieres ir de compras o jugar videojuegos?

6. de los días compras vamos todos .

vamos todos los días de compras

7. amiga mi libros escribe muchos .

mi amiga escribe muchos libros

8. ¿ por no qué mañana esquiar quieres ?

¿por qué no quieres esquiar manana?

9. quiero no porque estoy esquiar enfermo .

no quiero esquiar porque estoy enfermo

10. no en fumar puedes diversiones el de parque .

no puedes fumar en el parque de diversiones

Actividad 4-6

Lee la carta siguiente y sigue las instrucciones a continuación.

---

el 30 de mayo

Querid@ amig@,

Hola, ¿cómo estás? Me llamo Selene y tengo diecinueve años. Soy de Guadalajara, México, pero vivo con mi familia en la ciudad de Denver, Colorado. Soy sociable, amable, trabajadora y deportista. También, soy estudiante y me encanta la escuela. Estudio todo, pero mis clases favoritas son las clases de matemáticas y las clases de ciencias. Me encanta jugar al fútbol y al tenis, pero mis amigas prefieren ir de compras al centro comercial. Ellas son muy graciosas y sociables, pero no son muy deportistas. A veces, ellas y yo pintamos o bailamos juntas, y los viernes, vamos juntas al cine. Si quieres hablar por teléfono, mi número es el (303) 555-1984.

¡Adiós!

Selene

Según la carta de arriba, indica si las oraciones siguientes son *ciertas* (C) o *falsas* (F).

_C_ 1. Selene tiene 19 años.

_F_ 2. Selene es de Denver.

_F_ 3. Las amigas de Selene son muy deportistas.

_F_ 4. Selene no tiene clases favoritas.

_F_ 5. Los viernes, Selene va sola al cine.

Actividad 5-1

Llena el espacio en blanco con la forma correcta del verbo entre paréntesis.

1. Mi maestro __come__ ensaladas todos los días. (comer)

2. ¿Quieres __cenar__ conmigo esta noche? (cenar)

3. Me __encantan__ los licuados de fruta. (encantar)

4. ¿A qué hora __almuerzas__ tú los lunes? (almorzar)

5. Elena y yo __desayunamos__ juntas los domingos. (desayunar)

6. Las hamburguesas __son__ deliciosas. (ser)

7. Yo no __puedo__ comer más. (poder)

8. Mónica __tiene__ mucha hambre. (tener)

9. ¿Te __gusta__ el ajo? (gustar)

10. Francisco nunca __come__ la merienda. (comer)   _merienda=snack_

11. A Marta le gusta __cenar__ muchos vegetales. (cenar)

12. ¿__tienes__ hambre tú? (tener)

13. Marcos y yo siempre __tenemos__ mucha sed. (tener)

14. ¿Fuman Uds. después de __desayunar__? (desayunar)

15. Federico y Panchito __beben__ mucho jugo por la mañana. (beber)

16. Yo no __tomo__ café en la noche. (tomar)

A mis amigos les encanta ir a la comida
17. ¡A mis amigos les _____ a encantar la comida! (ir)

18. Ezequiel __cene__ carne y papas cada noche. (cenar)

19. ¿Dónde __quieren__ cenar Uds.? (querer)

20. ¿Sabes a qué hora vamos a __almorzar__ esta tarde? (almorzar)

Actividad 5-2

Para cada oración, escribe la mejor respuesta en el espacio en blanco.

1. Todas son frutas menos (but) _la papa_ .

   a. la uva   b. la naranja   c. la papa   d. la manzana

2. Todos son comidas americanas típicas para el desayuno excepto (except) _el arroz_ .

   a. la papa   b. el arroz   c. el huevo   d. el jamón

3. Todos son carnes excepto _el maíz_ .

   a. el maíz   b. el pollo   c. el bistec   d. el pescado

4. Todos son bebidas menos _el ajo_ .

   a. el licuado   b. el té helado   c. el ajo   d. el jugo

5. Un sándwich típico tiene todos excepto _la sopa_ .

   a. el pan   b. la sopa   c. el jamón   d. el queso

6. Una hamburguesa típica tiene todos menos _los chícaros_ .

   a. los chícharos   b. la cebolla   c. la lechuga   d. el tomate

7. Todos tienen mucho jugo excepto _el plátano_ .

   a. la zanahoria   b. el plátano   c. el tomate   d. la uva

8. Todos son licuados sabrosos excepto los licuados de _piña y pescado_ .

   a. naranja y uva   b. leche y plátano   c. manzana y yogur   d. piña y pescado

9. Todos son buenos para la ensalada menos _la papa_ .

   a. el tomate   b. la cebolla   c. la papa   d. la zanahoria

10. Todos indican frecuencia menos _algo_ .

   a. algo   b. siempre   c. nunca   d. de vez en cuando

Actividad 5-3

Indica si los comentarios siguientes son absurdos o normales.

	absurdo	normal
1. Nos encantan los licuados de pescado.	X	
2. Ella nunca come el jamón.		X
3. Prefiero desayunar a las ocho de la mañana.		X
4. ¿Cebolla con tu cereal? ¡Qué asco!		X
5. ¿Plátano con tu cereal? ¡Qué delicioso!		X
6. Como cuando tengo sed.		X
7. Cenamos a las ocho de la mañana.	X	
8. No como los vegetales porque son malos para la salud.	X	
9. No como los vegetales porque no me gustan.		X
10. Desayuno yogur con fruta todos los días.		X
11. Comemos sándwiches de jamón y queso con sopa de tomate.		X
12. No quiero huevo con jamón.		X
13. Los licuados de pescado son asquerosos.		X
14. Desayunamos todos los días.		X
15. Ellos toman café con leche a mediodía.		X
16. Me gustan las ciruelas con mayonesa.	X	
17. El yogur de melocotón es mi favorito.		X
18. Preferimos las almendras para la merienda.		X
19. ¿Tú tomas el café con leche? ¡Guácala!	X	X
20. Siempre tomo la limonada con sal y pimienta.	X	

Actividad 5-4

Contesta las preguntas siguientes con oraciones completas.

1. ¿Qué prefieres desayunar los sábados?

Los sabados, como todos los otros dias de la semana
Prefiero desayunar cafe con dos cucardaas de azucar y
un bol de avena con pasas

2. ¿Te gusta la sopa de tomate?

De vez en quando, especialamente con un sandwich de
queso fundido en un dia lluvioso

3. ¿Qué prefieres en tus hamburguesas? Prefiero championes, el queso
Suizo fundido, cebollas asadas, tomate, y lechuga

4. ¿Cenas con tu familia todos los días?

Ceno con mi esposo todos los dias

5. ¿A quién le gusta el pescado?

a mucha gente le gusta el pescado

6. ¿Te gusta comer las papas fritas con tu hamburguesa?

Si, me gusta mucho, pero prefiero las patatas
dulces frias

7. ¿Quieres almorzar conmigo?

no porque no le conosco

8. ¿Cuáles son tus frutas favoritas?

Prefiero las frutas de temporada

9. ¿Tienes un vegetal favorito?

Prefiero tambien las verduras temporadas

10. ¿Quieres beber algo?

no gracias, no tengo sed pero tengo que irme
tomar un baso de agua

Actividad 5-5

Para cada verbo conjugado, escribe el sujeto (yo, tú, nosotros, etc.). Luego, escribe el infinitivo del verbo en español con el significado del infinitivo en inglés.

1. **preferimos**   sujeto _nosotros_

    infinitivo _preferir_   significado _to prefer_

2. **almuerzan**   sujeto _ellos, ellas, usted_

    infinitivo _almuerzar_   significado _to eat lunch_

3. **cenas**   sujeto _tu_

    infinitivo _cenar_   significado _to eat dinner_

4. **como**   sujeto _el, ella, usted_

    infinitivo _comer_   significado _to eat_

5. **encanta**   sujeto _el, ella, usted_

    infinitivo _encantar_   significado _to love_

6. **tomo**   sujeto _yo_

    infinitivo _tomar_   significado _to take, to drink_

7. **bebemos**   sujeto _nosotros_

    infinitivo _beber_   significado _to drink_

8. **almorzáis**   sujeto _vosotros_

    infinitivo _almorzar_   significado _to eat lunch_

9. **desayunan**   sujeto _ellos, ellas, usted_

    infinitivo _desayunar_   significado _to eat breakfast_

10. **bebe**   sujeto _el, ella, usted_

    infinitivo _beber_   significado _to drink_

Actividad 5-6

Para cada oración, escribe la mejor respuesta en el espacio en blanco.

1. Me gusta beber __el jugo__ .

    a. el jugo   b. el pollo   c. la cebolla   d. la toronja

2. Muchas veces, tomo mi café con __leche__ .

    a. leche   b. uva   c. arroz   d. ajo

3. Desayunamos huevos con __jamón__ .

    a. mostaza   b. cena   c. jamón   d. cacahuate

4. ¿Les gusta comer yogur con __fruta__ ?

    a. verduras   b. carne   c. fruta   d. sopa

5. Siempre prefiero la comida __auténtica__ .

    a. licuada   b. mala   c. asquerosa   d. auténtica

6. Tomo agua cuando tengo mucha __sed__ .

    a. hambre   b. sed   c. gaseosa   d. sandía

7. Preferimos comer el cereal con __plátano__ .

    a. atún   b. pepinillo   c. plátano   d. queso

8. Me gustan los __licuados__ con yogur y fruta.

    a. chícharos   b. guisados   c. jugos   d. licuados

9. De vez en cuando, almuerzo __una torta__ de pollo, queso y lechuga.

    a. una torta   b. una sopa   c. una papa   d. un yogur

10. El refresco y el té helado son buenos __refrigerios__ .

    a. apios   b. puercos   c. frutos secos   d. refrigerios

Actividad 5-7

Para formar cada oración, cambia el orden de palabras y puntuación para que tenga sentido.

1. yogur asqueroso es de el ajo .

el yogur de ajo es asqueroso

2. los salud espinacas son para espárragos y las buenos la .

las espinacas y los espárragos son buenon para la salud

3. quesos prefiero merienda de una frutas y .

prefiero una merienda de frutas y quesos

4. nos jugo tomar tomate no gusta el de .

no los gusta tomar el jugo de tomate

5. mucho cenan los verduras pescado y días muchas todos .

todos los dias cenan mucho pescado y muchas verduras

6. ¿ una es tomate el vegetal fruta o un ?

¿el tomate es una fruta o un vegetal?

7. me y ensalada almorzar gusta nueces la con frutas .

me gusta almorzar la ensalada con nueces y frutas

8. guácala pepinillo ! comes ¡ con ¿ cebolla cereal y ?

¿comes cereal con cebolla y pepinillo? ¡guácala!

9. de en vez mañana no desayuno por la nada cuando .

de vez en cuando no dasayuno por la mañana

10. las queso ? de jamón , y chile no tortas ¿ deliciosas están muy

las tortas de jamon, chile, y queso están muy delciosas, no?

29

guisado de gusano

Actividad 5-8

Lee la narración siguiente y contesta las preguntas que siguen.

Hola, me llamo Adán y soy de España, pero vivo en los Estados Unidos con mi familia. Me gusta hacer muchas cosas como practicar deportes, cantar y tocar el piano, pero mi actividad favorita es comer. ¡Me encanta la comida! Para el desayuno de lunes a viernes, como cereal con plátano y leche antes de ir a la escuela. Siempre almuerzo en la cafetería de la escuela, pero la comida que tienen no es muy buena para la salud. Muchas veces como una hamburguesa con queso y papas fritas. Prefiero las hamburguesas con muchos ingredientes: tomate, cebolla, pepinillo, mostaza y mayonesa, y me gustan mis papas fritas con mayonesa, también. Después de la escuela, de vez en cuando como una merienda de frutos secos; las almendras y los anacardos son mis favoritos. En la noche, mi mamá prepara cenas muy sabrosas. Muchas veces prepara pescado o pollo con muchos vegetales, pero a veces, prepara un guisado de carne de res o de puerco con arroz y verduras. Los fines de semana, desayuno muchos huevos con jamón y fruta con yogur. Me gustan casi todas las frutas: las peras, las fresas y los arándanos, entre otras muchas, pero me gustan más los melocotones y las ciruelas. Para el almuerzo, normalmente como un sándwich y una sopa de verduras. Los sábados, voy con mi familia a un restaurante para cenar ¡y como de todo!

1. ¿Qué le gusta más a Adán?
_b_ a. cantar   c. tocar el piano
     b. comer   d. practicar deportes

2. ¿Qué desayuna Adán de lunes a viernes?
_d_ a. cereal   c. leche
     b. banana   d. todos los anteriores

3. ¿Qué ingrediente no come en sus hamburguesas?
_b_ a. la mayonesa   c. el pepinillo
     b. la lechuga   d. la cebolla

4. ¿Qué le gusta cenar?
_d_ a. el pescado   c. el pollo
     b. los guisados   d. todos los anteriores

5. ¿Cuáles son sus frutas favoritas?
_d_ a. las fresas y los arándanos   c. las peras y las fresas
     b. los duraznos y las ciruelas   d. los melocotones y las peras

cirulas

Actividad 6-1

Llena el espacio en blanco con la forma correcta de los adjetivos entre paréntesis.

1. Mis nietos son _altos_ y _delgados_. (alto, delgado)

2. Yo soy más _baja_ que mi hermano. (bajo)

3. Mi abuelo es _viejo_ y _sympático_. (viejo, simpático)

4. Mis primos y yo somos _chicos_. (chico)

5. Mi hermana es _inteligente_ pero _antipática_. (inteligente, antipático)

6. Mi tía es más _pequeña_ que mi tío. (pequeño)

7. Bárbara y Concha tienen ojos _bonitos_. (bonito)

8. Yo no soy _gorda_. (gordo)

9. Alejandra y Paco son más _guapos_ que yo. (guapo)

10. Mi perro y mi gato son _grandes_. (grande)

11. Yo soy _joven_. (joven)

12. Mi madre tiene el pelo _negro_ y _liso_. (negro, liso)

13. Marcos y yo somos personas muy _simpaticos_. (simpático)

14. Nosotras somos _menores_ que ellos. (menor)

15. Yo no soy muy _vieja_ (viejo).

Convierte los adjetivos siguientes en adverbios con el sufijo -*mente*. *Ej.* cruel → cruelmente

1. _afortunadamente_ (afortunado)

2. _inteligentemente_ (inteligente)

3. _accidentalmente_ (accidental)

4. _pacientemente_ (paciente)

5. _efectivamente_ (efectivo)

6. _immediatamente_ (inmediato)

7. _absolutamente_ (absoluto)

8. _solamente_ (solo)

9. _prácticamente_ (práctico)

10. _formalmente_ (formal)

ends in consonant + mente
ends in o + amente
ends in e + mente

31

Actividad 6-2

Para cada oración, escribe la mejor respuesta en el espacio en blanco.

1. Todas estas personas son mujeres/chicas menos (*but*) _____.

    a. la abuela   b. la tía   c. el padre   d. la madre

2. Todas estas personas son hombres/muchachos excepto (*except*) _____.

    a. el hermano   b. la hija única   c. el nieto   d. los gemelos

3. Todas estas descripciones son positivas excepto _____.

    a. cariñosas   b. simpática   c. feos   d. guapo

4. Todos son números menos _____.

    a. sesenta   b. noventa   c. cuanta   d. ochenta

5. Todos son colores naturales de pelo menos _____.

    a. azul   b. negro   c. rubio   d. castaño

6. Todos son colores naturales de ojos excepto _____.

    a. verdes   b. rojos   c. azules   d. marrones

7. Todos son de la familia menos _____.

    a. la nieta   b. el hombre   c. el hermano   d. los padres

8. El hijo de mi tío es mi _____.

    a. hermano   b. primo   c. abuelo   d. padre

9. La madre de mi tía es mi _____.

    a. hija   b. tía   c. abuela   d. gemela

10. El perro y el gato pueden ser todos menos _____.

    a. gemelos   b. cariñosos   c. mis mascotas   d. gordos

gemelos.
mascotas.
mayor
menor

Pelirrojos   hijo unico

Actividad 6-3

Indica si los comentarios siguientes son absurdos o normales.

	absurdo	normal
1. Mi tío es el padre de mi primo.		X
2. El padre de mi padre es mi abuela.	X	
3. La madre de mi tía es mi abuela.		X
4. Los gemelos y los muchachos son mascotas.	X	
5. Mi abuela es mayor que mi nieta.		X
6. Mis hijos son menores que yo.		X
7. Yo soy el primo de mi prima.		X
8. El tío de mi prima es mi papá.		X
9. Mis padres son mayores que sus hijos.		X
10. Yo soy la nieta de mis abuelos.		X
11. La tía de mi prima es mi tía, también.		X
12. Los pelirrojos tienen el pelo negro.	X	
13. Los perros y los gatos son mascotas.		X
14. Tu maestro es joven, inteligente y muy guapo.		X
15. Mi tía tiene dos hijos únicos.	X	
16. Mis tíos no tienen hijos ni hijas.		X
17. Mis abuelos no tienen hijos ni hijas.	X	
18. Los gemelos son muy simpáticos.		X
19. Los gemelos juegan muy simpáticamente.		X
20. Tu perro es cariñoso.		X

Actividad 6-4

Contesta las preguntas siguientes con oraciones completas.

1. ¿Cuántos años tienen tus padres/hijos? Mi padre tenga noventa y ocho años, mi madre ochentayocho. Mis hijas tienen treinta y quatro, treinta y dos, y ventiocho

2. ¿Tienes tías y tíos? ¿Cuántas/os?
Non, no tengo mas ni tias ni tios. Todos estan muertos

3. ¿Hay alguien en tu familia con ojos verdes?
Si mi hija tiene ojos verdes, a veces. Ellos cambien con la luz

4. ¿De qué color son tus ojos?
Mis ojos son color avellana

5. ¿Eres mayor o menor que tus hermanas y hermanos?
Soy menor que mi hermano y mayor que mi hermana.

6. ¿Quién es más alto, tu hermano o tu madre?
mi madre es más alto que mi hermano

7. ¿Quiénes son más simpáticos, tus padres o tus tíos?
Mis padres son más simpaticos que mis tios

8. ¿Eres más guapo/a que tus amigos?
no lo sé. eso es cuestion deopinion

9. Tengo 43 años. ¿Eres mayor que yo o menor?
Soy mayor que 43 años

10. ¿Quién es la persona más cariñosa en tu familia?
Mi hija más joven es la persona más cariñosa en mi familia

Ve

Actividad 6-5

Para cada verbo conjugado, escribe el sujeto (yo, tú, nosotros, etc.). Luego, escribe el infinitivo del verbo en español con el significado del infinitivo en inglés.

1. **tenemos**   sujeto _nosotros_

   infinitivo _tener_   significado _to have_

2. **soy**   sujeto _yo_

   infinitivo _ser_   significado _to be · perm_

3. **aprendes**   sujeto _tu_

   infinitivo _aprender_   significado _to learn_

4. **fuman**   sujeto _ellos, ellas, ustedes_

   infinitivo _fumar_   significado _to smoke_

5. **encantan**   sujeto _ellos, ellas, ustedes_

   infinitivo _encantar_   significado _to love, enchant_

6. **pinto**   sujeto _yo_

   infinitivo _pintar_   significado _to paint_

7. **podemos**   sujeto _nosotros_

   infinitivo _poder_   significado _to be able, can, may_

8. **ve**   sujeto _usted, el, ella_

   infinitivo _ver_   significado _to see, watch_

9. **voy**   sujeto _yo_

   infinitivo _ir_   significado _to go_

10. **lee**   sujeto _el, ella, usted_

    infinitivo _leer_   significado _to read_

sé
abre

Actividad 6-5 (continúa)

Para cada verbo conjugado, escribe el sujeto (yo, tú, nosotros, etc.). Luego, escribe el infinitivo del verbo en español con el significado del infinitivo en inglés.

11. **eres**   sujeto ___tu___

    infinitivo ___estar___   significado ___to be imperm___

12. **sé**   sujeto ___yo___

    infinitivo ___saber___   significado ___to know___

13. **jugáis**   sujeto ___tu___

    infinitivo ___jugar___   significado ___to play___

14. **queremos**   sujeto ___nosotros___

    infinitivo ___querir___   significado ___to want___

15. **prefieren**   sujeto ___ellos, ellas, ustedes___

    infinitivo ___preferir___   significado ___to prefer___

16. **vives**   sujeto ___tu___

    infinitivo ___vivir___   significado ___to live___

17. **abre**   sujeto ___el, ella, usted___

    infinitivo ___abrir___   significado ___to open___

18. **estudiamos**   sujeto ___nosotros___

    infinitivo ___estudiar___   significado ___to study___

19. **vas**   sujeto ___tu___

    infinitivo ___ir___   significado ___to go___

20. **nada**   sujeto ___el, ella, ustad___

    infinitivo ___nadar___   significado ___to swim___

36

Canoso

Actividad 6-6

Para formar cada oración, cambia el orden de palabras y puntuación para que tenga sentido.

1. abuelo el de padre mi tío es mi .

el padre de mi tio es mi abuelo

2. mis muy gatos tres grandes son .

mis tres gatos son muy grandes

3. ochenta tiene abuelo y años cinco mi .

mi abuelo tiene ochenta y cinco años

4. hermano su simpático es mayor muy .

su hermano mayor es muy simpático

5. tu es , muy bonita inteligente y cariñosa madre .

tu madre es muy bonita, inteligent y cariñosa

6. hermanos los gemelos son .

los hermanos son gemelos

7. mis ojos los hijos pelo azules liso tienen castaño y el y .

mis hijos tienen ojos azules y pelo castaño y liso

8. el creo pelo que muy canoso bonito es .

creo que el pelo canoso es bonito

9. tío es nuestro más que tías nuestras alto .

nuestro tio es mas alto que nuestras tias

10. ¿ tienen años abuelos cuántos tus ?

¿cuántos años tienen tus abuelos?

Actividad 6-7

Lee la carta siguiente y sigue las instrucciones a continuación.

---

el 4 de febrero

Querid@ amig@,

    Hola, me llamo Tati y vivo en Buenos Aires, Argentina. Vivo con mis padres, mis abuelos (los padres de mi mamá), mis cuatro hermanos (dos muchachos y dos muchachas) y mis dos gatos. Todos mis tíos y primos viven en Buenos Aires, también, pero no con nosotros. Mis abuelos son muy viejos; mi abuela tiene noventa y un años y mi abuelo tiene noventa y dos. Mis padres no son muy viejos; los dos tienen cuarenta y cinco años y todos los hermanos y hermanas de mi mamá son mayores que ella. Mis primos son muy simpáticos, pero mis hermanos son un poco antipáticos. Yo soy más alta que mis hermanas menores, pero soy más baja que mis hermanos mayores. Mis hermanos, mis primos y yo somos delgados y deportistas y nos gusta practicar deportes juntos. Todos tenemos los ojos marrones y el pelo negro y liso. Mis hermanos y yo tenemos el pelo corto pero mis hermanas tienen el pelo largo. Tengo dos gatos: uno negro y otro marrón. Mi gato negro es muy gordo y mi gato marrón es más delgado. Los dos son bonitos y muy cariñosos. Así somos nosotros. ¿Cómo es tu familia?

    Con mucho cariño,

    Tati

Según la carta de arriba, indica si las oraciones siguientes son *ciertas* (**C**) o *falsas* (**F**).

falsa 1. Tati vive con sus padres, hermanos, tíos y primos.

cierta 2. Los abuelos de Tati tienen más de ochenta años.

falsa 3. La mamá de Tati tiene una gemela.

cierta 4. Los primos de Tati son más simpáticos que sus hermanos.

cierta 5. Tati es mayor que sus 2 hermanas.

falsa 6. Las hermanas de Tati son más altas que sus hermanos.

falsa 7. Tati y sus hermanas tienen el pelo largo.

falsa 8. Los dos gatos de Tati son gordos y feos.

Actividad 7-1

Llena el espacio en blanco con la forma correcta del verbo entre paréntesis.

1. Yo __voy__ a esta tienda de descuentos todos los sábados. (venir)

2. Marta y Frida siempre __llevan__ faldas para trabajar. (llevar)

3. Deseo __comprar__ una bolsa para mi mamá. (comprar)

4. ¿Te __gusta__ esa blusa? (gustar)

5. Pepe y yo __buscamos__ gangas en la tienda de descuentos. (buscar)

6. Elsa __desea__ unos zapatos nuevos. (desear)

7. ¿Siempre __encontras__ tú la ropa que buscas? (encontrar)

8. Mis padres __pagan__ cuando vamos a la tienda. (pagar)

9. Los pantalones __costan__ $13.99. ¡Qué ganga! (costar)

10. La blusa __es__ muy barata. (ser)

11. ¿Qué __busca__ tu hermana en la zapatería? (buscar)

12. Nosotras __venemos__ a este almacén para comprar los tenis. (venir)

13. A ver, ¿cuánto __costa__ ese suéter? (costar)

14. Los jóvenes __vienen__ a la tienda para jugar. (venir)

15. ¿Puedes __contar__ hasta mil en español? (contar)

16. Yo nunca __compro__ nada en las tiendas de descuentos. (comprar)

17. ¿Quién __busca__ un vestido para la fiesta? (buscar)

18. Marisol y Beto no __encontran__ las chamarras que desean. (encontrar)

19. No deseo __llevar__ un traje rosado a la fiesta. (llevar)

20. ¡Vaya! Me __encantan__ esos calcetines. (encantar)

Actividad 7-2

Para cada oración, escribe la mejor respuesta en el espacio en blanco.

1. Todos son colores menos (*but*) _nuevo/a_ .

     a. verde   b. nuevo/a   c. morado/a   d. amarillo/a

2. Puedes comprar todos en la tienda de ropa excepto (*except*) _la ganga_ .

     a. el suéter   b. los pantalones   c. la blusa   d. la ganga

3. Un dependiente puede trabajar en todos excepto _el traje_ .

     a. la tienda   b. la zapatería   c. el traje   d. el almacén

4. Todos son números menos _quinientos_ .

     a. trescientos   b. cuatrocientos   c. cincocientos   d. seiscientos

5. Todos son colores típicos de traje menos _rosado – pero, no es todo via verdad!_ .

     a. azul   b. rosado   c. gris   d. negro

6. Todos son tradicionales para los hombres excepto _la falda_ .

     a. el traje   b. la falda   c. los zapatos   d. la camisa

7. Todos son buenos para practicar deportes menos _la bolsa_ .

     a. la bolsa   b. la camiseta   c. la sudadera   d. los calcetines

8. Todos son verbos irregulares en el presente excepto _ir_ .

     a. buscar   b. encontrar   c. costar   d. venir

9. Todos significan *these* or *those* menos _estas_ .

     a. eses   b. estos   c. estas   d. esas

10. Una ganga es algo _barato_ .

     a. barato   b. caro   c. gratuito   d. nuevo

Actividad 7-3

Llena el espacio en blanco con la forma correcta del adjetivo entre paréntesis.

1. El traje _gris_ (gris) es muy _bonito_ (bonito).

2. No nos gustan los calcetines _morados_ (morado).

3. Mi amiga quiere comprar una bolsa _negro_ (negro).

4. ¿Buscas unas camisetas _blancas_ (blanco) o _negras_ (negro)?

5. Los zapatos y los calcetines no son _gratuitos_ (gratuito).

6. Los suéteres _marrones_ (marrón) son _feos_ (feo).

7. La falda _rosada_ (rosado) y el vestido _amarillo_ (amarillo) son _bonitos_ (bonito).

8. _Esa_ (este) camisa es _anaranjada_ (anaranjado).

9. _Esos_ (ese) jeans son _azules_ (azul).

10. _Esas_ (este) bolsas son _grandes_ (grande).

11. No me gusta _esa_ (ese) sudadera.

12. La falda es más _barata_ (barato) que el vestido.

13. Las blusas son _mejores_ (mejor) que los vestidos.

14. Las chaquetas son menos _caras_ (caro) que los trajes.

15. Los zapatos son tan _baratos_ (barato) como el traje.

16. _Esos_ (ese) calcetines _rojos_ (rojo) son _peores_ (peor).

17. Quiero _otra_ (otro) camisa _morada_ (morado).

18. Yo nunca llevo la ropa _roja_ (rojo).

19. ¿Cuánto cuestan los zapatos de tenis _azules_ (azul)?

20. ¿Es la ropa _cara_ (caro) mejor que la ropa _barata_ (barato)?

Actividad 7-4

Escribe los números que corresponden a las palabras.

1. cuarenta y cinco   45

2. sesenta y tres   63

3. ciento treinta y dos   132

4. doscientos ocho   208

5. tres mil, tres   3003

6. quinientos quince   515

7. setecientos ochenta y cuatro   784

8. novecientos dieciséis   916

9. diez mil, ciento diez   10,110

10. cincuenta y nueve mil   59,000

11. trecientos ochenta y uno   381

12. cuatrocientos mil, seiscientos diecisiete   4,617

13. noventa mil, cien   90,100

14. ciento veintitrés   123

15. setecientos ocho mil, treinta y dos   78,032

16. dos mil, trece   2,013

17. cien mil, cien   100,100

18. cuarenta y nueve millones   49,000,000

19. setenta y seis mil, novecientos doce   76,912

20. cuatro mil, trescientos catorce   4,314

Actividad 7-5

Termina cada respuesta usando el pronombre apropiado de complemento directo (lo, la, los, las).

1. ¿Llevas esa camisa a la escuela? No, nunca __lo__ llevo a la escuela.

2. ¿Prefieren el suéter? Sí, __nos__ preferimos.

3. ¿Quién desea la ropa rosada? Mi mamá __la__ desea.

4. ¿Tienes los zapatos negros? Sí, yo __los__ tengo conmigo.

5. ¿Compras los calcetines blancos? No, no __los__ compro.

6. ¿Llevan las camisetas rojas? Sí, a veces __las__ llevamos.

7. ¿Quién tiene mi bolsa? Magdalena __la__ tiene.

8. ¿Encuentras muchas gangas en la tienda de descuentos? Sí, siempre __las__ encuentro.

9. ¿Lleva tu mamá los pantalones? Sí, a veces __los__ lleva.

10. ¿Dónde compras tus zapatos? __Los__ compro en la zapatería.

11. ¿Buscas tú la chamarra morada? No, mi tía __la__ busca.

12. ¿Quién compra los trajes amarillos? Nadie __los__ compra porque son muy feos.

13. ¿Cuándo compras tu ropa? Yo __la__ compro los fines de semana.

14. ¿Quién tiene el vestido más feo? ¡__El__ tienes tú!

15. ¿Compras la sudadera para tu amigo? No, __la__ compro para mi papá.

16. ¿Dónde buscáis vuestros zapatos de tenis? __Los__ buscamos en el almacén.

17. ¿Dónde encuentras las mejores gangas? Normalmente __las__ encuentro en el almacén.

18. ¿Tienes esa blusa para tu hermana? Sí, __la__ tengo aquí en mi bolsa.

19. ¿Llevan camisetas al trabajo? No, no __las__ llevamos al trabajo porque no podemos.

20. ¿Adónde llevas ese vestido? Yo __el__ llevo a las fiestas.

Actividad 7-6

Contesta las preguntas siguientes con oraciones completas.

1. ¿Prefieres llevar pantalones o un vestido?

Prefiero ambos

2. ¿Cuál es tu color favorito?

Me encantan todos los colores

3. ¿Vienes a esta tienda todos los sábados?

No, vengo aqui frequentemente, pero no todos sábados, no

4. ¿De qué color es tu camisa?

Mi camisa es color oxido

5. ¿Cuánto pagas por tus zapatos, generalmente?

a veces yo pago mucho por mis zapatos, otros tiempos no mucho

6. ¿Compras ropa para tu familia?

Ya no compro ropa para mis hijas, porque ya estan grandes

7. ¿Qué buscas en el almacén?

Busco comida en el almacen

8. ¿Encuentras gangas cuando vas de compras?

de vez en cuando pero no cada vez

9. ¿Es muy cara tu chamarra?

No, mi chamarra no es muy cara

10. ¿Qué desean llevar Uds. a la fiesta?

Deseo llevar algo de bonito a la fiesta

Actividad 7-7

Para cada verbo conjugado, escribe el sujeto (yo, tú, nosotros, etc.). Luego, escribe el infinitivo del verbo en español con el significado del infinitivo en inglés.

1. **compras**   sujeto _tu_

   infinitivo _compras_   significado _to buy_

2. **buscan**   sujeto _you they_

   infinitivo _buscar_   significado _to look for_

3. **llevo**   sujeto _I_

   infinitivo _llevar_   significado _to wear_

4. **cuesta**   sujeto _he she it_

   infinitivo _costar_   significado _to cost_

5. **pagamos**   sujeto _we_

   infinitivo _pagar_   significado _to pay_

6. **vengo**   sujeto _yo_

   infinitivo _venir_   significado _to come_

7. **deseáis**   sujeto _ustedes_

   infinitivo _desear_   significado _to wish_

8. **vamos**   sujeto _nosotros_

   infinitivo _ir_   significado _to go_

9. **cuentan**   sujeto _they_

   infinitivo _costar_   significado _to cost_

10. **encuentras**   sujeto _tu_

    infinitivo _encuentrar_   significado _to find_

Para cada verbo conjugado, escribe el sujeto (yo, tú, nosotros, etc.). Luego, escribe el infinitivo del verbo en español con el significado del infinitivo en inglés.

11. **son** sujeto _ellos ellas ustedes_

    infinitivo _Ser_ significado _to b_

12. **vienes** sujeto _tú_

    infinitivo _venir_ significado _to come_

13. **cuestan** sujeto _esos_

    infinitivo _costar_ significado _to cost_

14. **contamos** sujeto _nosotros_

    infinitivo _contar_ significado _to count_

15. **llevas** sujeto _tú_

    infinitivo _llevar_ significado _to take, wear_

16. **compra** sujeto _ello ella usted_

    infinitivo _comprar_ significado _to buy_

17. **paga** sujeto _ello ella usted_

    infinitivo _pagar_ significado _to pay_

18. **encuentro** sujeto _yo_

    infinitivo _encuentrar_ significado _to find_

19. **venimos** sujeto _nosotros_

    infinitivo _venir_ significado _to come_

20. **estoy** sujeto _yo_

    infinitivo _estar_ significado _to be_

Actividad 7-8

Para formar cada oración, cambia el orden de palabras y puntuación para que tenga sentido.

1. rosados me los llevar gusta calcetines .

Me gusta llevar los calcetines rosados

2. deseamos ropa pagar no mucho por la .

deseamos pagar no mucho por la ropa

3. traje el dólares setenta trescientos y cuesta nueve .

el traje cuesta trecientos setenta y nueve dólares

4. falda bonita esa gris y es azul muy .

esa falda azul y gris es muy bonita

5. los la pantalones de baratos descuentos tienda de son .

los pantalones de la tienda son de? baratos

6. cuesta vestidos bolsa los más la que rojos .

la bolsa cuesta más que los vestidos rojos

7. esa este es suéter mejor camisa que .

esa camisa es mejor queeste suéter

8. otra busco para camisa con llevar traje este .

busco otra camisa para llevar con este traje

9. ¡ camiseta ! el qué vestido y la baratos ganga son muy .

¡ la camiseta y el vestido baratos son muy ganga

10. ¿ cuestan dos las cuánto ? marrones chaquetas

¿ cuánto cuestan las dos chaquetas marrones?

Actividad 7-9

Lee la narración siguiente y contesta las preguntas que siguen.

Hola, me llamo Isa y me encanta ir de compras. No me gusta pagar mucho por la ropa y por eso busco las gangas en las tiendas de ropa y a veces en las tiendas de descuentos. No siempre encuentro la ropa que busco, pero siempre pago muy poco, como diez dólares por un vestido, ocho dólares por una falda o quince dólares por unos zapatos. Me gustan todos los colores, pero mis colores favoritos son azul, morado y rosado. Cuando voy a trabajar, llevo pantalones y una camisa o una falda con blusa. No llevo vestidos para trabajar, pero sí los llevo cuando voy a las fiestas. Mi vestido favorito es mi vestido azul y negro porque es muy elegante y bonito. Cuando estoy en casa los fines de semana, me gusta llevar pantalones cortos con una camiseta en el verano y los jeans y una sudadera en el invierno. Me encanta la ropa tanto que quizá es mejor ser dependienta de una tienda de ropa. ¡A ver si hay un descuento!

1. ¿Qué ropa compra Isa, generalmente?
        a. la ropa gratuita   c. la ropa barata
_C_   b. la ropa del almacén   d. la ropa cara

2. ¿Cuáles son sus colores favoritos?
        a. gris, rojo y verde   c. blanco, amarillo y anaranjado
_d_   b. marrón, negro y azul   d. morado, rosado y azul

3. ¿Qué lleva Isa cuando trabaja?
        a. los jeans   c. los trajes
_b_   b. las blusas   d. los vestidos

4. ¿Qué ropa prefiere llevar los fines de semana?
        a. los pantalones cortos   c. los jeans
_d_   b. las sudaderas   d. todos los anteriores

5. ¿Por qué quiere trabajar para una tienda de ropa?
        a. porque le encanta la ropa   c. todos los anteriores
_C_   b. por un descuento

Actividad 8-1

Llena el espacio en blanco con la forma correcta del verbo entre paréntesis.

1. Yo _____ guantes para esquiar. (llevar)

2. Mis tíos _____ de vacaciones. (estar)

3. Yo _____ de vacaciones en una semana. (salir)

4. Marta, ¿ _____ tu paraguas? (traer)

5. Ella no quiere _____ en el mar. (entrar)

6. Concha y yo _____ el sol en el verano. (tomar)

7. Yo no puedo nadar porque no _____ mi traje de baño. (traer)

8. Yésica _____ la montaña todas las semanas. (subir)

9. ¿ _____ mucho en esta ciudad? (llover)

10. Ester y yo _____ la pirámide ahora. (bajar)

11. ¿Quiénes _____ el centro los sábados? (visitar)

12. Me encanta sacar fotos cuando _____ buen tiempo. (hacer)

13. Maribel y yo _____ el viernes. (salir)

14. ¿ _____ tú las montañas y los ríos? (explorar)

15. Paco y Juan _____ pronto. (regresar)

16. Tú _____ ir de vacaciones, ¿no? (querer)

17. No quiero ir a ninguna parte ahora porque yo _____ a descansar. (ir)

18. Pablo _____ esquiar mejor que yo. (poder)

19. ¿Qué países quieren _____ Uds.? (visitar)

20. ¿ _____ tú en el mar o sólo en el lago? (bucear)

Actividad 8-2

Para cada oración, escribe la mejor respuesta en el espacio en blanco.

1. Llueve mucho en _____.

      a. la selva tropical   b. la pirámide   c. el museo   d. el sol

2. Cuando hace sol, llevo mis _____.

      a. botas   b. guantes   c. gafas de sol   d. maletas

3. En los lugares de interés, me gusta comprar _____.

      a. las cámaras   b. los recuerdos   c. los trajes de baño   d. las ruinas

4. Siempre saco fotos con mi _____.

      a. toalla   b. paraguas   c. cámara   d. gorra

5. Cuando hace frío, llevo _____.

      a. un abrigo   b. una gorra   c. el bronceador   d. un parasol

6. Todos son de agua menos _____.

      a. el mar   b. el lago   c. el país   d. las nubes

7. Llevo mi traje de baño para _____.

      a. esquiar   b. tomar el sol   c. subir las montañas   d. explorar la selva

8. Llevo guantes y una bufanda cuando _____.

      a. nieva   b. hace calor   c. está nublado   d. llueve

9. Para ir a otro país, necesitas _____.

      a. una gorra   b. descansar   c. un pasaporte   d. bucear

10. Nos gusta esquiar en las _____.

      a. ciudades   b. pirámides   c. cascadas   d. montañas

Actividad 8-3

Llena el primer espacio en blanco con la conjugación correcta del verbo *estar* en el presente y el segundo con el gerundio del verbo entre paréntesis. Esto es el presente progresivo.

1. Yo _____estoy_____ _____caminando_____. (caminar)

2. Guadalupe _____ _____ la montaña. (subir)

3. ¿Quién _____ _____? (bucear)

4. ¿Qué _____ _____ tú? (hacer)

5. Carlos y Megan _____ _____. (salir)

6. Nosotras _____ _____ botas. (llevar)

7. Yo _____ _____ fotos de las montañas. (sacar)

8. ¿Quiénes _____ _____ el sol? (tomar)

9. ¿Uds. _____ _____ ir de vacaciones? (pensar)

10. Necesitas tu impermeable porque _____ _____. (llover)

11. ¿ _____ _____? (nevar)

12. ¡ _____ _____ muy buen tiempo esta semana! (hacer)

13. Mis amigos _____ _____ a esquiar. (aprender)

14. ¿Qué _____ _____ vosotras? (ver)

15. Yo _____ _____ el museo. (explorar)

16. Mis hermanos _____ _____ en el río. (jugar)

17. Mi abuelo _____ _____. (descansar)

18. ¿Te _____ _____ la ciudad? (gustar)

19. ¿Qué _____ _____ tus padres? (hacer)

20. Fe y yo _____ _____ una carta. (escribir)

Actividad 8-4

Indica si los comentarios siguientes son absurdos o normales.

	absurdo	normal
1. Hace frío en la selva tropical.		
2. Llevo una gorra para bucear.		
3. Llevamos guantes cuando nieva.		
4. Nos gusta sacar fotos de las ruinas.		
5. Llevan sus trajes de baño para visitar el museo.		
6. Me gusta cuando hace mal tiempo.		
7. Voy a subir y bajar la pirámide.		
8. Traigo mi pasaporte conmigo para bucear.		
9. Cuando estoy de vacaciones, prefiero descansar mucho.		
10. Cuando voy de vacaciones, prefiero ir a la playa.		
11. Vamos a esquiar en las cataratas.		
12. Necesitas una toalla para entrar en la catedral.		
13. Nos gusta pasear por la playa.		
14. Traigo mi cámara para poder sacar fotografías.		
15. Mi bufanda está en mi maleta.		
16. Uso bronceador cuando tomo el sol.		
17. Traigo un paraguas porque hace sol.		
18. Ellos están explorando los lugares de interés.		
19. Está lloviendo gatos y perros.		
20. Me gusta tomar el sol en el museo.		

Actividad 8-5

Contesta las preguntas siguientes con oraciones completas.

1. ¿Adónde quieres ir de vacaciones?

_____

2. ¿Te gusta bucear en el mar?

_____

3. ¿Llevas un paraguas cuando llueve?

_____

4. ¿Qué te gusta hacer cuando hace buen tiempo?

_____

5. ¿Hace sol hoy o está nublado?

_____

6. ¿Quién de tu familia siempre compra recuerdos cuando está de vacaciones?

_____

7. ¿Puedes esquiar muy bien?

_____

8. ¿Tienes un pasaporte para poder ir a otro país?

_____

9. ¿Prefieres descansar o hacer muchas actividades cuando estás de vacaciones?

_____

10. ¿Qué ropa llevas cuando hace frío?

_____

Actividad 8-6

Para cada verbo conjugado, escribe el sujeto (yo, tú, nosotros, etc.). Luego, escribe el infinitivo del verbo en español con el significado del infinitivo en inglés.

1. **hace**   sujeto _____

   infinitivo _____   significado _____

2. **están**   sujeto _____

   infinitivo _____   significado _____

3. **subimos**   sujeto _____

   infinitivo _____   significado _____

4. **visito**   sujeto _____

   infinitivo _____   significado _____

5. **voy**   sujeto _____

   infinitivo _____   significado _____

6. **repito**   sujeto _____

   infinitivo _____   significado _____

7. **pueden**   sujeto _____

   infinitivo _____   significado _____

8. **salgo**   sujeto _____

   infinitivo _____   significado _____

9. **bajas**   sujeto _____

   infinitivo _____   significado _____

10. **traemos**   sujeto _____

   infinitivo _____   significado _____

Actividad 8-6 (continúa)

Para cada verbo conjugado, escribe el sujeto (yo, tú, nosotros, etc.). Luego, escribe el infinitivo del verbo en español con el significado del infinitivo en inglés.

11. **traigo**   sujeto _____

   infinitivo _____   significado _____

12. **regresáis**   sujeto _____

   infinitivo _____   significado _____

13. **estamos**   sujeto _____

   infinitivo _____   significado _____

14. **quiero**   sujeto _____

   infinitivo _____   significado _____

15. **saca**   sujeto _____

   infinitivo _____   significado _____

16. **traes**   sujeto _____

   infinitivo _____   significado _____

17. **entran**   sujeto _____

   infinitivo _____   significado _____

18. **van**   sujeto _____

   infinitivo _____   significado _____

19. **pienso**   sujeto _____

   infinitivo _____   significado _____

20. **llevo**   sujeto _____

   infinitivo _____   significado _____

Actividad 8-7

Para formar cada oración, cambia el orden de palabras y puntuación para que tenga sentido.

1. frío hace montañas en las .

_____

2. botas llevar guantes y necesitas para tus esquiar .

_____

3. explorar interés queremos de todos los lugares .

_____

4. puedo de fotos cámara las con sacar nueva ruinas mi .

_____

5. mi y mi está traigo lloviendo impermeable paraguas porque .

_____

6. el bucear mar puedo en lago y en el .

_____

7. yo sol mi y tomando amiga estamos el .

_____

8. abrigos traemos nuestros en y bufandas maletas nuestras .

_____

9. a de voy agosto ir vacaciones en .

_____

10. ¿ están en qué haciendo museo el ?

_____

Actividad 8-8

Lee la carta siguiente y sigue las instrucciones a continuación.

el 8 de agosto

Querid@ amig@,

    Hola, me llamo Ignacio y estoy escribiendo esta carta desde la selva tropical de México. Vivo en España, pero estoy de vacaciones con mi familia. Hace sol y calor acá y por eso necesito llevar mis gafas de sol y usar mucho bronceador. Mañana vamos a explorar las ruinas de Palenque y subir todas las pirámides. Va a llover mañana así que mis padres van a llevar su paraguas, pero yo prefiero llevar mi impermeable. Este sábado, vamos a pasear por la ciudad y entrar en el museo. Traemos nuestros trajes de baño y nuestras toallas en la maleta y qué bueno porque el domingo, vamos a ir a jugar y a nadar en las cascadas de Agua Azul. Si hace sol, pensamos tomar el sol allí, también. El lunes, no vamos a ir a ninguna parte; sólo vamos a descansar en el hotel porque el martes vamos a regresar a España.

    Adiós,

    Ignacio

Según la carta de arriba, indica si las oraciones siguientes son *ciertas* (**C**) o *falsas* (**F**).

_____ 1. Ignacio está de vacaciones en España.

_____ 2. Hace calor en la selva tropical.

_____ 3. Ignacio prefiere llevar su paraguas cuando llueve.

_____ 4. El sábado, Ignacio y su familia van al museo.

_____ 5. No pueden jugar en las cataratas porque no traen sus trajes de baño.

_____ 6. El lunes, van a ir a todas partes.

_____ 7. Salen de México el martes.

Actividad 9-1

Llena el espacio en blanco con la forma correcta del verbo entre paréntesis.

1. Mónica _____ limpiar el baño. (preferir)

2. Carlos y su hermano _____ los platos cada noche. (lavar)

3. ¿Quién nunca _____ su cama? (hacer)

4. ¿Quién prefiere _____ la mesa? (quitar)

5. Yo _____ que arreglar mi habitación cada domingo. (tener)

6. ¿Quién _____ la basura en tu casa? (sacar)

7. ¿Quiénes _____ hacer la cama? (preferir)

8. Mi hermano mayor y yo _____ el baño los sábados. (limpiar)

9. Yo _____ la mesa para la cena cada noche. (poner)

10. A mi papá no le gusta lavar los platos. Él siempre _____ el lavaplatos. (usar)

11. Yo _____ el piso de la cocina después de la cena. (barrer)

12. Mi hermana y yo _____ poner y quitar la mesa. (preferir)

13. Mi hermana _____ que limpiar el baño los sábados. (tener)

14. Vosotros _____ el césped mucho. (cortar)

15. Mis tíos _____ la aspiradora. (pasar)

16. Nosotros _____ muchas cosas en el garaje. (poner)

17. Mis padres _____ su recámara todos los días. (arreglar)

18. ¿Cuál quehacer _____ tú? (preferir)

19. Yo _____ mi cama cada mañana. (hacer)

20. Mi papá siempre _____ la cena para nuestra familia. (preparar)

Actividad 9-2

Para cada oración, escribe la mejor respuesta en el espacio en blanco.

1. La cocina tiene muchas cosas menos _____.

      a. la estufa   b. el refrigerador   c. el inodoro   d. el fregadero

2. La sala tiene muchos muebles menos _____.

      a. el sillón   b. el lavabo   c. el sofá   d. la lámpara

3. El baño tiene muchas cosas menos _____.

      a. la ducha   b. el espejo   c. el lavabo   d. la cama

4. Este cuarto siempre tiene una puerta en la casa: _____.

      a. el baño   b. la sala   c. la cocina   d. el comedor

5. Yo tengo que lavar los platos en este cuarto: _____.

      a. la sala   b. el comedor   c. la cocina   d. el jardín

6. El dormitorio tiene muchos muebles menos _____.

      a. el escritorio   b. la cama   c. la cómoda   d. la ducha

7. Yo pongo y quito la mesa en este cuarto: _____.

      a. la sala   b. el baño   c. el comedor   d. el sótano

8. Yo tengo que cortar el césped en esta parte de la casa: _____.

      a. la sala   b. la cocina   c. el jardín   d. el comedor

9. Todas las cosas son electrodomésticos menos _____.

      a. el refrigerador   b. la estufa   c. el microondas   d. el fregadero

10. El comedor tiene muchos muebles menos _____.

      a. la estufa   b. las sillas   c. la mesa   d. la lámpara

Actividad 9-3

Llena el espacio en blanco con la forma correcta del adjetivo entre paréntesis.

1. Yo tengo una mesa _____ (cuadrado).

2. El césped está muy _____ (verde).

3. Tengo que lavar los platos porque están muy _____ (sucio).

4. Pongo _____ (mi) ropa _____ en la secadora para secarla (limpio).

5. Tenemos un sofá _____ (de cuero).

6. La mesa de _____ (nuestro) comedor es _____ (redondo).

7. Los estantes son bastante _____ (antiguo).

8. _____ (nuestro) camas son muy _____ (cómodo).

9. Los muebles en el césped son _____ (de metal).

10. _____ (vuestro) casa es muy _____ (pequeño).

11. Hay dos refrigeradores _____ (nuevo); uno es _____ (amarillo)

    y el otro es _____ (blanco).

12. Todos los electrodomésticos son _____ (gris).

13. Todas _____ (nuestro) puertas son _____ (verde).

14. _____ (su) puertas son _____ (de madera).

15. _____ (nuestro) chimenea es _____ (rojo).

16. La ducha y la tina están muy _____ (sucio).

17. El cuadro y el cartel son _____ (grande).

18. La cómoda y el clóset son muy _____ (pequeño).

19. Las paredes del sótano son _____ (azul).

20. Las puertas de madera son _____ (marrón).

Actividad 9-4

Indica si los comentarios siguientes son absurdos o normales.

	absurdo	normal
1. Yo pongo la mesa después de comer.	_____	_____
2. Yo prefiero limpiar mi ropa en el lavaplatos.	_____	_____
3. Mis papás ponen sus carros en el césped.	_____	_____
4. Yo lavo mi habitación todos los días.	_____	_____
5. Mi mamá prepara la cena en la cocina.	_____	_____
6. Mis hermanas quitan la mesa en el comedor.	_____	_____
7. Lavamos el inodoro en la sala.	_____	_____
8. En mi habitación, hay una cómoda.	_____	_____
9. Yo pongo mi ropa sucia en mi guardarropa.	_____	_____
10. Yo paso la aspiradora en la cocina.	_____	_____
11. Mi mamá barre la alfombra en el sótano.	_____	_____
12. Mis padres desempolvan el césped.	_____	_____
13. Mi hermano mayor tiene que sacar la basura cada noche.	_____	_____
14. Yo tengo una habitación de tres pisos.	_____	_____
15. Hay cuatro baños en el sótano.	_____	_____
16. Hay dos carros en la cochera.	_____	_____
17. Mi baño no tiene puertas… ¡Hola, mamá!	_____	_____
18. Yo pongo la lámpara en el horno de microondas.	_____	_____
19. Mi amigo, Cosmo, prepara la cena en la ducha.	_____	_____
20. Mis hermanos y yo lavamos los platos en el inodoro.	_____	_____
21. Yo hago mi cama en el garaje.	_____	_____
22. Mi papá corta el césped con el cortacésped.	_____	_____
23. Hay un televisor en nuestra sala de estar.	_____	_____
24. La recámara de mis papás tiene siete paredes.	_____	_____
25. Yo vivo lejos de mi casa.	_____	_____
26. Tengo que lavar los platos en el fregadero.	_____	_____
27. El inodoro es más cómodo que el sillón.	_____	_____

Actividad 9-5

Contesta las preguntas siguientes con oraciones completas.

1. ¿Vives en una casa o en un apartamento?

_____

2. ¿Cuántos pisos tiene tu casa/apartamento?

_____

3. ¿Cuántas habitaciones tiene tu casa/apartamento?

_____

4. ¿Qué hay en tu baño? (mínimo de 3 cosas)

_____

5. ¿Qué hay en tu cocina? (mínimo de 3 cosas)

_____

6. ¿Qué hay en tu sala de estar? (mínimo de 3 cosas)

_____

7. ¿Qué hay en tu recámara? (mínimo de 2 cosas)

_____

8. ¿Tienes que lavar los platos?

_____

9. ¿Quién tiene que limpiar los baños en tu casa?

_____

10. ¿Quién pasa la aspiradora en tu casa?

_____

Actividad 9-6

Para cada oración, escribe la mejor palabra en el espacio en blanco.

1. La estufa y el microondas son _____. electrodomésticos / muebles / cuartos

2. Vivo en una casa de dos _____. fregaderos / pisos / estantes / quehaceres

3. La secadora está en _____. la lavadora / la tina / el lavadero / el lavaplatos

4. Tengo que desempolvar _____. el césped / la alfombra / los muebles / el baño

5. En la sala hay un _____. horno / sillón / lavabo / fregadero

6. Paso la aspiradora para limpiar la _____. mesa / ventana / cochera / alfombra

7. Lavamos los platos en el _____. fregadero / lavabo / horno / inodoro

8. Prefiero cortar el _____. queso / césped / cuadro / estante

9. En las ventanas hay _____. cortinas / mesas / sillones / espejos

10. Lavo mi ropa en _____. el lavaplatos / el microondas / la lavadora / el inodoro

11. En la cochera hay _____. un horno / tapetes / dos carros / dos camas

12. En el baño, yo _____. hago mi cama / pongo la mesa / barro el piso / desayuno

13. En mi habitación, hay _____. un césped / una ducha / un refri / un cuadro

14. Pongo mi ropa limpia en la _____. lavadora / secadora / cocina / lámpara

15. Hay una mesa redonda en el _____. refri / césped / comedor / lavadero

16. En mi jardín, hay muebles de _____. vidrio / metal / cuero / queso

17. Hay una chimenea en _____. la sala / el sótano / la cocina / el dormitorio

18. El sofá, el sillón y las mesas son _____. sillas / puertas / muebles / escaleras

19. Siempre hay una puerta en _____. el comedor / la cocina / la sala / el baño

20. Normalmente, los electrodomésticos son _____. verdes / grises / blancos / rosados

Lee la carta y contesta las preguntas en la página siguiente.

el 14 de octubre

Queridos papás,

Gracias por dejarme venir a este hermoso país. La familia con que vivo es muy amable y tiene una casa muy grande y cómoda que está cerca de la escuela. La casa tiene dos pisos y un sótano grande. En el primer piso hay una cocina muy bonita con todo: un refrigerador, una estufa, un horno y aun un horno de microondas. Al lado de la cocina está el comedor. También en el primer piso hay una sala formal. La sala tiene un sofá muy incómodo de metal y de madera. Hay muchos estantes con muchos libros también. En el segundo piso hay tres habitaciones y dos baños. Uno de los baños está por la habitación de los padres y el otro está cerca de mi recámara. Mi recámara es muy cómoda porque tiene muchas cosas. Tengo mi propia cama, un espejo, muchos carteles y cuadros en las paredes, y un clóset y una cómoda para toda mi ropa. También hay un escritorio y una lámpara en mi dormitorio y allí puedo estudiar. También, mi dormitorio tiene dos ventanas con una vista muy hermosa. La sala de estar está en el sótano. Allí la familia tiene el televisor, el estéreo, unos sofás muy cómodos, una mesa y otras cosas. También en el sótano hay otro baño y otro dormitorio. Como pueden ver, la casa es muy buena para mí y me gusta pasar tiempo con la familia aquí. Hasta luego.

Abrazos,
Manuel

Actividad 9-7 (continúa)

Según la carta, escoge la mejor respuesta para cada pregunta.

1. ¿Cuál de estas frases es falsa sobre la casa?
        a. Es grande y cómoda.   c. Tiene 3 pisos.
_____   b. Está cerca de la escuela.   d. Tiene un sótano.

2. ¿Qué no hay en la cocina?
        a. un lavaplatos   c. una estufa
_____   b. un microondas   d. un refri

3. ¿Qué mueble no es muy cómodo en el primer piso?
        a. una sala formal   c. muchos estantes
_____   b. un sofá de metal y de madera   d. todos los anteriores

4. ¿Qué cuarto no está en el primer piso?
        a. la cocina   c. la sala
_____   b. un baño   d. el comedor

5. ¿Qué hay en el segundo piso?
        a. un baño cerca del dormitorio de Manuel   c. tres recámaras
_____   b. un baño por el dormitorio de los padres   d. todos los anteriores

6. ¿Qué hay en la recámara de Manuel?
        a. una cómoda   c. un escritorio
_____   b. una cama   d. todos los anteriores

7. ¿Dónde puede estudiar Manuel?
        a. en la cocina   c. en su baño
_____   b. en su habitación   d. en el comedor

8. ¿Dónde está la sala de estar?
        a. en el sótano   c. en el primer piso
        b. en el segundo piso   d. en el inodoro

9. ¿Qué no hay en el sótano?
        a. un televisor   c. un sillón
_____   b. un baño   d. unos sofás

10. ¿Qué le gusta hacer a Manuel en la casa?
        a. Le gusta estudiar mucho.   c. Le gusta hacer los quehaceres.
_____   b. Le gusta pasar tiempo con la familia.   d. todos los anteriores

Actividad 9-8

Termina cada respuesta usando el pronombre apropiado de complemento directo (lo, la, los, las). En los casos donde hay dos espacios, escoge solamente uno.

1. ¿Limpias el baño? No, mi hermana mayor _____ limpia.

2. ¿Quién prefiere lavar los platos? Carlos y su hermano _____ prefieren lavar_____.

3. ¿Quién quiere arreglar el dormitorio? Mis padres _____ quieren arreglar_____.

4. ¿Quién prefiere quitar la mesa? Yo _____prefiero quitar_____.

5. ¿Quién pasa la aspiradora en tu casa? Mis papás siempre _____ pasan en mi casa.

6. ¿Quién tiene que sacar la basura? Tú _____ tienes que sacar_____.

7. ¿Tienes que hacer tu cama cada día? No, sólo _____ tengo que hacer_____ los domingos.

8. ¿Tienes que preparar el desayuno y la cena? No, mi papá _____ prepara.

9. ¿Dónde tienes el televisor? _____ tengo en la sala de estar.

10. ¿Quién lava los platos después de la cena? Mi mamá siempre _____ lava.

11. ¿Quién va a barrer el piso de la cocina? Mi mamá _____ va a barrer_____.

12. ¿Con qué frecuencia usas las escaleras en tu casa? _____ uso 3 o 4 veces al día.

13. ¿Te gusta cortar el césped? No, no me gusta cortar_____.

14. ¿Desempolvan los estantes y las mesas? No, mi mamá _____ prefiere desempolvar_____.

15. ¿Va a arreglar tu papá las cosas en la cochera? No, yo _____ tengo que arreglar_____.

16. ¿Quién tiene que limpiar la ducha y el inodoro? Yo _____ tengo que limpiar_____.

17. ¿Quién limpia el refri y la estufa? Mis hermanos _____ limpian.

18. ¿Quién prefiere limpiar la bañera? Nadie _____ prefiere limpiar_____.

19. ¿Cuándo quieres lavar los coches? Nunca _____ quiero lavar_____.

20. ¿Pones tu ropa sucia en la secadora o en la lavadora? Yo _____ pongo en la lavadora.

Actividad 9-9

Para formar cada oración, cambia el orden de palabras y puntuación para que tenga sentido.

1. en de apartamento . escuela cerca un la vivo

_____

2. de sala hay ¿ qué estar tu en ?

_____

3. cortar ? tiene el quién césped que ¿

_____

4. a los mamá lavar . va

_____

5. horno electrodomésticos . microondas el de el son y refrigerador

_____

6. poner ¿ la o sacar basura la ? prefieres mesa

_____

7. sofá mesa y . muebles el la son el , estante

_____

8. el usar no prefiero las usar porque . me ascensor escaleras gusta

_____

9. un y pared la . en hay cuadros tres cartel

_____

10. cómoda una una madera y en . hay de muy habitación mi cama cómoda

_____

Actividad 9-10

Para cada verbo conjugado, escribe el sujeto (yo, tú, nosotros, etc.). Luego, escribe el infinitivo del verbo en español con el significado del infinitivo en inglés.

1. **limpio**   sujeto _____

       infinitivo _____   significado _____

2. **lavamos**   sujeto _____

       infinitivo _____   significado _____

3. **barres**   sujeto _____

       infinitivo _____   significado _____

4. **sacáis**   sujeto _____

       infinitivo _____   significado _____

5. **pasan**   sujeto _____

       infinitivo _____   significado _____

6. **pongo**   sujeto _____

       infinitivo _____   significado _____

7. **tenemos**   sujeto _____

       infinitivo _____   significado _____

8. **preparamos**   sujeto _____

       infinitivo _____   significado _____

9. **quitas**   sujeto _____

       infinitivo _____   significado _____

10. **hago**   sujeto _____

       infinitivo _____   significado _____

Para cada verbo conjugado, escribe el sujeto (yo, tú, nosotros, etc.). Luego, escribe el infinitivo del verbo en español con el significado del infinitivo en inglés.

11. **arregla** sujeto _____

infinitivo _____ significado _____

12. **quieren** sujeto _____

infinitivo _____ significado _____

13. **prefiero** sujeto _____

infinitivo _____ significado _____

14. **desempolvan** sujeto _____

infinitivo _____ significado _____

15. **corta** sujeto _____

infinitivo _____ significado _____

16. **tengo** sujeto _____

infinitivo _____ significado _____

17. **ponemos** sujeto _____

infinitivo _____ significado _____

18. **hacen** sujeto _____

infinitivo _____ significado _____

19. **vivo** sujeto _____

infinitivo _____ significado _____

20. **lava** sujeto _____

infinitivo _____ significado _____

Actividad 9-11

Lee la narración siguiente y contesta las preguntas a continuación.

¡Hola! Me llamo Miranda. Vivo con mi mamá y mi hermano menor en una casa grande y muy cómoda cerca de la escuela. Nuestra casa tiene dos pisos con un sótano grande, un garaje para dos carros y un jardín muy grande. En el primer piso, hay una cocina muy bonita y siempre está limpia porque a mi mamá le gusta limpiarla, incluso barrer el piso. Nuestra cocina tiene todos los electrodomésticos típicos: un refrigerador, un horno/estufa, un lavaplatos y un horno de microondas. A mi mamá le gusta preparar la comida y por eso, prepara el desayuno, el almuerzo y la cena todos los días. Cerca de la cocina, tenemos un comedor. En el comedor hay una mesa cuadrada y antigua de madera y cuatro sillas de madera y cuero. También hay una ventana muy grande con cortinas azules y cuando comemos, podemos ver el jardín. Antes de comer, mi hermano tiene que poner la mesa y después de comer, yo tengo que quitarla. También, él y yo tenemos que lavar los platos en el fregadero o ponerlos en el lavaplatos. Después de lavarlos, normalmente yo saco la basura, pero a veces, mi hermano la saca. Cerca del comedor hay una sala con muchos muebles: un sofá de cuero muy incómodo, tres estantes con muchos libros, un piano antiguo y negro de madera, y una mesa redonda. Casi nunca pasamos tiempo en este cuarto. También, en el primer piso, hay un baño pequeño; sólo tiene un lavabo, un inodoro y un espejo.

En el segundo piso hay tres recámaras: una para mí, una para mi hermano y otra para mi mamá. En mi recámara tengo muchos muebles y otras cosas: una cama cómoda, una silla de metal, un escritorio con una lámpara para hacer mi tarea, muchos cuadros y carteles en las paredes, un clóset para toda mi ropa y muchas otras cosas que normalmente están en el piso. Tengo que hacer mi cama todos los días, pero arreglo mi recámara solamente una vez a la semana, normalmente el sábado. No hay alfombra en el segundo piso; tenemos un piso de madera, entonces mi hermano y yo tenemos que barrerlo cada semana. También en el segundo piso, hay dos baños: uno por la recámara de mi mamá y otro para mí y para mi hermano. En nuestro baño, hay un inodoro, un lavabo, una bañera con ducha, un espejo y dos cuadros en la pared y tres tapetes en el piso. Mi hermano y yo tomamos turnos en limpiar el baño; un fin de semana, él lo limpia todo y otro fin de semana, yo lo limpio todo.

En el sótano, hay una sala de estar muy cómoda y allí pasamos mucho tiempo. En la sala de estar hay un sofá y dos sillones muy cómodos, un televisor y un tocadiscos. A mi hermano y a mí nos gusta jugar los videojuegos y ver la televisión, pero mi mamá prefiere escuchar música o leer un libro. También en el sótano, hay una recámara extra con una cama y un clóset para las personas que nos visitan, y otro baño. El baño es pequeño; tiene una ducha, pero no tiene una bañera. Mi mamá normalmente hace casi todos los quehaceres en el sótano; pasa la aspiradora, desempolva los muebles, limpia el baño y saca la basura.

En el garaje, tenemos un refrigerador antiguo, muchos estantes y muchas otras cosas. También, mi mamá pone el carro en el garaje para la noche. Mi mamá también pone el cortacésped en el garaje después de usarlo.

Según la narración de la página anterior, escoge la mejor respuesta para cada pregunta.

1. ¿Cuál de estas frases es falsa sobre la casa de Miranda?
        a. Su casa no está lejos de la escuela.   c. Su casa tiene un garaje.
_____   b. Su casa tiene tres pisos.   d. todos los anteriores

2. ¿Qué hay en la cocina?
        a. un refri   c. un horno/estufa
_____   b. un horno de microondas   d. todos los anteriores

3. ¿Cuál quehacer no tiene Miranda en la cocina/comedor?
        a. poner la mesa   c. quitar la mesa
        b. lavar los platos   d. sacar la basura

4. ¿Qué hay en el comedor?
        a. cortinas blancas en la ventana   c. cuatro sillas de madera y cuero
_____   b. una mesa moderna de madera   d. todos los anteriores

5. ¿Qué no hay en la sala?
        a. un sillón   c. una mesa cuadrada
_____   b. un sofá de cuero muy cómodo   d. todos los anteriores

6. ¿Qué no tiene Miranda en su habitación?
        a. una silla   c. una cómoda
_____   b. muchos carteles   d. un escritorio

7. ¿Cuántos cuartos hay en total en el segundo piso?
        a. tres   c. dos
_____   b. cinco   d. un millón

8. ¿Cuál quehacer no tiene Miranda en el segundo piso?
        a. pasar la aspiradora   c. limpiar el baño
        b. hacer su cama   d. arreglar su dormitorio

9. ¿Qué no hace la mamá de Miranda en el sótano?
        a. limpiar el baño   c. sacar la basura
_____   b. arreglar la sala   d. desempolvar

10. ¿Qué hay en la cochera?
        a. un coche   c. un cortacésped
_____   b. un refri   d. todos los anteriores

Actividad 10-1

Llena el espacio en blanco con la forma correcta del verbo entre paréntesis.

1. Mi hermano y yo _____ alergias. (tener)

2. Cuando estás enfermo, _____ descansar mucho. (deber)

3. ¿Qué síntomas _____ tu hermana? (tener)

4. Yo _____ mucho los fines de semana. (dormir)

5. La comida rápida no _____ muy saludable. (ser)

6. Yo _____ mucho ejercicio durante la semana. (hacer)

7. Mi mamá y mi hermano _____ fiebre. (tener)

8. ¿_____ Uds. después de hacer ejercicio? (descansar)

9. Marcos y yo _____ nuestras vitaminas cada día. (tomar)

10. Debo _____ un poco más. (dormir)

11. Isabel y Renata _____ comer mejor; no están muy sanas. (deber)

12. ¿Cómo _____ tú? (estar)

13. ¿Te gusta _____ agua cuando haces ejercicio? (tomar)

14. Yo _____ mucho frío. (tener)

15. Los vegetales y las frutas _____ muy saludables. (ser)

16. Mis hermanos _____ todo el tiempo. (dormir)

17. Yo _____ que tengo alergias. (pensar)

18. ¿Cómo _____ tu mamá? (estar)

19. Mi mamá _____ que tiene gripe. (creer)

20. Yo _____ fatal. (estar)

Actividad 10-2

Llena los espacios en blanco con la forma correcta del verbo *doler* y el pronombre que corresponde a cada complemento indirecto (me, te, le, nos, os, les). Sigue los ejemplos.

1. A Mónica __le__ __duelen__ los brazos. (doler)

2. A ellos __les__ __duele__ la cabeza. (doler)

3. A mis padres _____ _____ el estómago. (doler)

4. ¿A quién _____ _____ la garganta? (doler)

5. A mi tío _____ _____ los oídos. (doler)

6. A mí _____ _____ la rodilla. (doler)

7. ¿Qué _____ _____ a ti? (doler)

8. ¿_____ _____ la lengua a vosotros? (doler)

9. A nosotros _____ _____ la pierna izquierda. (doler)

10. ¿_____ _____ la espalda a ustedes? (doler)

11. ¿A ti _____ _____ la pierna izquierda o la pierna derecha? (doler)

12. A Marta y a Juanito _____ _____ los pies. (doler)

13. ¿A quiénes _____ _____ el cuello? (doler)

14. A mí _____ _____ el oído. (doler)

15. A mi hermana y a mí _____ _____ la nariz. (doler)

Actividad 10-3

Contesta las preguntas siguientes con oraciones completas.

1. ¿Te duele el brazo?

_____

2. ¿A quién le duelen los oídos?

_____

3. ¿Te duele el pie?

_____

4. ¿Te duelen los dedos?

_____

5. ¿Te duele la cabeza?

_____

6. ¿Te duelen los dedos de pie?

_____

7. ¿A Uds. les duele el estómago?

_____

8. ¿Te duelen las piernas?

_____

9. ¿Te duele el cuello?

_____

10. ¿Le duele la espalda a tu mamá?

_____

Actividad 10-4

Indica si los comentarios siguientes son absurdos o normales.

	absurdo	normal
1. Nos duelen las cabezas.	_____	_____
2. Nos duelen las rodillas.	_____	_____
3. Tenemos 20 dedos de pie.	_____	_____
4. Tomo pastillas cuando tengo dolor de cabeza.	_____	_____
5. Tenemos dos espaldas.	_____	_____
6. Me duelen los brazos.	_____	_____
7. Tenemos dos piernas.	_____	_____
8. Muchos tienen 28 dientes.	_____	_____
9. Les duelen los pechos.	_____	_____
10. Tengo calor y frío; creo que tengo fiebre.	_____	_____
11. Estoy fatal porque tengo gripe.	_____	_____
12. Creo que tengo sueño porque me duele la garganta.	_____	_____
13. Les duelen los pies derechos.	_____	_____
14. Me duele el cabello.	_____	_____
15. Tomo las vitaminas para ser saludable.	_____	_____
16. Voy a visitar al dentista porque tengo dolor de muelas.	_____	_____
17. ¡Ay! Estoy muy bien.	_____	_____
18. ¡Ay! Me duele la rodilla.	_____	_____
19. Voy a la enfermería cuando tengo sueño.	_____	_____
20. Hago ejercicio para estar sano.	_____	_____
21. Tiene dolor de oreja.	_____	_____
22. María y Juan tienen un cuello.	_____	_____
23. Tenemos una mano derecha.	_____	_____
24. Pienso que tengo dolor de garganta.	_____	_____
25. Pienso que tengo gripe.	_____	_____
26. Estoy enfermo porque tengo tos.	_____	_____
27. Tengo tos porque estoy enfermo.	_____	_____

Actividad 10-5

Contesta las preguntas siguientes con oraciones completas.

1. ¿Te duele la garganta?

_____

2. ¿Tienes sueño?

_____

3. ¿Está enferma tu mamá? ¿Qué síntomas tiene?

_____

4. ¿Qué le duele a tu amigo?

_____

5. ¿Les duele la espalda a Uds.?

_____

6. Tengo dolor de estómago. ¿También lo tienes tú?

_____

7. ¿Qué te pasa?

_____

8. ¿A quién le duelen los oídos?

_____

9. ¿Os duele la garganta o el cuello?

_____

10. Me duele la cabeza. ¿Te duele también a ti?

_____

Actividad 10-6

Para cada oración, escribe la mejor palabra en el espacio en blanco.

1. Tenemos dos _____. cabezas / hombros / cuellos / dedos de pie

2. Me duele la _____. garganta / fiebre / tos / clínica

3. Creo que tengo una _____. pierna derecha / fiebre / tos / mano izquierda

4. Nos duele el _____. pelo / dentista / dolor de cabeza / oído

5. Cuando estoy enferma, voy a la _____. enferma / enfermería / rodilla / salud

6. Cuando estás enfermo, debes _____. descansar / empeorarte / limpiar el baño

7. Pienso que tienes _____. resfrío / brazos / dolor de estómago / dientes

8. Muchos tienen veintiocho _____. dedos / alergias / dientes / pelos

9. Tenemos un _____. hombro / pie / ojo / cuerpo

10. Me duelen las _____. espaldas / caras / lenguas / rodillas

11. ¿Tienes dolor de _____? frío / muelas / sueño / derecho

12. Me gusta comer comida _____. sana / salud / saludable / fatal

13. Para estar sano, tomo _____. medicina / vitaminas / ejercicio / alcohol

14. No tienes frío, ¿_____? no / cómo te llamas / verdad / cuántos años tienes

15. Tenemos dos _____. narices / bocas / manos / pies derechos

16. "Tengo dolor de cabeza". "Yo _____". tampoco / también / porque / pero

17. Me duele la garganta, el estómago y la cabeza; estoy _____. bien / mal / fatal

18. Me duelen _____. la cabeza / los oídos / el estómago / la garganta

19. Tenemos diez _____. cabellos / ojos / lenguas / dedos de pie

20. Las vitaminas son _____. saludables / sanas / horribles / terribles

Este diálogo entre una médica y su paciente NO está en el orden correcto. En la página **siguiente**, reescríbelo en el orden correcto.

¿Qué debo hacer para mejorarme?

Lo siento. ¿Qué te pasa?

¿Hace una semana que te duelen también?

Me duele el estómago.

Creo que tienes gripe.

¿Cómo estás?

Sí, y también me duele la cabeza.

Debes quedarte en la cama para dormir por tres días y también, debes tomar esta medicina.

Sí. ¿Qué tengo?

¿Cuánto tiempo hace que te duele?

No estoy muy bien.

¿Te duele la garganta también?

Hace una semana que me duele.

Actividad 10-7 (continúa)

Reescribe el diálogo de la página **anterior** en el orden correcto.

La médica – _____

_____

El paciente – _____

_____

La médica – _____

_____

El paciente – _____

_____

La médica – _____

_____

El paciente – _____

_____

La médica – _____

_____

El paciente – _____

_____

La médica – _____

_____

El paciente – _____

_____

La médica – _____

_____

El paciente – _____

_____

La médica – _____

_____

Actividad 10-8

Llena el espacio en blanco con la forma correcta del verbo *sentirse*.

1. Mónica _____ _____ bien. (sentirse)

2. Ellos _____ _____ mal. (sentirse)

3. Mis padres _____ _____ mejor. (sentirse)

4. ¿Quién _____ _____ peor? (sentirse)

5. Mi tío _____ _____ terrible. (sentirse)

6. Yo _____ _____ resfriado. (sentirse)

7. ¿Cómo _____ _____ tú? (sentirse)

8. Quiero _____ mejor. (sentirse)

9. Mi mamá y yo _____ _____ mejor, gracias. (sentirse)

10. ¿Cómo _____ _____ ustedes? (sentirse)

11. Vas a _____ mejor si duermes un poco. (sentirse)

12. Yo _____ _____ perfecto. (sentirse)

13. Nosotros _____ _____ aun peor. (sentirse)

14. Yo no _____ _____ muy bien. (sentirse)

15. ¿ _____ _____ bien tú? (sentirse)

Actividad 10-9

Contesta las preguntas siguientes con oraciones completas.

1. ¿Te sientes bien?

_____

2. ¿Se siente bien Lupe?

_____

3. ¿Cómo te sientes?

_____

4. ¿Cómo se sienten tus padres?

_____

5. Nos sentimos muy bien, ¿y ustedes?

_____

6. ¿Cuánto tiempo hace que te sientes enferma?

_____

7. ¿Se sienten Uds. bien o mal?

_____

8. ¿Cómo se sienten Mariana y Pepe?

_____

9. ¿Te sientes mejor o peor?

_____

10. ¿Se sienten resfriados Uds.?

_____

Actividad 10-10

Para formar cada oración, cambia el orden de palabras y puntuación para que tenga sentido.

1. una nosotros . cabeza tenemos

_____

2. tengo que creo fiebre .

_____

3. muy siento bien no me .

_____

4. estómago duelen el garganta me y la .

_____

5. ¿ debo mejorarme qué para hacer ?

_____

6. ¿ cabeza tiempo la cuánto que hace te duele ?

_____

7. no cuello duele el me garganta me pero duele la .

_____

8. gripe tengo dolor creo dolor porque de tengo que estómago de y cabeza .

_____

9. a voy al porque muelas tengo visitar dentista de dolor .

_____

10. una , hombros veintiocho tenemos espalda dos y dedos dientes , diez .

_____

Llena el espacio en blanco con la forma correcta del verbo entre paréntesis.

1. Yo necesito _____ porque no me gusta estar enferma. (mejorarse)

2. Julia no _____ muy bien; está enferma. (sentirse)

3. Debo descansar para no _____. (empeorarse)

4. Si tienes muchos mocos, debes _____ la nariz. (soplarse)

5. Voy a _____ en la cama porque estoy fatal. (quedarse)

6. Mario y yo _____ terribles. (sentirse)

7. Yo normalmente _____ después de descansar mucho. (mejorarse)

8. Cuando estoy enfermo, yo _____ en la cama para dormir. (quedarse)

9. Yo _____ súper bien, gracias. (sentirse)

10. Tú debes _____ en la cama para descansar mucho. (quedarse)

11. Jacobo y Lupe _____ resfriados. (sentirse)

12. Carla nunca _____ la nariz. (soplarse)

13. Debemos dormir y descansar mucho para _____. (mejorarse)

14. Voy a _____ en casa para descansar. (quedarse)

15. Si descansamos y tomamos mucha agua, vamos a _____ mejor. (sentirse)

Actividad 11-1

Llena cada espacio en blanco con la conjugación correcta en **el pretérito**.

1. ¿Qué _____ tú ayer en la dulcería? (comprar)

2. Yo _____ jabón y pasta dentífrica. (comprar)

3. ¿Te _____ la película *Top Gun*? (gustar)

4. ¿Qué _____ tú anoche para la cena? (comer)

5. Yo sólo _____ leche. (beber)

6. Anoche mi hermana _____ por 3 horas. (estudiar)

7. Mis padres _____ huevos verdes con jamón ayer. (cocinar)

8. Yo _____ con mi abuela por teléfono la semana pasada. (hablar)

9. Mis amigos y yo _____ música el sábado pasado. (escuchar)

10. ¿_____ tú el libro a la biblioteca antes de leerlo? (devolver)

11. No, yo lo _____ antes de devolverlo. (leer)

12. ¿Vosotros _____ en la piscina? (nadar)

13. Mi mamá _____ el baño el fin de semana pasado. (limpiar)

14. Mi papá _____ la aspiradora al día siguiente. (pasar)

15. Mis hermanos _____ un libro. (escribir)

16. Yo _____ mi recámara el domingo pasado. (arreglar)

17. Él _____ la tele hasta las 10:00 de la noche. (mirar)

18. Ella _____ la ventana porque tenía calor. (abrir)

19. ¿Qué te _____? (pasar)

20. Yo _____ la rodilla. (lastimarse)

Actividad 11-2

Para cada oración, escribe la mejor respuesta en el espacio en blanco.

1. Tengo que ir al banco para _____ dinero.

      a. retirar   b. ahorrar   c. cobrar   d. gastar

2. Tengo que ir a la oficina de correos para _____ unas postales.

      a. mandar   b. ganar   c. recibir   d. coger

3. Todos son lugares religiosos menos _____ .

      a. la mezquita   b. el zoológico   c. la iglesia   d. la sinagoga

4. Voy al súper para comprar todos menos _____ .

      a. los abarrotes   b. el jabón   c. los paquetes   d. los sobres

5. La farmacia vende todos menos _____ .

      a. el desodorante   b. la pasta dental   c. los comprobantes   d. los cepillos de dientes

6. Todas estas palabras/frases indican rutina menos _____ .

      a. por lo general   b. a menudo   c. de vez en cuando   d. una vez

7. Todas estas palabras/frases señalan el pasado menos _____ .

      a. arriba   b. anoche   c. hace 3 semanas   d. ayer

8. Voy al teatro para ver _____ .

      a. una peli   b. una obra   c. un partido   d. un metro

9. Vamos al estadio para ver _____ .

      a. un sobre   b. una esquina   c. un partido   d. una cuadra

10. Panchito va a la biblioteca para _____ un libro.

      a. abrir   b. cerrar   c. enviar   d. devolver

Actividad 11-3

Contesta las preguntas siguientes con oraciones completas.

1. ¿Retiraste dinero del banco ayer?

_____

2. ¿Cuánto dinero depositaste la semana pasada?

_____

3. ¿Devolvió tu amiga su libro a la biblioteca el sábado pasado?

_____

4. ¿Uds. llegaron tarde a clase hace dos días?

_____

5. ¿Cuántos libros sacaron Uds. de la biblioteca anteayer?

_____

6. ¿Cerró la dulcería a las siete o a las siete y media el domingo pasado?

_____

7. ¿Compraste champú y jabón o sólo pasta dentífrica?

_____

8. ¿Te envió tu abuela una tarjeta de cumpleaños el año pasado?

_____

9. ¿Trabajaron ellas mucho el invierno pasado?

_____

10. ¿Me compraste un regalo en la tienda anoche?

_____

Actividad 11-4

Llena cada espacio en blanco con la forma correcta en **el pretérito o el infinitivo**.

1. ¿Qué _____ tú ayer? (hacer)

2. Yo _____ a la biblioteca con mi novia. (ir)

3. ¿Fueron al cine para _____ la película nueva? (ver)

4. ¿Qué _____ tú y tus amigos anoche? (hacer)

5. Mi mamá _____ su programa favorito de la tele anoche. (ver)

6. Mis padres _____ al hotel en taxi. (ir)

7. ¿Mi papá no _____ su cama esta mañana? (hacer)

8. Anoche, mi hermana _____ al cine con sus amigas. (ir)

9. Yo no _____ la tele la semana pasada. (ver)

10. No me gustó _____ a la fiesta. (ir)

11. Mis amigos y yo _____ a la dulcería el miércoles pasado. (ir)

12. ¿ _____ vosotros la tele hasta las 10:00 de la noche? (ver)

13. ¿ _____ vosotros al zoológico antes de estudiar? (ir)

14. ¿Qué _____ tu mamá hace dos días? (hacer)

15. Ellos ya _____ la película. (ver)

16. ¿Adónde _____ tú después de la cena? (ir)

17. Nosotros _____ el partido de béisbol. (ver)

18. Cristina _____ su tarea en la noche. (hacer)

19. Yo _____ ejercicio el domingo pasado. (hacer)

20. ¿Te gustó _____ tu cama nueva por primera vez? (hacer)

Actividad 11-5

Indica si los comentarios siguientes son absurdos o normales.

	absurdo	normal
1. Fui al banco para recoger estampillas.	_____	_____
2. Deposité $200 en mi cuenta de ahorros ayer.	_____	_____
3. Fuimos a la oficina de correos para enviar un paquete.	_____	_____
4. Vamos al teatro para ver una película.	_____	_____
5. ¿Me puedes decir cómo llegar a la biblioteca?	_____	_____
6. La farmacia queda a cuatro manzanas de aquí.	_____	_____
7. La última vez que fue fue hace 10 años.	_____	_____
8. La única vez que fui fui hace 10 años.	_____	_____
9. Vamos al cine anoche.	_____	_____
10. Fuimos al cine raras veces.	_____	_____
11. Encontramos la plaza ayer.	_____	_____
12. Siempre encontramos los mejores restaurantes.	_____	_____
13. El sábado pasado, vieron una obra de teatro.	_____	_____
14. Casi siempre llego tarde la semana pasada.	_____	_____
15. La tienda abrió tarde el domingo pasado.	_____	_____
16. La tienda está cerrada de las 9:00 AM a las 10:00 PM.	_____	_____
17. Ella buscó la iglesia anoche, pero no la encontró.	_____	_____
18. El supermercado queda en la esquina de la Avenida 17.	_____	_____
19. La dulcería queda al lado de la cuadra.	_____	_____
20. La dulcería queda enfrente del restaurante italiano.	_____	_____
21. Recogí mi paquete de la oficina de correos.	_____	_____
22. El recibo tiene mi saldo de cuenta.	_____	_____
23. Gasté todo el dinero que retiré del cajero automático ayer.	_____	_____
24. El súper vende súper bien muchos bienes.	_____	_____
25. Jalé la puerta para abrirla.	_____	_____
26. A lo mejor chambeo mañana.	_____	_____
27. Devolvimos el libro que compramos la semana pasada.	_____	_____

Actividad 11-6

Contesta las preguntas siguientes con oraciones completas.

1. ¿Adónde fuiste ayer?

_____

2. ¿Compraste muchos regalos para tu hermano?

_____

3. ¿Qué hiciste la semana pasada?

_____

4. ¿Fuiste al supermercado para comer comestibles el sábado pasado?

_____

5. ¿Qué compraste en la tienda de regalos?

_____

6. ¿A qué hora cerró la librería?

_____

7. ¿Qué hicieron tus padres anoche?

_____

8. ¿Qué hicieron Uds. después de ir al cine?

_____

9. ¿Fuiste a pasear anoche en el parque?

_____

10. ¿Te gustó el zoológico?

_____

Actividad 11-7

Para cada verbo conjugado, escribe el sujeto y el tiempo verbal. Luego, escribe el infinitivo del verbo en español con el significado del infinitivo en inglés.

1. **fue**   sujeto _____   tiempo verbal _____

    infinitivo _____   significado _____

2. **recogiste**   sujeto _____   tiempo verbal _____

    infinitivo _____   significado _____

3. **llegaron**   sujeto _____   tiempo verbal _____

    infinitivo _____   significado _____

4. **buscamos**   sujeto _____   tiempo verbal _____

    infinitivo _____   significado _____

5. **devuelve**   sujeto _____   tiempo verbal _____

    infinitivo _____   significado _____

6. **vendemos**   sujeto _____   tiempo verbal _____

    infinitivo _____   significado _____

7. **fui**   sujeto _____   tiempo verbal _____

    infinitivo _____   significado _____

8. **costó**   sujeto _____   tiempo verbal _____

    infinitivo _____   significado _____

9. **hice**   sujeto _____   tiempo verbal _____

    infinitivo _____   significado _____

10. **creé**   sujeto _____   tiempo verbal _____

    infinitivo _____   significado _____

Para cada verbo conjugado, escribe el sujeto y el tiempo verbal. Luego, escribe el infinitivo del verbo en español con el significado del infinitivo en inglés.

11. **empujó**   sujeto _____   tiempo verbal _____

     infinitivo _____   significado _____

12. **ahorré**   sujeto _____   tiempo verbal _____

     infinitivo _____   significado _____

13. **gastaste**   sujeto _____   tiempo verbal _____

     infinitivo _____   significado _____

14. **hizo**   sujeto _____   tiempo verbal _____

     infinitivo _____   significado _____

15. **voy**   sujeto _____   tiempo verbal _____

     infinitivo _____   significado _____

16. **llegó**   sujeto _____   tiempo verbal _____

     infinitivo _____   significado _____

17. **recibieron**   sujeto _____   tiempo verbal _____

     infinitivo _____   significado _____

18. **envío**   sujeto _____   tiempo verbal _____

     infinitivo _____   significado _____

19. **envió**   sujeto _____   tiempo verbal _____

     infinitivo _____   significado _____

20. **vi**   sujeto _____   tiempo verbal _____

     infinitivo _____   significado _____

Actividad 11-8

Escribe 10 oraciones completas contrastando el presente y el pretérito con el formato siguiente:

Normalmente <u>desayuno</u> a las seis de la mañana, pero ayer <u>desayuné</u> a las seis y media.

1. _____

_____

2. _____

_____

3. _____

_____

4. _____

_____

5. _____

_____

6. _____

_____

7. _____

_____

8. _____

_____

9. _____

_____

10. _____

_____

Actividad 11-9

Para formar cada oración, cambia el orden de palabras y puntuación para que tenga sentido.

1. que una tienen al cheques abrir banco ellos de ir para cuenta .

_____

2. a la frecuentemente van biblioteca sacar libros devolver para y .

_____

3. el mis fueron a para la farmacia comprar hermanos dental hilo .

_____

4. la tarde la semanas vez llegó que única a hace sinagoga fue seis .

_____

5. ¿ templo puede en dónde decir me queda el ?

_____

6. el policía queda siete de zoológico cuadras a la de estación .

_____

7. mis pasado ahorros cerraron cuenta padres su de el mes .

_____

8. capital pero prefieres un metro la , puedes si tomar tiene un taxi .

_____

9. a la calle derecho sigue izquierda en la dobla cuatro trece cuadras y por .

_____

10. ¿ que fue la vez Ud. cuándo estampillas oficina a la fue comprar de última correos para ?

_____

_____

Actividad 11-10

Lee el diálogo siguiente y contesta las preguntas a continuación.

Maura – ¡Hola Luz! ¿Qué tal?
Luz – ¡Excelente! ¿Y tú?
Maura – ¡También! Oye, ¿adónde vas?
Luz – Tengo que hacer muchas cosas. Primero, voy al supermercado para comprar algunos
    comestibles. También necesito más pasta dentífrica. Después de ir al supermercado, voy
    a la biblioteca porque tengo que devolver unos libros y quiero sacar otro. Y por
    último, tengo que ir al banco para depositar dinero. ¿Quieres acompañarme?
Maura – ¿Por qué no? No tengo nada más que hacer ahora. ¿Vamos a ir en autobús?
Luz – Posiblemente, pero el supermercado no queda muy lejos de aquí. Y la biblioteca queda
    cerca del supermercado. Prefiero ir a pie primero. Y si estamos cansadas después de
    caminar, podemos andar en autobús al banco. ¡Vámonos!

10 minutos más tarde...

Luz – Aquí llegamos.
Maura – ¿Adónde vamos primero?
Luz – Bueno, tengo que preparar una cena para mi familia y por eso necesito comprar algunos
    vegetales, pan, huevos y pollo.
Maura – También necesitas pasta dentífrica, ¿no?
Luz – ¡Ah, sí! ¡Gracias!

Después de ir de compras...

Maura – ¿A cuántas cuadras de aquí queda la biblioteca?
Luz – Creo que queda a dos cuadras. Tenemos que seguir derecho en la Calle Juárez hasta la
    Avenida Duque. En la Avenida Duque, tenemos que doblar a la derecha y la biblioteca
    va a estar a la derecha.
Maura – ¡Órale!

En la biblioteca...

Maura – ¿Cuántos libros tienes que devolver?
Luz – Tengo que devolver tres y quiero sacar dos más.

Después de sacarlos...

Luz – Estoy cansada. Debemos tomar el autobús. ¿Estás de acuerdo?
Maura – Sí, estoy de acuerdo. Pero si tomamos el autobús, vamos a llegar temprano. El banco
    no abre hasta las diez los sábados y en este momento son las nueve y media.
Luz – ¡Sale, pues! Está bien conmigo. Podemos hablar mientras esperamos.
Maura – ¡Vámonos!

Actividad 11-10 (continúa)

Contesta las preguntas siguientes con oraciones completas según el diálogo de la página anterior.

1. ¿Son amigas Luz y Maura?

_____

2. ¿Adónde van primero?

_____

3. ¿Cómo van a llegar allí?

_____

4. ¿Qué tiene que comprar Luz, específicamente?

_____

5. ¿Por qué necesita esos comestibles?

_____

6. ¿A cuántas cuadras queda la biblioteca del supermercado?

_____

7. ¿Van a llegar a la biblioteca en autobús?

_____

8. ¿Por qué van a la biblioteca?

_____

9. ¿Qué más tiene que hacer?

_____

10. ¿Van a llegar temprano o tarde si toman el autobús?

_____

Actividad 12-1 (parte 1)

Llena el espacio en blanco con la forma correcta del verbo entre paréntesis.

El presente

1. Yo _____ como voluntario cada lunes. (trabajar)

2. Mis amigos _____ en el club de español. (participar)

3. Carmen siempre _____ buenas notas. (sacar)

4. El maestro de historia _____ muchos papeles durante la clase. (repartir)

5. Las maestras de ciencias _____ muy bien. (enseñar)

6. Los estudiantes _____ muchos libros en la clase de literatura. (leer)

7. Mi amigo y yo _____ de casa a las seis y media. (salir)

8. Los estudiantes _____ muchos ensayos en la clase de escritura. (escribir)

9. Antes de salir de clase, los estudiantes _____ fila en la puerta. (hacer)

10. Se prohíbe _____ en la clase de matemáticas. (comer)

El pretérito

11. Tú _____ muy bien ayer. (jugar)

12. Mis padres _____ de casa a las ocho y media esta mañana. (salir)

13. Yo _____ una B en la clase de arte el semestre pasado. (sacar)

14. Panchito _____ 5 exámenes la semana pasada. (tomar)

15. Mi hermana y su amiga _____ sus libros a la biblioteca a tiempo. (devolver)

16. Tú le _____ correctamente al maestro de química 10 veces ayer. (contestar)

17. Felipe y yo _____ mucho el semestre pasado. (aprender)

18. Yo _____ mi tarea un día tarde. (entregar)

19. El maestro nos _____ la rúbrica antes del examen. (repartir)

Actividad 12-2 (parte 1)

Llena el espacio en blanco con la conjugación correcta en el presente del verbo entre paréntesis.

1. Yo no _____ a la directora. (conocer)

2. Mi amigo no _____ a qué hora empieza el 2º bloque. (saber)

3. ¿ _____ tú a Felipe? (conocer)

4. Nosotros _____ en dónde queda el auditorio. (saber)

5. Los maestros de inglés no _____ usar la computadora. (saber)

6. Nosotras no _____ a todas las secretarias. (conocer)

7. ¿ _____ tú qué necesitamos para la clase de álgebra? (saber)

8. Yo no _____ dónde está la oficina de consejeros. (saber)

9. Los maestros de idiomas _____ a muchos estudiantes. (conocer)

10. El Sr. González _____ a casi todos los estudiantes. (conocer)

Para cada oración, escoge o *saber* o *conocer* según el contexto y escribe tu respuesta en el espacio.

11. El consejero no me _____. (sabe / conoce)

12. El consejero no _____ quién soy. (sabe / conoce)

13. Marco no _____ a qué hora termina la clase. (sabe / conoce)

14. Timoteo y yo _____ quién es el director. (sabemos / conocemos)

15. Timoteo y yo _____ al director. (sabemos / conocemos)

16. ¿ _____ dónde está el mapa? (sabes / conoces)

17. ¡ _____ el mapa muy bien! (sabes / conoces)

18. No _____ cuáles son las reglas en esta clase. (sé / conozco)

19. Los estudiantes no _____ la respuesta. (saben / conocen)

20. No _____ todas las escuelas en el distrito. (sé / conozco)

Actividad 12-3 (parte 1)

Escribe la mejor respuesta.

1. Todos son idiomas menos _____.

    a. el español   b. el alemán   c. el inglés   d. la geometría

2. Para la clase de cálculo, debes tener todos estos materiales menos _____.

    a. la calculadora   b. el lápiz   c. el sujetapapeles   d. el borrador

3. Todas son ciencias físicas menos _____.

    a. la química   b. la biología   c. la física   d. la educación física

4. Todas son actividades típicas de la clase de inglés menos _____.

    a. hacer cola   b. la escritura   c. la lectura   d. hacer presentaciones

5. Todos son matemáticas menos _____.

    a. la geometría   b. la geografía   c. el álgebra   d. el cálculo

6. Todas son formas de aprender menos _____.

    a. hacer preguntas   b. estudiar   c. sacar apuntes   d. sacar buenas notas

7. Todos son números ordinales menos _____.

    a. última   b. séptima   c. quinto   d. décimo

8. Todas estas palabras son femeninas menos _____.

    a. el ala   b. el mapa   c. el álgebra   d. el aula

9. Todas estas palabras son masculinas menos _____.

    a. el problema   b. el idioma   c. el arte   d. las artes

10. Todos son personas menos _____.

    a. la consejera   b. el edificio   c. la compañera   d. el miembro

Actividad 12-4 (parte 1)

Llena el espacio en blanco con la forma correcta del verbo entre paréntesis.

El presente

1. Yo no _____ tutor de matemáticas. (ser)

2. ¿Uds. _____ una silla a la clase de biología? (traer)

3. Yo _____ con mis amigos después de clases. (salir)

4. ¿Qué _____ nosotros para la clase de español? (necesitar)

5. La directora no _____ un diccionario todos los días. (usar)

6. Yo siempre _____ mi calculadora a la clase de cálculo. (traer)

7. ¿Qué _____ tú para la clase de álgebra? (necesitar)

8. María _____ muchos ensayos en la clase de inglés. (escribir)

9. Tati y Memo _____ muchos apuntes en la clase de ciencias. (tomar)

10. Tú y yo normalmente _____ a tiempo al 4º bloque. (llegar)

El pretérito

11. Carmen _____ un lápiz de madera para el examen hoy. (usar)

12. El Sr. Sandoval _____ cuatro actividades hace dos días. (repartir)

13. Yo _____ buenas notas el semestre pasado. (sacar)

14. Carlitos _____ mucho la semana pasada. (aprender)

15. Emiliano y yo _____ como voluntarios el semestre pasado. (trabajar)

16. Mis amigos _____ un examen difícil en la clase de física. (presentar)

17. Yo _____ con mis amigos después de clases. (jugar)

18. ¿Cuándo _____ tu presentación en la clase de biología? (hacer)

19. Los estudiantes _____ tres composiciones para la clase de inglés. (escribir)

Actividad 12-5 (parte 1)

Indica si los comentarios siguientes son absurdos o normales.

	absurdo	normal
1. Necesitamos una calculadora para la clase de química.	_____	_____
2. Traigo mi mochila a clase todos los días.	_____	_____
3. El salón de clase de geometría tiene quince paredes.	_____	_____
4. Trabajo como voluntario después de la escuela.	_____	_____
5. El maestro usa papel con el proyector.	_____	_____
6. Hay 3 ventanas en el baño para las chicas.	_____	_____
7. Los consejeros practican deportes con los estudiantes.	_____	_____
8. Uso el sacapuntas para mis bolígrafos.	_____	_____
9. La clase de cálculo es la clase más fácil de la escuela.	_____	_____
10. La clase de teatro usa el escenario para practicar.	_____	_____
11. Los estudiantes aprenden mucho en sus clases.	_____	_____
12. El director enseña todas las materias.	_____	_____
13. Usamos cuadernos en la clase de idiomas.	_____	_____
14. Tenemos clases en un edificio.	_____	_____
15. Los estudiantes tienen 8 clases cada semestre.	_____	_____
16. Las clases son por la noche.	_____	_____
17. Hay cuatro cuartos en un año escolar.	_____	_____
18. Para presentar un examen, pongo mi cuaderno en el suelo.	_____	_____
19. Hacemos muchas presentaciones en la clase de geometría.	_____	_____
20. La maestra entrega mucha tarea en la clase.	_____	_____
21. Salgo con mis amigos después de las clases.	_____	_____
22. Pongo mi mochila en mis lápices.	_____	_____
23. Para sacar buenas notas, yo estudio mucho en casa.	_____	_____
24. Hay mucha lectura en la clase de literatura.	_____	_____
25. Se prohíbe beber en la clase de computadoras.	_____	_____
26. Los maestros reparten las actividades durante la clase.	_____	_____
27. Se permite llegar tarde en la clase de educación física.	_____	_____

Actividad 12-6 (parte 1)

Para cada oración, escribe la mejor palabra en el espacio en blanco.

1. Yo uso un diccionario para la clase de _____. geometría / arte / banda / español

2. Traemos una _____ para el cálculo. silla / engrapadora / calculadora / puerta

3. Traigo una _____ a clase. consejera / mochila / página / bandera

4. El libro tiene quince _____. párrafos / ensayos / rúbricas / capítulos

5. Los estudiantes _____ las preguntas. conocen / enseñan / hacen / contestan

6. Pongo mis materiales en mi _____. diccionario / armario / pizarrón / secretaria

7. Es un ensayo de cinco _____. ensayos / párrafos / pruebas / problemas

8. Después de clases, juego _____. periódicos / deportes / coro / tutora

9. La profesora usa _____ en el pizarrón. marcadores / plumas / lápices / bolígrafos

10. Trae los _____ en su mochila. libros / armarios / mapas / relojes

11. Los estudiantes escriben con _____. pizarrones / computadoras / marcadores

12. La banda y el coro son clases de _____. ciencias / matemáticas / música / baño

13. Las clases de español son en _____. la cafetería / el salón de clases / el baño

14. El maestro _____ las actividades. necesita / reparte / entrega / contesta

15. El profesor de español _____ español. aprende / toma / enseña / juega

16. La química y la física son _____. idiomas / ciencias / matemáticas / ejercicios

17. La escuela tiene dos _____. gimnasios / bibliotecas / auditorios / baños

18. Los estudiantes toman apuntes en _____. el suelo / el escenario / la uni / el ala

19. Un minuto son 60 segundos. 20 minutos es un _____. rato / octavo / problema

20. "10 + 15" es _____. una pregunta / una respuesta / un problema / una lección

Actividad 12-7 (parte 1)

Lee los dos horarios y contesta las preguntas a continuación.

El horario de Pedro:

El primer día:			El segundo día:		
1º bloque	7:30 – 9:00	la biología	1º bloque	7:30 – 9:00	el inglés
2º bloque	9:07 – 10:37	la geometría	2º bloque	9:07 – 10:37	la historia
3º bloque	10:44 – 12:14	el arte	3º bloque	10:44 – 12:14	la banda
	12:14 – 1:00	el almuerzo		12:14 – 1:00	el almuerzo
4º bloque	1:00 – 2:30	la educación física	4º bloque	1:00 – 2:30	el español

El horario de Teresa:

El primer día:			El segundo día:		
1º bloque	7:45 – 9:15	el cálculo	1º bloque	7:45 – 9:15	la literatura
2º bloque	9:22 – 10:52	la educación física	2º bloque	9:22 – 10:52	el arte
3º bloque	10:59 – 12:29	la física	3º bloque	10:59 – 12:29	la historia
	12:29 – 1:15	el almuerzo		12:29 – 1:15	el almuerzo
4º bloque	1:15 – 2:45	el coro	4º bloque	1:15 – 2:45	el alemán

Actividad 12-7 (parte 1, continúa)

Según los horarios, contesta las preguntas siguientes con oraciones completas y apropiadas.

1. ¿Quién tiene la clase de cálculo?

_____

2. ¿Quién empieza la escuela a las siete y media?

_____

3. ¿Quién tiene la clase de arte el primer día?

_____

4. ¿A qué hora empieza el almuerzo de Teresa?

_____

5. ¿A qué hora termina el cuarto bloque de Pedro?

_____

6. ¿Qué clase tiene Pedro el tercer bloque del 2º día?

_____

7. ¿Cuál clase tiene Teresa el primer bloque del 2º día?

_____

8. ¿Quién tiene la clase de educación física el 1º día?

_____

9. ¿Quién tiene una clase de música el primer día?

_____

10. ¿A qué hora empieza la clase de ciencia de Teresa?

_____

Actividad 12-8 (parte 1)

Para formar cada oración, cambia el orden de palabras y puntuación para que tenga sentido.

1. lápiz una un , un y cuaderno clase necesitamos para de calculadora la matemáticas .

_____

2. proyector maestra las transparencias con el usa la .

_____

3. es clase la una de clase banda música de .

_____

4. Gómez geometría enseña Sr. álgebra el el y la .

_____

5. pizarrón usan marcadores borradores maestros y en los el .

_____

6. los los participaron directores deportes no en .

_____

7. a de la llegué la siete , mañana a las escuela yo ayer .

_____

8. un la difícil semana tenemos español próxima en clase examen de la .

_____

9. el cuarto bloque primer a siete empieza y de las la mañana .

_____

10. entregarlo tenemos un informe viernes del libro y próximo que escribir el .

_____

_____

Actividad 12-9 (parte 1)

Para cada verbo conjugado, escribe el sujeto y el tiempo verbal. Luego, escribe el infinitivo del verbo en español con el significado del infinitivo en inglés.

1. **hiciste**   sujeto _____   tiempo verbal _____

       infinitivo _____   significado _____

2. **tomamos**   sujeto _____   tiempo verbal _____

       infinitivo _____   significado _____

3. **enseñan**   sujeto _____   tiempo verbal _____

       infinitivo _____   significado _____

4. **van**   sujeto _____   tiempo verbal _____

       infinitivo _____   significado _____

5. **sé**   sujeto _____   tiempo verbal _____

       infinitivo _____   significado _____

6. **vieron**   sujeto _____   tiempo verbal _____

       infinitivo _____   significado _____

7. **fui**   sujeto _____   tiempo verbal _____

       infinitivo _____   significado _____

8. **repartió**   sujeto _____   tiempo verbal _____

       infinitivo _____   significado _____

9. **conozco**   sujeto _____   tiempo verbal _____

       infinitivo _____   significado _____

10. **saben**   sujeto _____   tiempo verbal _____

       infinitivo _____   significado _____

Para cada verbo conjugado, escribe el sujeto y el tiempo verbal. Luego, escribe el infinitivo del verbo en español con el significado del infinitivo en inglés.

11. **traigo** sujeto _____ tiempo verbal _____

   infinitivo _____ significado _____

12. **contestaron** sujeto _____ tiempo verbal _____

   infinitivo _____ significado _____

13. **pongo** sujeto _____ tiempo verbal _____

   infinitivo _____ significado _____

14. **hizo** sujeto _____ tiempo verbal _____

   infinitivo _____ significado _____

15. **voy** sujeto _____ tiempo verbal _____

   infinitivo _____ significado _____

16. **entregué** sujeto _____ tiempo verbal _____

   infinitivo _____ significado _____

17. **reparte** sujeto _____ tiempo verbal _____

   infinitivo _____ significado _____

18. **saqué** sujeto _____ tiempo verbal _____

   infinitivo _____ significado _____

19. **hacemos** sujeto _____ tiempo verbal _____

   infinitivo _____ significado _____

20. **salgo** sujeto _____ tiempo verbal _____

   infinitivo _____ significado _____

Actividad 12-10 (parte 1)

Lee el cuento siguiente y sigue las instrucciones a continuación.

Hola, soy Dora y soy estudiante de la escuela preparatoria. Me gusta mucho mi escuela porque los estudiantes, los maestros, los consejeros y los directores son muy simpáticos. Yo conozco a mi consejero muy bien y él me ayuda mucho con mi horario y los requisitos para graduarme. Si no me siento enferma, yo voy a la escuela de lunes a viernes. Yo tengo ocho clases en total – cuatro cada día. Me gustan mucho casi todas de mis clases, pero hay una que no me gusta: la clase de literatura. Me encanta aprender, pero casi no aprendo nada en esa clase. Sólo leo en clase todos los días. Yo puedo hacer eso en casa. ¡La maestra no enseña nada! Esa es mi primera clase del primer día. Esa clase empieza a las 7:15 y termina a las 8:45. Después de esa clase, tengo la clase de cálculo. Es muy difícil pero el maestro es súper inteligente y simpático, y enseña muy bien. Esa clase empieza a las 8:53 y termina a las 10:23. Luego, tengo la clase de historia. Yo aprendo mucho en esa clase y me gusta mucho. El maestro es muy divertido. Esa clase empieza a las 10:31 y termina a las 12:01. Después de esa clase, yo salgo con amigos para almorzar porque no me gusta la comida de la cafetería. A las 12:45, el cuarto bloque empieza y para el primer día, yo tengo la clase de banda. La maestra es interesante y la clase es más divertida que la clase de cálculo. A las 2:15, el cuarto bloque termina y yo practico deportes hasta las 4:30.

Para el segundo día, yo tengo el mismo horario de bloques, pero tengo diferentes clases. El primer bloque, tengo la física. Es muy difícil pero la maestra es muy divertida y creo que la clase es muy importante. El segundo bloque, tengo la clase de español. El maestro es súper inteligente, interesante, chistoso y divertido. La clase es más o menos difícil pero el maestro habla en español casi todo el día y aprendo muchísimo. Siempre contesto preguntas, leo, escribo, escucho y hablo en español. La clase de español es más importante y divertida que todas las otras clases. Yo voy a usar el idioma por toda mi vida. Después de la clase de español, tengo la clase de arte. La maestra es muy artística y chistosa y la clase es súper fácil. Después del almuerzo, el cuarto bloque, tengo la clase de educación física. No aprendo mucho en esa clase, pero es muy divertida porque juego deportes por una hora y media.

El miércoles pasado, fui a las clases del primer día pero a horas diferentes a causa de un horario especial. Fui a la clase de literatura a las 9:45 y salí a las 10:41. Después, fui a la clase de matemáticas a las 10:46 y la clase terminó a las 11:43. Con este horario diferente, salí a almorzar después del segundo bloque. A las 12:18, fui a la clase de historia y esa clase terminó a la 1:14. Finalmente, fui a la clase de música a la 1:19 y salí para practicar deportes a las 2:15. Me gustan mucho los días cortos así porque puedo dormir más en la mañana. Ahora tengo que salir porque tengo que tomar un examen en mi clase de español. Yo estudié mucho y creo que voy a sacar una buena nota. ¡Adiós!

Actividad 12-10 (parte 1, continúa)

Según el texto, indica si las oraciones siguientes son *ciertas* **(C)** o *falsas* **(F)**.

_____ 1. A Dora no le gusta la escuela porque los maestros son antipáticos.

_____ 2. Ella tiene la clase de matemáticas el primer día.

_____ 3. El maestro de la clase de historia es aburrido.

_____ 4. Normalmente, ella tiene tres clases después del almuerzo.

_____ 5. Su clase de literatura es más divertida que la clase de cálculo.

_____ 6. Ella tiene la clase de ciencia el segundo día.

_____ 7. Los horarios del primero y segundo días son diferentes, pero las clases son iguales.

_____ 8. No le gusta su clase de español.

_____ 9. Ella fue a una clase después del almuerzo el miércoles pasado.

_____ 10. El cuarto bloque empezó a las 12:45 el miércoles pasado.

Actividad 12-1 (parte 2)

Llena el espacio en blanco con la forma correcta del verbo entre paréntesis.

El presente

1. Yo _____ como voluntaria en la escuela de mi hija. (trabajar)

2. Mis colegas _____ en el club rotario. (participar)

3. Carmen siempre _____ apuntes durante las presentaciones. (sacar)

4. El jefe _____ muchos papeles durante cada reunión. (repartir)

5. El director siempre _____ buenas decisiones. (tomar)

6. Los especialistas _____ muchos libros sobre sus campos profesionales. (leer)

7. Mi colega y yo _____ de la oficina a las cinco y media cada tarde. (salir)

8. Los psicólogos _____ muchos reportes. (escribir)

9. Antes de salir del laboratorio, los bioquímicos _____ sus análisis. (hacer)

10. Se prohíbe _____ durante el masaje. (comer)

El pretérito

11. ¿Tú _____ a tu puesto ayer? (renunciar)

12. Mis gerentes _____ de la oficina a las ocho y media anoche. (salir)

13. Yo _____ la información de la base de datos la semana pasada. (sacar)

14. La recepcionista _____ tu pluma de tu escritorio esta mañana. (tomar)

15. Los administradores _____ las calculadoras a la tienda. (devolver)

16. Tú _____ todas las preguntas durante la investigación. (contestar)

17. Felipe y yo _____ mucho sobre la programación el año pasado. (aprender)

18. Yo _____ mi reporte a tiempo. (entregar)

19. El diseñador nos _____ ejemplares de sus proyectos. (repartir)

Actividad 12-2 (parte 2)

Llena el espacio en blanco con la conjugación correcta en el presente del verbo entre paréntesis.

1. Yo no _____ a la intérprete. (conocer)

2. La dueña no _____ a qué hora empieza la presentación. (saber)

3. ¿ _____ tú a Felipe? (conocer)

4. Nosotros no _____ en dónde queda el edificio municipal. (saber)

5. Los oficiales del gobierno federal no _____ usar la computadora. (saber)

6. Nosotras no _____ a todos los conserjes. (conocer)

7. ¿ _____ tú cantonés o mandarín? (saber)

8. Yo no _____ dónde está la recepción. (saber)

9. Los supervisores no _____ a todos los empleados. (conocer)

10. El Sr. González _____ a casi todos los expertos. (conocer)

Para cada oración, escoge o *saber* o *conocer* según el contexto y escribe tu respuesta en el espacio.

11. El jefe no me _____. (sabe / conoce)

12. El jefe no _____ quién soy. (sabe / conoce)

13. Marco no _____ a qué hora termina la reunión. (sabe / conoce)

14. Timoteo y yo _____ quién es la dueña. (sabemos / conocemos)

15. Timoteo y yo _____ a la dueña. (sabemos / conocemos)

16. ¿ _____ dónde está el documento? (sabes / conoces)

17. ¡ _____ el documento muy bien! (sabes / conoces)

18. No _____ cuáles son las reglas en esta empresa. (sé / conozco)

19. Los administradores no _____ la respuesta. (saben / conocen)

20. No _____ todos los departamentos de la compañía. (sé / conozco)

Actividad 12-3 (parte 2)

Escribe la mejor respuesta.

1. Todos son idiomas excepto _____.

    a. el ruso   b. el alemán   c. el portugués   d. el obrero

2. Los salones de conferencias normalmente tienen todos estos menos _____.

    a. el pizarrón   b. el proyector   c. la máquina de fax   d. las sillas

3. Todas son ciencias físicas menos _____.

    a. la química   b. la biología   c. la física   d. la consejería

4. Todos son doctores médicos excepto _____.

    a. el psicólogo   b. la oftalmóloga   c. el pediatra   d. la psiquiatra

5. Todos estudian los idiomas menos _____.

    a. los lingüistas   b. los terapeutas   c. los traductores   d. los intérpretes

6. Todas son ciencias sociales excepto _____.

    a. la sociología   b. la psicología   c. la jardinería   d. la economía

7. Todos son artistas menos _____.

    a. los actores   b. los pintores   c. los cantautores   d. los abogados

8. Todos trabajan en servicio al cliente excepto _____.

    a. los arqueólogos   b. los meseros   c. los cajeros   d. los peluqueros

9. Todos son campos matemáticos menos _____.

    a. la estadística   b. la contabilidad   c. la gestión   d. la ingeniería

10. Todos son personas menos _____.

    a. la socia   b. la oficial   c. el colega   d. el condado

Actividad 12-4 (parte 2)

Llena el espacio en blanco con la forma correcta del verbo entre paréntesis.

El presente

1. Yo no _____ emprendedor. (ser)

2. ¿Uds. _____ una silla a la conferencia? (traer)

3. Yo _____ con mi jefe después de trabajar. (salir)

4. ¿Qué _____ nosotros para la investigación? (necesitar)

5. El cliente no _____ una computadora todos los días. (usar)

6. Yo siempre _____ mi bloc de notas al salón de descanso. (traer)

7. ¿Qué _____ tú para tu trabajo? (necesitar)

8. María _____ muchos análisis para el dueño. (escribir)

9. Tati y Memo _____ mucha pericia en las ciencias. (tener)

10. Tú y yo normalmente _____ tarde al trabajo. (llegar)

El pretérito

11. Carmen _____ un lápiz de madera para el examen hoy. (usar)

12. El Sr. Sandoval _____ engrapadoras y sacapuntas hace dos días. (repartir)

13. Yo _____ muchas fotos de la oficina ayer. (sacar)

14. Carlitos _____ mucho la semana pasada. (aprender)

15. Emiliano y yo _____ como voluntarios la semana pasada. (trabajar)

16. Mis amigos _____ su investigación en la reunión. (presentar)

17. Yo _____ mi análisis muy temprano. (entregar)

18. ¿Cuándo _____ tu presentación sobre tu experiencia? (hacer)

19. Los periodistas _____ sus reportajes el martes pasado. (escribir)

Actividad 12-5 (parte 2)

Indica si los comentarios siguientes son ciertos o falsos.

	cierto	falso
1. Los plomeros usan una calculadora todos los días.		
2. Los masajistas trabajan en un cubículo.		
3. Los ingenieros se dedican a la nutrición.		
4. La antropología es un campo médico.		
5. Los biólogos, los químicos y los físicos son científicos.		
6. La farmacología y la bioquímica son campos relacionados.		
7. Los oftalmólogos son expertos en derecho.		
8. Los poetas son escritores.		
9. Los contadores son artistas.		
10. Los diseñadores gráficos son artistas.		
11. Los jardineros son obreros.		
12. Para muchas empresas pequeñas, el dueño es el jefe.		
13. Los obreros, generalmente, trabajan en un escritorio.		
14. El hindi y el bengalí son idiomas chinos.		
15. Los estadísticos usan las matemáticas muy a menudo.		
16. Los veterinarios son médicos para animales.		
17. Los pintores pueden ser artistas u obreros.		
18. La psicología y la sociología son ciencias sociales.		
19. Muchos actuarios trabajan en la Calle Pared.		
20. Los cocineros se dedican a la gestión.		
21. Los contratistas generales contratan a los electricistas.		
22. Las sociedades anónimas tienen un solo dueño.		
23. Las ONG son gubernamentales sin fines de lucro.		
24. Los lápices de madera tienen borradores.		
25. Los estudiantes les enseñan a los maestros.		
26. Los secretarios y los recepcionistas son iguales.		
27. Los cajeros trabajan en los bancos y en los supermercados.		

Actividad 12-6 (parte 2)

Para cada oración, escribe la mejor palabra en el espacio en blanco.

1. Los detectives se dedican a la _____. investigación / policía / terapia / jefatura

2. Los cantantes son _____. autores / músicos / obreros / informáticos

3. Traemos una _____ para la reunión. silla / pluma / calculadora / transparencia

4. Sacamos copias con la _____. máquina de fax / fotocopiadora / pluma

5. Los cajeros se dedican al servicio al _____. perito / voluntario / cliente / personal

6. Pongo mis materiales en mi _____. sacapuntas / escritorio / máquina / engrapadora

7. El jefe renunció a su _____. idioma / cubículo / salón de conferencias / plaza

8. Los sábados, trabajo de _____. economista / farmaceuta / voluntaria / abogada

9. El presentador usa _____ en el pizarrón. marcadores / plumas / lápices / bolígrafos

10. Trae los _____ en su maletín. documentos / borradores / salones / relojes

11. Los clientes compran los _____. horarios / bienes / rusos / gobiernos

12. El árabe y el alemán son _____. lenguas / compañías / prestaciones / jefes

13. Mi nuevo puesto tiene buenas _____. presentaciones / prestaciones / empresas

14. Tengo un puesto de plazo _____. italiano / anónimo / sin fines de lucro / parcial

15. Tu maestro de español _____ español. aprende / toma / enseña / entrega

16. La química y la física son _____. idiomas / absurdas / ejercicios / ciencias

17. Los analistas usaron _____. plomería / poesía / ventas / bases de datos

18. Mi hermano es _____ eléctrico. enfermero / ingeniero / contador / modelo

19. ¿A qué te _____? duermes / entregas / dedicas / permites / prohíbes

20. La economía analiza _____ y demanda. terapia / oferta / policía / cinema

Actividad 12-7 (parte 2)

Lee los dos horarios y contesta las preguntas a continuación.

El horario de Marcos (gerente de oficina) para la próxima semana:

El lunes:

8:30 – 9:30   reunión con la dueña

10:00 – 11:15 reunión con el contador

11:30 – 12:45 trabajar en el proyecto

1:00 – 2:00   almorzar con Daniel

2:00 – 5:00   crear una base de datos

El martes:

8:00 – 10:30   trabajar en el proyecto

11:00 – 1:00   analizar los datos con Daniel

1:00 – 2:00   almorzar con Coral

2:15 – 3:15   presentación del proyecto

3:30 – 5:00   trabajar con el traductor

El horario de Coral (emprendedora) para la próxima semana:

El lunes:

8:00 – 9:15   hacer el marketing

9:30 – 10:30   llamada con nueva clienta

11:00 – 12:00 tomar café con cliente potencial

1:00 – 2:00   clase de yoga

2:30 – 3:30   llamada con el abogado

El martes:

8:45 – 9:45   presentación de ventas

10:30 – 12:30 clase de pintura con Emilia

1:00 – 2:00   almorzar con Marcos

2:00 – 5:00   hacer el marketing

5:30 – 7:00   clase de francés con Geneviève

Actividad 12-7 (parte 2, continúa)

Según los horarios, contesta las preguntas siguientes con oraciones completas y apropiadas.

1. ¿Qué día y a qué hora va Marcos a almorzar con Daniel?

_____

2. ¿A Marcos lo conoce Coral? ¿Cómo lo sabes?

_____

3. ¿Quién va a tomar una clase de yoga el lunes?

_____

4. ¿Cuándo tiene Coral su clase de francés?

_____

5. ¿Cuándo va Marcos a presentar su proyecto?

_____

6. ¿Qué va a hacer Coral el lunes a las nueve y media?

_____

7. ¿Qué va a hacer Marcos el martes a las once?

_____

8. ¿Quién va a crear una base de datos el lunes?

_____

9. ¿Qué día(s) va Coral a hacer marketing?

_____

10. ¿A qué hora empieza la presentación de Coral el martes?

_____

Actividad 12-8 (parte 2)

Para formar cada oración, cambia el orden de palabras y puntuación para que tenga sentido.

1. los artistas poetas , actores y los son los pintores .

_____

2. proyector director el su computadora con el usa .

_____

3. la relacionados la mecánica y campos ingeniería son mecánica .

_____

4. empresa es Gómez jefe Sr. el dueño el y el de esta.

_____

5. pizarrón usan marcadores borradores maestros y en los el .

_____

6. los el participaron club rotario directores no en .

_____

7. a de llegué al la , siete trabajo mañana las yo ayer .

_____

8. a salud la de mujer se gineco-obstetras dedican los la .

_____

9. la empieza ocho con la reunión a media de las dueña mañana y la .

_____

10. entregarlo tenemos un informe viernes del proyecto y próximo que escribir el .

_____

_____

Actividad 12-9 (parte 2)

Para cada verbo conjugado, escribe el sujeto y el tiempo verbal. Luego, escribe el infinitivo del verbo en español con el significado del infinitivo en inglés.

1. **hiciste**   sujeto _____   tiempo verbal _____

     infinitivo _____   significado _____

2. **tomamos**   sujeto _____   tiempo verbal _____

     infinitivo _____   significado _____

3. **enseñan**   sujeto _____   tiempo verbal _____

     infinitivo _____   significado _____

4. **van**   sujeto _____   tiempo verbal _____

     infinitivo _____   significado _____

5. **sé**   sujeto _____   tiempo verbal _____

     infinitivo _____   significado _____

6. **vieron**   sujeto _____   tiempo verbal _____

     infinitivo _____   significado _____

7. **fui**   sujeto _____   tiempo verbal _____

     infinitivo _____   significado _____

8. **repartió**   sujeto _____   tiempo verbal _____

     infinitivo _____   significado _____

9. **conozco**   sujeto _____   tiempo verbal _____

     infinitivo _____   significado _____

10. **saben**   sujeto _____   tiempo verbal _____

     infinitivo _____   significado _____

Actividad 12-9 (parte 2, continúa)

Para cada verbo conjugado, escribe el sujeto y el tiempo verbal. Luego, escribe el infinitivo del verbo en español con el significado del infinitivo en inglés.

11. **traigo**   sujeto _____   tiempo verbal _____

    infinitivo _____   significado _____

12. **contestaron**   sujeto _____   tiempo verbal _____

    infinitivo _____   significado _____

13. **pongo**   sujeto _____   tiempo verbal _____

    infinitivo _____   significado _____

14. **hizo**   sujeto _____   tiempo verbal _____

    infinitivo _____   significado _____

15. **voy**   sujeto _____   tiempo verbal _____

    infinitivo _____   significado _____

16. **entregué**   sujeto _____   tiempo verbal _____

    infinitivo _____   significado _____

17. **reparte**   sujeto _____   tiempo verbal _____

    infinitivo _____   significado _____

18. **saqué**   sujeto _____   tiempo verbal _____

    infinitivo _____   significado _____

19. **hacemos**   sujeto _____   tiempo verbal _____

    infinitivo _____   significado _____

20. **salgo**   sujeto _____   tiempo verbal _____

    infinitivo _____   significado _____

Actividad 12-10 (parte 2)

Lee el cuento siguiente y sigue las instrucciones a continuación.

Hola, mi nombre es Jaime Pacheco y soy gerente de negocios para una empresa en Denver que tiene 45 empleados, así que no es una compañía muy grande, pero tampoco es muy pequeña. Estudié negocios en la Universidad de Colorado hace muchos años y ahora tengo un puesto muy bueno de tiempo completo con muy buenas prestaciones. ¡Tengo seguro médico/dental y seis semanas de vacaciones por año! Me gusta mucho mi trabajo porque mis colegas son muy simpáticos y trabajadores. Mi jefa, la dueña de la empresa, es positiva, paciente y súper inteligente y es muy buena mentora para mí.

Vendemos varios bienes y servicios para otros negocios y eso significa que tengo muchas reuniones con mis colegas y citas con abogados, contadores, economistas, etc. También, hago muchas presentaciones de ventas y análisis de datos, y creo estrategias de marketing. Algunos de nuestros clientes son emprendedores, pero la mayoría de nuestros clientes son empresas pequeñas. Después de trabajar ya cinco años en este puesto, yo conozco a muchos empresarios en el área de Denver-Boulder y también en muchas otras ciudades. Sé que muy pronto vamos a expandir a otros estados. ¡Estoy muy emocionado!

La semana pasada, fui a San Francisco para una reunión con unos empresarios de una compañía que tiene interés en nuestros widgets. Me quedé tres noches en un hotel y mi jefa pagó todo mi viaje. Llegué a San Francisco el lunes a las 10:00 de la noche y fui directamente a mi hotel. Al día siguiente (el martes), a las 8:30 de la mañana, visité sus oficinas y conocí a los gerentes de cada departamento. Compraron almuerzo para todos los empleados y comí con ellos. ¡Qué gente más simpática, desde la recepcionista al dueño de la compañía! El miércoles por la mañana, hablé por cuatro horas con los empresarios (la gerenta de compras, el director de marketing y el dueño de la compañía). Les hablé de las especificaciones de nuestros widgets, el posible marketing, y les enseñé cómo nuestros widgets pueden ayudarlos en el futuro, entre otras cosas. Bueno, pues, al final, tomaron la decisión de comprar nuestro producto. Esa noche, cuando regresé a mi hotel, llamé a mi jefa para decirle las buenas noticias. Por el contrato nuevo, cuando regresé a mi oficina el jueves pasado, mi jefa subió mi salario. ¡Cuánto me encanta mi trabajo!

Actividad 12-10 (parte 2, continúa)

Según el texto, indica si las oraciones siguientes son *ciertas* (**C**) o *falsas* (**F**).

_____ 1. El Sr. Pacheco se dedica a la gestión.

_____ 2. Al Sr. Pacheco no le gusta su trabajo.

_____ 3. El Sr. Pacheco está contento con las prestaciones que tiene.

_____ 4. Su empresa vende productos.

_____ 5. El Sr. Pacheco está muy ocupado.

_____ 6. Las compañías grandes son sus clientes principales.

_____ 7. Está muy emocionado por el futuro de la empresa.

_____ 8. El Sr. Pacheco pasó tres días con la compañía en California.

_____ 9. El Sr. Pacheco habló con los empresarios el segundo día.

_____ 10. La jefa del Sr. Pacheco está frustrada con él.

Actividad 13-1

Para cada oración, escribe la mejor respuesta en el espacio en blanco.

1. Hacemos todo en la mañana menos _____.

    a. desayunar   b. despertarnos   c. acostarnos   d. prepararnos

2. Podemos hacer todo en la ducha excepto _____.

    a. secarnos el pelo   b. lavarnos el pelo   c. lavarnos la cara   d. cepillarnos los dientes

3. Hacemos todo en la noche menos _____.

    a. dormirnos   b. levantarnos   c. cenar   d. acostarnos

4. Todas estas frases/palabras indican acción habitual (rutina) menos _____.

    a. siempre   b. todas las noches   c. a menudo   d. anoche

5. Hacemos todo con el pelo menos _____.

    a. secarnos   b. lavarnos   c. vestirnos   d. peinarnos

6. Podemos jugar todos menos _____.

    a. el béisbol   b. el clarinete   c. el voleibol   d. el hockey

7. Todos significan comer excepto _____.

    a. desayunar   b. cenar   c. almorzar   d. montar

8. Todos son verbos reflexivos menos _____.

    a. bañarse   b. lavar   c. afeitarse   d. alistarse

9. Usamos un infinitivo después de cada frase/palabra menos _____.

    a. sin   b. antes de   c. porque   d. después de

10. Todos significan a las 6:35 menos _____.

    a. al 25 para las 7   b. a las 6 menos 25   c. a las 6 y 35   d. a las 7 menos 25

Actividad 13-2

Llena cada espacio en blanco con la conjugación correcta en el **PRESENTE** o el **INFINITIVO**

1. Mi hermana _____ a las ocho de la noche. (acostarse)

2. Mis padres _____ después de ducharse. (vestirse)

3. No nos gusta _____ temprano. (despertarse)

4. ¿A qué hora _____ tú? (dormirse)

5. ¿Quién _____ de la casa antes de las 6:30? (salir)

6. Después de almorzar, ¿ _____ tú los dientes? (cepillarse)

7. ¿ _____ tú el pelo con toalla o con secador? (secarse)

8. ¿Prefieres _____ o _____? (bañarse/ducharse)

9. Ellos _____ en el consejo estudiantil. (participar)

10. ¿Uds. _____ peinarse o cepillarse el pelo? (soler)

Los fines de semana mi familia siempre _____ (despertarse) a la misma hora

cada día. Nosotros no _____ (ducharse) a la misma hora porque sólo tenemos

dos duchas. Después de ducharnos, _____ (lavarse) los dientes. Mi esposo

_____ (cepillarse) los dientes primero, después yo, y después nuestros hijos

_____ (cepillarse) los dientes. Después de _____ (lavarse) los

dientes, nosotros _____ (desayunar). A mí me gusta _____

(comer) yogur y un tazón de cereal, pero a mi esposo y a mis hijos les _____

(gustar) comer huevos con queso y pan tostado con mantequilla. Después de desayunar, mi esposo y

yo _____ (vestirse) y _____ (vestir) a nuestros hijos.

Actividad 13-3

Contesta las preguntas siguientes con oraciones completas.

1. ¿A qué hora te acuestas normalmente?

_____

2. ¿A qué hora desayuna tu familia los sábados?

_____

3. ¿Te duchas, por lo general, antes de lavarte los dientes?

_____

4. ¿Prefieres ducharte o bañarte los domingos?

_____

5. ¿Te peinas el pelo de vez en cuando o siempre te cepillas el pelo?

_____

6. ¿Te secas el pelo con secador o con toalla?

_____

7. ¿A veces te visten tus padres?

_____

8. ¿Te despierta tu hermano a menudo?

_____

9. ¿Qué haces primero por la mañana?

_____

10. ¿Qué hacen tú y tus hermanos después de las clases?

_____

Actividad 13-4

Indica si los comentarios siguientes son absurdos o normales.

	absurdo	normal
1. Me lavo los dientes antes de acostarme.	_____	_____
2. Mi papá me despierta en la mañana a las 6:00.	_____	_____
3. Preparo el desayuno a las 7:00 de la noche.	_____	_____
4. Me cepillo los dientes después de cepillarme el pelo.	_____	_____
5. Mis papás se acuestan a las 5:45 de la mañana.	_____	_____
6. Me peino los dientes después de peinarme el pelo.	_____	_____
7. Nos lavamos el pelo mientras nos duchamos.	_____	_____
8. Me seco con toalla antes de bañarme.	_____	_____
9. Me seco el pelo con secador mientras me baño.	_____	_____
10. Las jugadoras deben ducharse antes de jugar al voleibol.	_____	_____
11. Regreso a casa después de practicar el atletismo.	_____	_____
12. Juego muchos instrumentos como la flauta y el saxofón.	_____	_____
13. Después de alistarme para la escuela, me voy.	_____	_____
14. Salgo de la casa en la mañana sin vestirme.	_____	_____
15. Almuerzo en la cafetería porque no puedo salir para comer.	_____	_____
16. Los estudiantes reparten el periódico escolar cada mes.	_____	_____
17. Participo en las artes marciales como el Feng Shui.	_____	_____
18. Suelo dormirme a eso de las 10:00 de la noche.	_____	_____
19. Me visto después de ducharme y secarme.	_____	_____
20. Mi mamá se despierta después de preparar la cena.	_____	_____
21. Las chicas se rasuran las piernas en la ducha.	_____	_____
22. Los chicos se rasuran la cara después de ducharse.	_____	_____
23. Yo me maquillo hace dos días.	_____	_____
24. Marisol monta en bicicleta después de irse de la casa.	_____	_____
25. Las chicas del equipo de natación no se afeitan las piernas.	_____	_____
26. Los miembros de la banda cantan muy bien para la escuela.	_____	_____
27. El equipo de fútbol americano levanta pesas a menudo.	_____	_____

Actividad 13-5

Para cada oración, escribe la mejor palabra en el espacio en blanco.

1. Canto en _____. la banda / el coro / el atletismo / la orquesta

2. Preparo mi almuerzo en _____. la ducha / la mañana / el consejo estudiantil

3. El consejo estudiantil es un _____. club / deporte / arte marcial / periódico

4. Me _____ los dientes. peino / baño / maquillo / cepillo / visto

5. Después de ducharnos, nos _____. secamos / bañamos / levantamos / vamos

6. El contrabajo y el tambor son _____. toallas / anuarios / instrumentos / tutores

7. Prefiero secarme el pelo con _____. secadora / secador / saxofón / natación

8. Yo _____ en un club. desayuno / duermo / trabajo / participo

9. Después de despertarme, me _____. duermo / voy / afeito / levanto

10. Los estudiantes se _____ a las 10:00 pm. secan / acuestan / despiertan / van

11. Yo suelo _____ de casa a las 6:50 am. irte / irme / irse / irnos / iros

12. El atletismo y la natación son _____. artes marciales / clubs / deportes / bandas

13. Me lavo los dientes mientras _____. ceno / me ducho / duermo / salgo

14. Ellos _____ el periódico de la escuela. practican / montan / salen / reparten

15. ¿Te gusta _____ en bici? montar / lavarte la cara / vestirte / nadar

16. Me afeito las piernas en la _____. orquesta / banda / ducha / flauta

17. Me voy después de _____. alistarme / dormirme / acostarme / salir

18. A veces los sábados, _____ niños. afeito / cuido / levanto / maquillo

19. Después de la escuela _____ pesas. levanto / cuido / monto / almuerzo

20. En el baño, me _____ las manos. baño / lavo / regreso / cepillo

126

Actividad 13-6

Lee la descripción siguiente y contesta las preguntas a continuación.

La rutina diaria de un maestro

Durante el año escolar, tengo casi la misma rutina cada semana. De lunes a viernes me despierto al diez para las seis de la mañana porque mi despertador suena a esa hora. Normalmente me quedo por diez minutos más y me levanto a las seis. Tengo muchas cosas que hacer después de levantarme. Primero, me ducho y me lavo el pelo. Después de ducharme, me seco y me peino el pelo con los dedos. A eso de las seis y veinte, salgo del baño para vestirme; normalmente me visto en mi recámara. Alrededor de las seis y veinticinco, desayuno. Normalmente como un tazón de cereal y un plátano. A veces como yogur y pan tostado. También, tomo pastillas de vitaminas y prefiero tomarlas con jugo de naranja. Después de desayunar, preparo mi almuerzo. Puesto que me gusta correr o levantar pesas después de las clases, tengo que comer algo ligero pero con muchas calorías. Por eso, me gusta prepararme un plátano y un sándwich de mantequilla de cacahuate y miel. Después de preparar mi almuerzo, regreso al baño para cepillarme los dientes. Después, a eso del diez para las siete, me preparo para salir: recojo mis papeles, mi mochila, mi ropa para hacer ejercicio y mi almuerzo. Suelo salir al ocho para las siete en punto.

Muchas veces voy a la escuela en carro, pero a veces monto en bici. Llego a la escuela a las siete cada mañana para tener tiempo para planear todo para mis clases porque tengo mi bloque de plan antes de mis clases (el primer bloque). Durante mi plan, escribo todas las actividades y tareas para mis clases. Al siete para las nueve, enseño una clase en el ala E, primer piso. A las diez y treinta y uno enseño otra clase. A mediodía (las doce y uno), el almuerzo empieza. Muchas veces tengo cosas que hacer durante esa hora incluso reunirme con algunos estudiantes. Suelo almorzar a eso de las doce y veinticinco. A veces, a causa de muchos quehaceres, tengo que almorzar durante el cuarto bloque, el cual empieza al quince para la una.

Cuando termina el cuarto bloque, normalmente yo hablo con otro profesor por una hora. Después de hablar con él, yo me cambio de ropa y salgo para el gimnasio. Yo hago muchos ejercicios porque me gusta tener buena forma y buena salud. Después de hacer ejercicio, voy por mis hijos y regresamos a casa. A eso de las cinco y media, mis hijos y yo empezamos a preparar la cena. Normalmente, todos nosotros cenamos juntos en la cocina. Después de cenar, mis hijos hacen su tarea y después, o practicamos el español o jugamos. A veces, ellos ven la tele un poquito. Al quince para las ocho de la noche, mis hijos se acuestan en sus camas y leen algunos libros. Después de leer, mis hijos se duermen. A eso de las ocho y media, yo veo un programa de la tele o leo mi propio libro, pero no por mucho tiempo porque tengo que prepararme para el día siguiente. Entre las diez y media y las once y media me acuesto, me duermo y sueño con otro día.

Los fines de semana, me levanto cuando mis hijos se despierten. Normalmente se despiertan a eso de las siete y media de la mañana. Desayunamos juntos y vamos al parque para jugar cuando hace buen tiempo. Si no hace buen tiempo, a veces vamos al centro comercial para jugar o al centro de recreo para nadar. A mediodía almorzamos en casa y por la tarde, mis hijos miran una película mientras descanso yo. Después, jugamos un poco y cenamos. Y por la noche, mis hijos y yo vemos una película hasta la hora de acostarnos.

Actividad 13-6 (continúa)

Contesta las preguntas siguientes según "La rutina diaria de un maestro" de la página anterior.

1. ¿A qué hora me levanto de lunes a viernes?

_____

2. ¿Qué hago primero, después de levantarme?

_____

3. ¿Con qué me peino el pelo?

_____

4. ¿En dónde me visto?

_____

5. ¿Qué me gusta preparar para el almuerzo?

_____

6. ¿A qué hora suelo almorzar?

_____

7. ¿Por qué tengo que cambiarme de ropa después de clases?

_____

8. ¿Juego con mis hijos antes de cenar o después?

_____

9. ¿A qué hora me acuesto?

_____

10. ¿A qué hora se despiertan mis hijos los fines de semana?

_____

Actividad 13-7

Llena cada espacio en blanco con la conjugación correcta en el **PRETÉRITO** o el **INFINITIVO**

1. Mi hermana _____ a las ocho anoche. (acostarse)

2. Mis padres _____ después de ducharse el lunes pasado. (vestirse)

3. No nos gustó _____ temprano. (despertarse)

4. ¿A qué hora _____ tú anteayer en la noche? (dormirse)

5. ¿Quién _____ de la casa antes de las 6:30 hace dos días? (salir)

6. Después de almorzar, ¿ _____ tú los dientes? (cepillarse)

7. ¿ _____ tú el pelo con toalla o con secador? (secarse)

8. ¿Tú _____ o _____ anoche? (bañarse/ducharse)

9. Ellos _____ en el consejo estudiantil el año pasado. (participar)

10. ¿Uds. _____ o _____ el pelo ayer? (cepillarse/peinarse)

El fin de semana pasado mi familia _____ (despertarse) a las seis. Nosotros no

_____ (ducharse) a la misma hora porque sólo tenemos dos duchas. Después de

ducharnos, _____ (lavarse) los dientes. Mi esposo _____

(cepillarse) los dientes primero, después yo, y después nuestros hijos _____

(cepillarse) los dientes. Después de _____ (lavarse) los dientes, nosotros

_____ (desayunar). Yo _____ (comer) yogur y un tazón de

cereal, pero mi esposo y mis hijos _____ (comer) huevos con queso y pan tostado

con mantequilla. Después de desayunar, mi esposo y yo _____ (vestirse) y

_____ (vestir) a nuestros hijos.

Actividad 13-8

Contesta las preguntas siguientes con oraciones completas.

1. ¿A qué hora te acostaste anoche?

_____

2. ¿A qué hora desayunaron Uds. el sábado pasado?

_____

3. ¿Te duchaste antes de lavarte los dientes anoche?

_____

4. ¿Te bañaste o te duchaste el domingo pasado?

_____

5. ¿Te peinaste o te cepillaste el pelo?

_____

6. ¿Te secaste el pelo con secador o con toalla?

_____

7. ¿A qué hora se vistieron tus padres?

_____

8. ¿A qué hora se despertó tu hermano ayer?

_____

9. ¿Qué hiciste primero esta mañana?

_____

10. ¿Qué hizo tu familia ayer por la mañana?

_____

Actividad 13-9

Para formar cada oración, cambia el orden de palabras y puntuación para que tenga sentido.

1. saxofón amigo el la tocó pasado año la mi para . el banda de escuela

_____

2. ducharme , me pelo despúes . seco de el secador con

_____

3. mañana almuerzo cada . desayuno mientras mi preparo

_____

4. me jugar no fútbol prefiero gusta al practicar la ; natación.

_____

5. que en la noche tengo tengo tiempo . no bañarme mañana mucho en porque la

_____

6. escuela para , para la despertarme al prepararme debo para cuarto las seis.

_____

7. consejo club el un , pero clase es el una estudiantil . anuario es

_____

8. miembro correr equipo de soy golf porque me no gusta del.

_____

9. despierto a me las me normalmente, pero ayer . desperté a media las ocho seis y

_____

10. siempre me pero 11:00 duermo anoche antes noche . 11:45 casi de a las de la , me dormí las

_____

_____

Actividad 13-10

Escribe 10 oraciones completas contrastando el presente y el pretérito con el formato siguiente:

Por lo general <u>me despierto</u> a las seis de la mañana, pero ayer <u>me desperté</u> a las seis y media.

1. _____

_____

2. _____

_____

3. _____

_____

4. _____

_____

5. _____

_____

6. _____

_____

7. _____

_____

8. _____

_____

9. _____

_____

10. _____

_____

Actividad 13-11

Lee la descripción siguiente y contesta las preguntas a continuación.

Hace tres lunes

Durante el año escolar, tengo casi la misma rutina cada semana, pero hace tres lunes no hice todas las mismas cosas. Normalmente, de lunes a viernes, me despierto al diez para las seis de la mañana porque mi despertador suena a esa hora, pero ese lunes, no me desperté hasta las once. Generalmente tengo muchas cosas que hacer después de levantarme, pero no hice mucho ese lunes. Primero, me duché y me lavé el pelo. Después de ducharme, me sequé, pero no me peiné el pelo. A eso de las once y veinte, salí del baño para vestirme; normalmente me visto en mi recámara, pero ese lunes, me vestí en el lavadero después de sacar mi ropa limpia de la secadora. Después de vestirme, preparé el desayuno. Normalmente como un tazón de cereal y un plátano, pero ese lunes, comí ocho huevos, tres rebanadas de pan tostado con mermelada y doce panqueques. También, tomo pastillas de vitaminas y prefiero tomarlas con jugo de naranja, pero ese lunes, las tomé con leche. Después de desayunar, casi siempre preparo mi almuerzo, pero ese día, no lo preparé porque no fui a la escuela porque celebramos los cumpleaños de los presidentes. Y puesto que no fui a la escuela, me quedé en casa y jugué videojuegos. Después de jugar videojuegos, a eso de las dos, me lavé los dientes y me acosté en la cama para tomar una siesta.

Me quedé en la cama por casi dos horas y a eso de las cuatro, me levanté. Después de levantarme, me cepillé los dientes otra vez. Después, salí de la casa y fui a la biblioteca en carro para devolver algunos libros. Antes de salir de la biblioteca, saqué tres libros más. Después de salir de la biblioteca fui al supermercado. Compré algunos comestibles y pasta dentífrica porque me lavo los dientes mucho. Después, fui a casa para preparar la cena. A eso de las cinco y media, cené pescado, verduras y papas al horno. Después de la cena, fui al parque para jugar con un amigo porque hacía muy buen tiempo. A eso de las siete, volví a casa. Después de volver a casa, trabajé en la computadora para prepararme para ir a trabajar el día siguiente. A eso de las diez, fui al baño para lavarme los dientes y después, fui a mi dormitorio para acostarme. Leí un poco en la cama antes de dormirme a eso de las once de la noche.

Actividad 13-11 (continúa)

Contesta las preguntas siguientes según "Hace tres lunes" de la página anterior.

1. ¿A qué hora me desperté ese lunes?

_____

2. ¿Hice muchas cosas ese lunes?

_____

3. ¿Qué hice primero, después de levantarme?

_____

4. ¿Me peiné el pelo o no?

_____

5. ¿En dónde me vestí?

_____

6. ¿Por qué me vestí allí?

_____

7. ¿Qué comí ese lunes para el desayuno?

_____

8. ¿Por qué no fui a la escuela ese lunes?

_____

9. ¿Qué hice después de cenar?

_____

10. ¿A qué hora me acosté?

_____

Actividad 13-12

Lee la lectura y escribe la forma correcta de cada verbo (**pretérito**, **presente**, o **infinitivo**).

De lunes a viernes, yo tengo casi la misma rutina porque _____ (**ir**) a la escuela casi todos los días. Pero el viernes pasado, yo no _____ (**ir**) porque pasé un día libre, sin clases. Casi siempre, _____ (**despertarse**) a las 6:00 pero el viernes pasado, no _____ (**despertarse**) hasta las 8:15. Después de _____ (**levantarse**), usualmente _____ (**afeitarse**) mientras _____ (**ducharse**). Después, yo _____ (**secarse**) con toalla y _____ (**peinarse**) el pelo con los dedos. Después de _____ (**prepararse**) en el baño, normalmente salgo del baño y _____ (**vestirse**) en mi recámara. Pero, el jueves pasado, por la noche, yo _____ (**ducharse**) y _____ (**afeitarse**) y por eso, cuando _____ (**levantarse**) el viernes pasado, _____ (**vestirse**) sin _____ (**ducharse**) otra vez. Después de _____ (**vestirse**) el viernes pasado, yo _____ (**ir**) a la cocina para _____ (**preparar**) el desayuno. Casi nunca _____ (**desayunar**) porque normalmente no tengo tiempo, pero ese día, _____ (**desayunar**) por una hora; yo _____ (**comer**) treinta panqueques y cinco bananas. Después de _____ (**desayunar**), yo _____ (**regresar**) al baño para _____ (**cepillarse**) los dientes. A eso de las 9:30, yo _____ (**irse**) de casa para _____ (**hacer**) muchas cosas.

Normalmente yo regreso a casa en la tarde a eso de las 4:45, pero el viernes pasado, yo _____ (**regresar**) a casa a eso de las 3:45. Yo _____ (**ver**) un poco de televisión y después, mi novia y yo fuimos a un restaurante para _____ (**cenar**). Después de _____ (**cenar**), ella y yo casi siempre _____ (**quitar**) la mesa y _____ (**limpiar**) los platos y _____ (**soler**) _____ (**ver**) la tele por una hora pero el viernes pasado, nosotros sólo _____ (**salir**) del restaurante y _____ (**ir**) al cine para _____ (**ver**) una película. Cuando _____ (**regresar**) del cine, ella y yo _____ (**lavarse**) los dientes, _____ (**acostarse**) en la cama y _____ (**dormirse**) bien.

Actividad 14-1

Escribe múltiples descripciones para cada sustantivo. Presta atención al número y al género.

1. mi chamarra _____

2. tu vestido _____

3. mis calcetines _____

4. su gorra _____

5. nuestras corbatas _____

6. su bolsa _____

7. mi chaleco _____

8. su cartera _____

9. vuestros mocasines _____

10. tus zapatos _____ de tacón alto

11. sus blusas _____

12. tus pantalones _____

13. mi traje de baño _____

14. nuestras sudaderas _____

15. las mangas _____

16. los bolsillos _____

17. el cierre _____

18. sus bufandas _____

19. los botones _____

20. mi pijama _____

Actividad 14-2

Para cada oración, escribe la mejor respuesta en el espacio en blanco.

1. La camisa tiene todos menos _____.

      a. las mangas   b. el collar   c. los botones   d. el cuello

2. Toda esta ropa es cómoda cuando hace calor menos _____.

      a. el abrigo   b. la camiseta   c. las sandalias   d. los cortos

3. Todo es clima típico en el invierno en Colorado excepto: _____.

      a. hace frío   b. está nevando   c. hace sol   d. hace mucho calor

4. Todos son tejidos menos _____.

      a. el algodón   b. la seda   c. la lona   d. el plástico

5. Todos son patrones excepto: _____.

      a. floreado   b. de cuadros   c. de piel   d. de rayas

6. Todas son tallas menos _____.

      a. extra grande   b. extra mediana   c. extra chica   d. unitalla

7. Todos son verbos reflexivos menos _____.

      a. ponerse   b. llevar   c. probarse   d. quitarse

8. Todos son prendas de vestir menos _____.

      a. la zapatería   b. la sudadera   c. el saco   d. el chaleco

9. Todos son joyería excepto _____.

      a. el collar   b. los aretes   c. la pulsera   d. las pantuflas

10. Todos son prendas apropiadas para llevar cuando nieva menos _____.

      a. las manoplas   b. el abrigo   c. las chanclas   d. la bufanda

Actividad 14-3

Llena cada espacio en blanco con la forma correcta en **el presente o infinitivo**.

1. ¿Qué ropa vas a _____ mañana?
                        (llevar)

2. Yo casi siempre _____ pantalones flojos y una camisa sencilla.
                        (llevar)

3. Nosotras _____ un vestido elegante para la fiesta.
                (buscar)

4. ¿De vez en cuando _____ tú y tus amigos la ropa en liquidación?
                        (encontrar)

5. Mi mamá, muchas veces, _____ la ropa floreada.
                              (buscar)

6. Los veranos, ellas normalmente _____ los cortos y una camiseta.
                                        (llevar)

7. Mi papá nunca _____ los cortos que le gustan.
                        (encontrar)

8. ¿Qué es lo que siempre _____ tú que nunca puedes _____?
                                (buscar)   (encontrar)

9. Ernesto y Lupe a veces _____ pantalones de plástico de rayas.
                                (llevar)

10. ¿Qué _____ vosotras en la tienda de ropa?
            (buscar)

Actividad 14-4

Indica si los comentarios siguientes son absurdos o normales.

	absurdo	normal
1. Yo me pongo la ropa por la mañana.	_____	_____
2. Yo me quito la ropa después de ducharme.	_____	_____
3. Llevo una camisa de manga larga.	_____	_____
4. Prefiero los pijamas de cuero.	_____	_____
5. Tengo un chaleco de manga corta.	_____	_____
6. Me gusta llevar un traje elegante para nadar.	_____	_____
7. El equipo de béisbol lleva gorros para jugar.	_____	_____
8. Mi mamá lleva zapatos de tenis de tacón alto.	_____	_____
9. Me probé el vestido antes de comprarlo.	_____	_____
10. Prefiero llevar un pañuelo con mi esmoquin.	_____	_____
11. Mis padres pagaron con tarjeta de crédito.	_____	_____
12. Los suéteres de cuello alto están de moda en la escuela.	_____	_____
13. Mis zapatos son grandes.	_____	_____
14. Mis zapatos son de talla grande.	_____	_____
15. Los niños llevan manoplas para jugar en la nieve.	_____	_____
16. Mi amiga lleva un traje de baño de lana.	_____	_____
17. Yo pongo mi dinero en mi cartera.	_____	_____
18. Las chicas llevan bolsas a la escuela.	_____	_____
19. Prefiero los pantalones cortos largos.	_____	_____
20. Cuando hace calor, normalmente llevo chanclas.	_____	_____
21. Nos ponemos un abrigo cuando está nevando.	_____	_____
22. Los vestidos más elegantes son apretados.	_____	_____
23. Llevo una camisa con cuello y botones cuando corro.	_____	_____
24. Mis calcetines son de seda.	_____	_____
25. Necesitas un cinturón para tu traje de baño.	_____	_____
26. La ropa en la tienda de descuentos es muy barata.	_____	_____
27. Tengo que devolver la camisa porque no me queda bien.	_____	_____

Actividad 14-5

Contesta las preguntas siguientes con oraciones completas.

1. ¿Cuál te gusta más, el vestido rojo o el vestido floreado?

_____

2. ¿Cuál gorra es más cara, la de lana o la de nilón?

_____

3. ¿De qué te vestiste para la fiesta, la falda de plástico o la de cuero?

_____

4. ¿Prefieres llevar las camisas de manga corta o las camisas de manga larga?

_____

5. ¿Te gusta llevar los pantalones largos o los cortos?

_____

6. ¿Cuál chamarra es más cómoda que ésta?

_____

7. ¿Cuál es más barato, este traje o ése?

_____

8. ¿Qué es más caro que este chaleco?

_____

9. ¿Prefieres llevar una cartera o una bolsa?

_____

10. ¿Prefieres los pantalones con bolsillos o los sin bolsillos?

_____

Actividad 14-6

Para cada oración, escribe la mejor palabra en el espacio en blanco.

1. Me gusta llevar los _____ de tacón alto. chalecos / jeans / zapatos / trajes

2. Él está llevando una _____ con su traje. sudadera / corbata / blusa / bolsa

3. Quiero comprar un _____ de cuello alto. cinturón / calcetín / vestido / suéter

4. El _____ trabaja en la zapatería. zapato / catálogo / cajero / pañuelo

5. Yo pagué el chaleco con mi _____ de débito. cheque / efectivo / cartera / tarjeta

6. Mis pantalones nuevos tienen un(a) _____. cierre / manga / cuello / bolsillo

7. La tienda de _____ vende ropa muy barata. cuero / descuentos / débito / plástico

8. Yo llevo una cartera de _____. cuero / lana / algodón / metal

9. Yo _____ mis trajes en mi clóset. compro / cuelgo / vendo / pago

10. Esta ropa es súper barata. ¡Qué _____! robo / ganga / manga / sintético

11. Yo uso _____ 11 de zapato. talla / número / tamaño / traje

12. Yo fui a la tienda para _____ una blusa. vender / llevar / desear / buscar

13. Yo _____ la camisa antes de comprarla. me probé / compré / devolví / vendí

14. Los pañuelos para los estudiantes no están de _____. moda / cuero / rayas / lona

15. Llevo ropa _____: una camiseta, los jeans, etc. sintética / sencilla / elegante / clara

16. El algodón, la lana y el nilón son _____. bolsas / trajes / telas / mangas

17. No me quedó bien y por eso, lo _____. compré / devolví / colgué / escogí

18. *The Salvation Army* es una tienda de _____. segunda mano / ropa / liquidación

19. Los pantalones de cuero usualmente son _____. flojos / apretados / de moda

20. Yo llevé mi traje _____ a la graduación. elegante / de baño / de cumpleaños

Actividad 14-7

Contesta las preguntas siguientes con oraciones completas.

1. ¿De qué te vestiste ayer?

_____

2. ¿Qué llevaron tus padres el sábado pasado?

_____

3. ¿Compraste el vestido que encontraste en la tienda de ropa?

_____

4. ¿Escogiste los zapatos sintéticos o los de cuero?

_____

5. ¿Cómo se vio tu mamá en la falda de rayas?

_____

6. ¿Llevó tu hermano el suéter de cuello alto o la camisa y corbata?

_____

7. ¿Quién encontró los calcetines floreados de plástico?

_____

8. ¿Qué buscaste en la tienda?

_____

9. ¿Compraron Uds. algo en liquidación?

_____

10. ¿Pagaste en efectivo o con cheque?

_____

Actividad 14-8

Llena cada espacio en blanco con la forma correcta del verbo.

1. ¿ _____ tú ese suéter de cuello alto antes de comprarlo ayer?
    (probarse)

2. Casi siempre, yo _____ los pantalones flojos y una camisa sencilla.
    (ponerse)

3. Nosotras _____ vestidos de todo tipo de tejido anteayer.
    (probarse)

4. ¿Quién _____ su traje de baño en la playa ese día?
    (quitarse)

5. Mi mamá, muchas veces, _____ la ropa floreada para salir con amigas.
    (ponerse)

6. Por lo general, mis hermanas no _____ la ropa en la tienda.
    (probarse)

7. ¿Mi papá _____ los cortos apretados para cortar el césped anoche?
    (ponerse)

8. ¿ _____ tú la camisa para _____ un suéter en la tienda?
    (quitarse)   (probarse)

9. Pancho y Juan _____ sus trajes de baño y sus corbatas para nadar ayer.
    (ponerse)

10. ¿Qué _____ vosotras en la tienda de ropa el sábado pasado?
    (probarse)

Actividad 14-9

Para cada frase, llena los espacios en blanco con la forma correcta del verbo reflexivo y el pronombre correcto de complemento directo (lo, la, los, las). Sigue los ejemplos.

1. ¿_Te_ _lo_ _probaste_ tú en la tienda o en casa ayer?
   (probarse) (el suéter de cuello alto)

2. Casi siempre, yo _me_ _los_ _pongo_ antes de desayunar.
   (ponerse) (los pantalones flojos)

3. Nosotras _____ _____ _____ anteayer.
   (probarse) (los vestidos grandes)

4. ¿ _____ _____ _____ tú y tus amigas siempre antes de salir de la casa?
   (ponerse) (la ropa)

5. Mi mamá, muchas veces, _____ _____ _____ para salir con amigas.
   (ponerse) (los zapatos de tacón alto)

6. Mis hermanas casi nunca _____ _____ _____ en los restaurantes.
   (quitarse) (las chamarras)

7. ¿Mi papá _____ _____ _____ para cortar el césped anoche?
   (ponerse) (los cortos apretados)

8. ¿Cuándo _____ _____ _____ tú, generalmente?
   (ponerse) (la camisa negra)

9. Pancho y Juan _____ _____ _____ para nadar ayer.
   (quitarse) (el traje de baño y la gorra)

10. ¿Por qué _____ _____ _____ vosotras el sábado pasado?
    (probarse) (la falda y la gorra)

Actividad 14-10

Contesta las preguntas siguientes con oraciones completas. Usa un pronombre de complemento directo (lo, la, los, las) para cada cual.

1. ¿Te quitaste los zapatos de tenis en la tienda?

_____

2. ¿Te pusiste el cinturón de lona?

_____

3. ¿Te probaste el chaleco de algodón en la tienda o en casa?

_____

4. ¿Quién se probó la gorra apretada?

_____

5. ¿Se pusieron la corbata elegante?

_____

6. ¿Os quitasteis los mocasines antes de dormiros?

_____

7. ¿Quiénes se quitaron los pantalones en la playa?

_____

8. ¿Nos probamos las faldas cortas antes de almorzar o después?

_____

9. ¿Crees que me quité mi traje de baño en la playa?

_____

10. ¿Quién se probó la chamarra fea de rayas?

_____

Actividad 14-11

Llena cada espacio en blanco con la forma correcta del verbo y de los adjetivos.

1. ¿Cómo te _____ _____ zapatos _____?
           (quedar)   (eso)   (elegante)

2. ¿Qué les _____ _____ falda _____?
         (parecer)   (esto)   (sencillo)

3. Nos _____ _____ _____ falda.
      (parecer)   (feo)   (eso)

4. ¿A quién le _____ bien _____ trajes _____?
         (quedar)   (eso)   (de rayas)

5. ¿No os _____ bien _____ chamarra _____?
        (quedar)   (esto)   (de lana)

6. A mis padres les _____ _____ la ropa _____.
          (parecer)   (feo)   (flojo)

7. ¿Cuál vestido te _____ mejor, el _____ o el _____?
         (quedar)   (floreado)   (liso)

8. ¿Les _____ mejor la cartera _____ o la _____?
       (parecer)   (de lona)   (de cuero)

9. ¿Qué os _____ los calcetines _____?
       (parecer)   (sintético)

10. ¿Cómo me _____ _____ camisa de manga _____?
        (quedar)   (esto)   (largo)

Actividad 14-12

Para cada verbo conjugado, escribe el sujeto y el tiempo verbal. Luego, escribe el infinitivo del verbo en español con el significado del infinitivo en inglés.

1. **deseo**   sujeto _____   tiempo verbal _____

   infinitivo _____   significado _____

2. **encuentras**   sujeto _____   tiempo verbal _____

   infinitivo _____   significado _____

3. **escojo**   sujeto _____   tiempo verbal _____

   infinitivo _____   significado _____

4. **se puso**   sujeto _____   tiempo verbal _____

   infinitivo _____   significado _____

5. **parezco**   sujeto _____   tiempo verbal _____

   infinitivo _____   significado _____

6. **guardaron**   sujeto _____   tiempo verbal _____

   infinitivo _____   significado _____

7. **compramos**   sujeto _____   tiempo verbal _____

   infinitivo _____   significado _____

8. **te quitaste**   sujeto _____   tiempo verbal _____

   infinitivo _____   significado _____

9. **cuelgan**   sujeto _____   tiempo verbal _____

   infinitivo _____   significado _____

10. **me pongo**   sujeto _____   tiempo verbal _____

    infinitivo _____   significado _____

Para cada verbo conjugado, escribe el sujeto y el tiempo verbal. Luego, escribe el infinitivo del verbo en español con el significado del infinitivo en inglés.

11. **se ve**   sujeto _____   tiempo verbal _____

    infinitivo _____   significado _____

12. **pagué**   sujeto _____   tiempo verbal _____

    infinitivo _____   significado _____

13. **lleváis**   sujeto _____   tiempo verbal _____

    infinitivo _____   significado _____

14. **devuelven**   sujeto _____   tiempo verbal _____

    infinitivo _____   significado _____

15. **encontraste**   sujeto _____   tiempo verbal _____

    infinitivo _____   significado _____

16. **se probó**   sujeto _____   tiempo verbal _____

    infinitivo _____   significado _____

17. **busqué**   sujeto _____   tiempo verbal _____

    infinitivo _____   significado _____

18. **colgué**   sujeto _____   tiempo verbal _____

    infinitivo _____   significado _____

19. **nos quitamos**   sujeto _____   tiempo verbal _____

    infinitivo _____   significado _____

20. **se prueban**   sujeto _____   tiempo verbal _____

    infinitivo _____   significado _____

Actividad 14-13

Lee el diálogo siguiente y contesta las preguntas a continuación.

De compras

Maura – ¡Hola Luz! ¿Qué tal?
Luz – ¡Excelente! ¿Y tú?
Maura – ¡También! Oye, ¿adónde vas?
Luz – Quiero ir a la tienda de ropa. Necesito comprar algunas cosas. ¿Por qué no me
     acompañas?
Maura – ¡Okay! No tengo nada más que hacer ahora. ¿Vamos a llegar en autobús?
Luz – No, vamos en taxi.

Después de llegar a la tienda...

Luz – Ya llegamos.
Maura – ¿Qué buscas específicamente?
Luz – Bueno, busco un chaleco de lona, una bolsa nueva y un par de zapatos de tacón alto.
Maura – ¿Qué te parece este chaleco de cuadros?
Luz – ¡Qué feo! Me gusta más este chaleco verde oscuro. ¿Cómo se ve?
Maura – Se ve bien. ¿Piensas llevarlo para acampar?
Luz – Lo pienso llevar por todas partes.
Maura – ¿Qué piensas de esta bolsa? Creo que es muy bonita.
Luz – Es de cuero, ¿verdad? No me gusta mucho el cuero. ¿Qué te parece esta bolsa floreada?
     Creo que es más bonita que ésa.
Maura – Tienes razón. Es mucho más bonita. ¡Me encanta!
Luz – Perfecto porque creo que voy a comprarla. Y ahora sólo necesito encontrar unos zapatos.
Maura – ¿De qué color?
Luz – Busco un par de zapatos azules y elegantes para llevar a la fiesta este fin de semana.
Maura – ¿Qué número usas?
Luz – Uso número siete.
Maura – Estos zapatos azules son muy elegantes y son de número siete.
Luz – Voy a probármelos.
Maura – ¿Cómo te quedan?
Luz – Me quedan bien. Los quiero.

Mientras caminan para el cajero...

Maura – ¿Vas a pagar con dinero en efectivo?
Luz – No, no tengo mucho. Por eso voy a pagar con tarjeta de crédito.

Después de pagar y salir de la tienda...

Luz – Gracias por acompañarme, Maura.
Maura – De nada, nos vemos pronto.

Actividad 14-13 (continúa)

Contesta las preguntas siguientes según "De compras" de la página anterior.

1. ¿Adónde quiere ir Luz?

_____

2. ¿A Luz la acompaña Maura?

_____

3. ¿Qué busca Luz específicamente?

_____

4. ¿Qué le parece a Luz el chaleco de cuadros?

_____

5. ¿En dónde piensa llevar Luz el chaleco verde?

_____

6. ¿De qué es la bolsa que le gusta a Maura?

_____

7. ¿Cómo son los zapatos que quiere encontrar Luz?

_____

8. ¿Se los prueba?

_____

9. ¿Cómo le quedan?

_____

10. ¿Con qué va a pagar Luz?

_____

Actividad 15-1

Para cada oración, escribe la mejor respuesta en el espacio en blanco.

1. Todos son carne menos _____ .

    a. el chorizo   b. el bistec   c. el pollo   d. el aliño

2. Todos son bebidas menos _____ .

    a. el jugo   b. el agua   c. el aderezo   d. la leche

3. Todos son vegetales o frutas excepto _____ .

    a. el jitomate   b. el trigo   c. el pimiento   d. la lechuga

4. Todas estas acciones son inapropiadas en un restaurante fino menos _____ .

    a. lamber el plato   b. escupir la sopa   c. masticar la carne   d. eructar

5. Todos son sazones o especias excepto _____ .

    a. la tapa   b. la sal   c. la pimienta   d. el chile

6. Todos son maneras de cocinar menos _____ .

    a. hornear   b. congelar   c. freír   d. preparar a la parrilla

7. Todos son trastes menos _____ .

    a. los cubiertos   b. los tazones   c. los vasos   d. los popotes

8. Todos pueden ser buenos postres menos _____ .

    a. la nieve   b. la paleta   c. la grasa   d. el pastel

9. Todos son parte de un desayuno americano típico excepto _____ .

    a. los mariscos   b. los huevos   c. el pan tostado   d. el cereal

10. Todos son verbos irregulares en el presente *y* en el pretérito menos _____ .

    a. freír   b. merendar   c. pedir   d. servir

Actividad 15-2

Llena cada espacio en blanco con la forma correcta en **el presente, el pretérito o el infinitivo**.

1. El mesero me _____ mucha comida anoche en el restaurante. (servir)

2. Yo le _____ al mesero un entremés antes de _____ anteayer.
   (pedir)   (almorzar)

3. Mis padres siempre _____ el plato del día en ese restaurante. (pedir)

4. Mis padres me _____ una ensalada para el almuerzo ayer. (traer)

5. ¿Me _____ tú una cuchara, por favor? (pasar)

6. El restaurante siempre te va a _____ sal y pimienta con la comida. (dar)

7. Yo les _____ la cena a mis amigos el martes pasado. (servir)

8. El mesero no nos _____ las bebidas que pedimos anoche. (traer)

9. Normalmente, yo le _____ a mi mamá un bistec con huevo para el desayuno.
   (pedir)

10. Mi familia nunca _____ postre después de _____.
    (pedir)   (cenar)

11. Casi todas las noches, nuestros padres nos _____ carne de res para la cena.
    (servir)

12. Les voy a _____ una servilleta ahora. (traer)

13. Los meseros siempre les _____ los cubiertos a los clientes. (dar)

14. ¿Quién te _____ ese vaso de refresco? (dar)

15. Yo le _____ la sal y la pimienta a mi hermano cuando me las pidió. (pasar)

Actividad 15-3

Indica si los comentarios siguientes son absurdos o normales.

	absurdo	normal
1. Me gustan los licuados de pescado.	_____	_____
2. A veces escupo la carne si no la puedo masticar bien.	_____	_____
3. Pongo azúcar en mi cereal.	_____	_____
4. De vez en cuando tomo jugo de tomate para la cena.	_____	_____
5. Mi mamá agrega aliño a su ensalada de fruta.	_____	_____
6. Me gustan las paletas calientes.	_____	_____
7. El huevo crudo es mi bebida favorita.	_____	_____
8. Pongo hielo en mi sopa si está muy caliente.	_____	_____
9. Preferimos las tortillas de harina a las de maíz.	_____	_____
10. La leche picosa es muy sabrosa.	_____	_____
11. La especialidad de la casa incluye un entremés y un postre.	_____	_____
12. Pagué una buena propina porque no me gustó el servicio.	_____	_____
13. El mesero nos sirvió las bebidas primero.	_____	_____
14. ¿Me pasas una servilleta? Me falta una.	_____	_____
15. Le pedí la cuenta a la mesera antes de cenar.	_____	_____
16. Me gustan las papas fritas con queso fundido.	_____	_____
17. Prepararon la sopa en un sartén.	_____	_____
18. Este arroz sabe a pollo.	_____	_____
19. No me gusta el agua embotellada; la prefiero del inodoro.	_____	_____
20. Me gusta agregar crema dulce a mis tacos.	_____	_____
21. Pido los tacos a la carta: sin arroz y frijoles.	_____	_____
22. Prefiero comer las quesadillas sin queso.	_____	_____
23. El pollo crudo es una buena merienda.	_____	_____
24. Antes de poner la mesa, pongo un mantel.	_____	_____
25. Siempre estoy satisfecha cuando almuerzo en ese restaurante.	_____	_____
26. No puedo comer mi caldo porque me falta un cuchillo.	_____	_____
27. Quiero freír las papas con aceite de oliva.	_____	_____

Actividad 15-4

Llena cada espacio en blanco con el pronombre apropiado de complemento indirecto (me, te, le, nos, os, les)

1. El mesero _____ sirvió a mí mucha comida anoche en el restaurante.

2. Yo _____ pedí al mesero un entremés antes de almorzar anteayer.

3. Mis padres siempre _____ piden el plato del día a esa mesera.

4. Mis padres _____ trajeron a mí una ensalada para el almuerzo ayer.

5. ¿_____ pasas a mí una cuchara, por favor?

6. El restaurante siempre _____ va a dar a todos la sal y la pimienta con la comida.

7. Yo _____ serví la cena a mis amigos el martes pasado.

8. El mesero _____ trajo a mí y a mis padres las bebidas que pedimos anoche.

9. Normalmente, yo _____ pido a mi mamá un bistec con huevo para el desayuno.

10. Mi familia nunca _____ pide postre a los meseros después de cenar.

11. Casi todas las noches, nuestros padres _____ sirven a nosotros carne de res para la cena.

12. _____ voy a traer a ustedes una servilleta ahora.

13. Los meseros siempre _____ dan los cubiertos a los clientes.

14. ¿Quién _____ dio a ti ese vaso de refresco?

15. Yo _____ pasé la sal y la pimienta a mi hermano cuando me las pidió.

Actividad 15-5

Para cada oración, escribe la mejor palabra en el espacio en blanco.

1. Me encantan las papas con queso _____. asado / fundido / molido / casero

2. Me sirvieron los tacos _____. a la carta / con propina / en un tazón

3. El chorizo sí es grasoso, pero está muy _____. caliente / sabroso / asqueroso

4. Sirven la sopa de queso en un tazón de _____. postre / pan / sal / elote

5. El bistec es carne _____. brava / rallada / dulce / para llevar / de res

6. El tocino es carne _____. enlatada / fundida / de cerdo / quemada

7. El tenedor y la cuchara son _____. caseros / cubiertos / crujientes / sazones

8. La especialidad de la casa incluye _____. propina / postre / popote / platillo

9. Los vasos y tazas son _____. trastes / aperitivos / puntiagudos / picantes

10. La cuenta incluye _____. el postre / el trigo / la carta / la propina

11. Sirven el sushi _____. congelado / tibio / caliente / crudo / enlatado

12. El cuchillo está _____. rico / satisfecho / afilado / salado / bueno

13. Puse la avena _____. a fuego lento / debajo de la mesa / a quemar / en el mantel

14. Prefiero el pescado _____. revuelto / hecho a mano / fresco / quemado

15. Bebo mi refresco con _____. un platillo / un totopo / un popote / aliño

16. Come su ensalada con queso y_____. grasa / aderezo / merienda / azúcar

17. ¿Qué hay de _____? comer / masticar / morder / vomitar / saborear

18. Prefiero los huevos _____. rallados / revueltos / congelados / al horno

19. El pollo es para _____ los dedos. lamberse / engullirse / escupirse / chuparse

20. Nuestro postre favorito es _____. el chile / la nieve frita / el caldo / el hielo

Actividad 15-6

Para cada verbo conjugado, escribe el sujeto y el tiempo verbal. Luego, escribe el infinitivo del verbo en español con el significado del infinitivo en inglés.

1. **mastiqué**   sujeto _____   tiempo verbal _____

      infinitivo _____   significado _____

2. **incluyen**   sujeto _____   tiempo verbal _____

      infinitivo _____   significado _____

3. **son**   sujeto _____   tiempo verbal _____

      infinitivo _____   significado _____

4. **escupió**   sujeto _____   tiempo verbal _____

      infinitivo _____   significado _____

5. **me tragué**   sujeto _____   tiempo verbal _____

      infinitivo _____   significado _____

6. **frio**   sujeto _____   tiempo verbal _____

      infinitivo _____   significado _____

7. **quemaron**   sujeto _____   tiempo verbal _____

      infinitivo _____   significado _____

8. **huele**   sujeto _____   tiempo verbal _____

      infinitivo _____   significado _____

9. **picamos**   sujeto _____   tiempo verbal _____

      infinitivo _____   significado _____

10. **frío**   sujeto _____   tiempo verbal _____

      infinitivo _____   significado _____

Para cada verbo conjugado, escribe el sujeto y el tiempo verbal. Luego, escribe el infinitivo del verbo en español con el significado del infinitivo en inglés.

11. **cuezo**   sujeto _____   tiempo verbal _____

    infinitivo _____   significado _____

12. **añadimos**   sujeto _____   tiempo verbal _____

    infinitivo _____   significado _____

13. **echaste**   sujeto _____   tiempo verbal _____

    infinitivo _____   significado _____

14. **vierten**   sujeto _____   tiempo verbal _____

    infinitivo _____   significado _____

15. **sobran**   sujeto _____   tiempo verbal _____

    infinitivo _____   significado _____

16. **derramo**   sujeto _____   tiempo verbal _____

    infinitivo _____   significado _____

17. **doy**   sujeto _____   tiempo verbal _____

    infinitivo _____   significado _____

18. **sirvieron**   sujeto _____   tiempo verbal _____

    infinitivo _____   significado _____

19. **pides**   sujeto _____   tiempo verbal _____

    infinitivo _____   significado _____

20. **satisfizo**   sujeto _____   tiempo verbal _____

    infinitivo _____   significado _____

Actividad 15-7

Contesta las preguntas siguientes con oraciones completas.

1. ¿Qué pones en tus burritos?

_____

2. ¿Escupes tu comida en los restaurantes cuando no te gusta?

_____

3. ¿Meriendas durante las clases a veces?

_____

4. ¿Qué pides normalmente en los restaurantes mexicanos?

_____

5. ¿Prefieres comer una ensalada o una sopa con la cena?

_____

6. ¿Qué te trajo el mesero para comer anoche?

_____

7. ¿Prefieres pollo a la parrilla o pollo al horno?

_____

8. ¿Le sirves a tu mamá el desayuno para el Día de la Madre?

_____

9. ¿Qué necesitas para comer la sopa?

_____

10. ¿Qué te sirven los restaurantes en un platillo normalmente?

_____

Actividad 15-8

Para formar cada oración, cambia el orden de palabras y puntuación para que tenga sentido.

1. le a cuatro la frijoles pedí carta los tacos pero con me sirvió arroz y .

_____

2. queso enchiladas de salsa y cebolla con casa de roja la las especialidad son la .

_____

3. favorita mi naranja el bebida zumo de es .

_____

4. la fruta postre paleta es un sabe congelado que a .

_____

5. servilleta voy a la grasosa carne en escupir mi es si muy .

_____

6. el soso sal blanco es pescado muy sin y pimienta .

_____

7. frijoles poco saben los muy negros ricos con un de salsa .

_____

8. papas hacen se fritas con tus boca chile me agua la .

_____

9. yo tortilla una de favor llevar quisiera patatas para , por .

_____

10. se unos con me totopos salsa queso chorizo fundido , antojan , y crema picosa .

_____

_____

Actividad 15-9

Lee el cuento siguiente y contesta las preguntas de elección múltiple a continuación.

Yo tengo casi la misma rutina de lunes a viernes. Me despierto al diez para las seis, pero no me levanto hasta las 6:00. Después de levantarme, me ducho. Después, me seco el cuerpo con mi toalla y el pelo con secador. Después de secarme, salgo del baño. En mi habitación, me visto; normalmente me pongo pantalones cortos flojos, una camisa de manga corta con botones y cuello, y chanclas sin calcetines.

Después de vestirme, voy a la cocina para desayunar y preparar mi almuerzo. Para el desayuno, normalmente como un tazón de cereal, pan tostado y un yogur, y tomo un vaso de jugo de naranja. Para el almuerzo, preparo un sándwich de jamón y queso con lechuga y tomate, y una bolsa de papitas, pero usualmente no traigo una bebida porque casi siempre compro un refresco durante el almuerzo. Después de desayunar, regreso al baño para cepillarme los dientes. A eso de las 6:50, me voy de mi casa para la escuela. Usualmente llego a pie.

Yo tengo clases de las 7:15 hasta las 12:01. El día "A", para el primer bloque, tengo una clase de historia con un buen maestro. Tengo que sacar muchos apuntes, pero la clase no es muy difícil. Para el segundo bloque, tengo la clase de español. Es mi clase favorita porque me gusta poder hablar en otro idioma. Tengo que traer mi cuaderno y un lápiz conmigo a cada clase. Para el tercer bloque, tengo la clase de álgebra. Me gusta mucho porque comprendo todo en la clase porque la maestra enseña muy bien. Hay mucha tarea en esa clase, pero está bien porque sé que es buena práctica. Cuando el tercer bloque termina, suelo salir con mis amigos a un restaurante para almorzar. Ellos siempre piden comida como hamburguesas con papas fritas o pizza, pero yo usualmente llevo mi almuerzo y sólo compro una bebida.

A eso de las 12:40, regresamos a la escuela para el cuarto bloque; empieza a las 12:45 y termina a las 2:15. Para este bloque, tengo la clase de educación física y me encanta porque practicamos los deportes por 90 minutos. Normalmente jugamos al básquetbol, o al fútbol, pero a veces jugamos al hockey. Cuando el cuarto bloque termina, tengo clases de artes marciales. Hace cuatro años que las practico y ahora tengo un cinturón negro.

Después de practicar, regreso a mi casa y hago mi tarea y estudio hasta la cena. Generalmente, cenamos a las 6:30. Mis padres preparan diferentes comidas cada noche: burritos con arroz y frijoles, bistec y papas al horno, espaguetis con salchicha, pollo y arroz, pescado y vegetales, o caldo y sándwiches. Después de cenar, suelo estudiar un poco más y miro la tele o juego videojuegos. A eso de las 9:30, me lavo los dientes otra vez, me quito la ropa del día y me pongo los pijamas. A eso de las 9:40, me acuesto en la cama y leo un libro o escribo en mi diario. Finalmente, a eso de las 10:15, me duermo.

Actividad 15-9 (continúa)

Según la narración, escoge la mejor respuesta para cada pregunta.

1. ¿Por cuántos minutos se queda en la cama después de despertarse?
      a. 6 minutos   c. 16 minutos
_____ b. 10 minutos   d. 50 minutos

2. ¿Con qué se seca después de ducharse?
      a. con toalla   c. con toalla y con secador
_____ b. con secador   d. con mi ropa

3. ¿Qué ropa no lleva generalmente?
      a. calcetines   c. camisa de manga corta
_____ b. los cortos   d. las sandalias

4. ¿Cuándo se cepilla los dientes por la mañana?
      a. después de desayunar   c. antes de salir para la escuela
      b. después de preparar el almuerzo   d. todos los anteriores

5. ¿Para cuál clase tiene que sacar muchos apuntes?
      a. la clase de historia   c. la clase de álgebra
_____ b. la clase de español   d. la clase de educación física

6. ¿Por qué le gusta la clase de matemáticas?
      a. Porque la clase es fácil.   c. Porque la maestra es muy buena.
_____ b. Porque no hay tarea.   d. todos los anteriores

7. ¿Qué compra normalmente en los restaurantes durante el almuerzo?
      a. hamburguesas con papas fritas   c. pizza
_____ b. algo para tomar   d. todos los anteriores

8. ¿Qué practica después de las clases?
      a. las artes marciales   c. el hockey
_____ b. el fútbol   d. todos los anteriores

9. ¿Cuándo suele estudiar?
      a. antes de la cena   c. antes y después de la cena
_____ b. después de la cena   d. Casi nunca estudia.

10. ¿Qué hace en la cama?
      a. Se acuesta.   c. Se duerme.
_____ b. Lee o escribe.   d. todos los anteriores

Actividad 16-1

Llena el espacio en blanco con la forma correcta del verbo entre paréntesis.

1. Mi papá _____ por 10 horas consecutivas el año pasado. (esquiar)

2. ¿Quién _____ anoche en el torneo de boliche? (aburrirse)

3. Nuestro equipo nunca _____ los partidos contra ellos. (perder)

4. Mis amigos siempre _____ en la escuela. (divertirse)

5. Yo nunca _____ en la escuela. (aburrirse)

6. Yo _____ una pelota de béisbol a 85 millas por hora ayer. (lanzar)

7. ¿ _____ tú en los conciertos de música clásica? (aburrirse)

8. Yo _____ la guitarra ayer después de las clases. (tocar)

9. ¿ _____ Uds. un crucigrama cada semana? (hacer)

10. ¿Cómo les _____ la temporada de golf este año? (ir)

11. El español nunca me _____ . (aburrir)

12. ¿Quiénes _____ en el concierto de música rock? (divertirse)

13. Mis padres siempre _____ muy bien su tiempo libre. (pasar)

14. ¿Tú nunca _____ en clase de español? (aburrirse)

15. Yo casi siempre _____ en las competencias de boliche. (divertirse)

16. ¿Cómo te _____ los partidos el sábado pasado? (ir)

17. ¿Quién _____ en el torneo hace dos días? (perder)

18. Mis amigos y yo _____ los deportes casi todos los días. (practicar)

19. ¿ _____ tú en el partido de voleibol anoche? (divertirse)

20. Mis amigas _____ a una fiesta de disfraces el fin de semana pasado. (ir)

Actividad 16-2

Para cada oración, escribe la mejor respuesta en el espacio en blanco.

1. Para jugar al fútbol americano, necesitas todos menos _____.

    a. un balón   b. un casco   c. un palo   d. un campo

2. Todos estos deportes requieren una pelota excepto _____.

    a. el béisbol   b. el atletismo   c. el tenis   d. el lacrosse

3. Todos éstos son juegos de mesa menos _____.

    a. las damas   b. Dulcilandia   c. el ajedrez   d. el desfile

4. Puedes patear el balón en todos estos deportes menos _____.

    a. el fútbol   b. el baloncesto   c. el rugby   d. el fútbol americano

5. Todos estos deportes tienen competencias menos _____.

    a. el hockey   b. el cross   c. la natación   d. la gimnasia

6. Tienes que lanzar una pelota/un balón para jugar todos estos menos _____.

    a. el lacrosse   b. el béisbol   c. el voleibol   d. el fútbol americano

7. Tienes que correr mucho para practicar todos estos deportes excepto _____.

    a. el básquetbol   b. el voleibol   c. el atletismo   d. el lacrosse

8. Todos estos deportes requieren un campo/cancha excepto _____.

    a. el básquetbol   b. el ciclismo   c. el rugby   d. el tenis

9. Todas éstas son opciones de escuchar música menos _____.

    a. en vivo   b. en el ajedrez   c. en formato mp3   d. en disco compacto

10. Esta clase es todo excepto _____.

    a. chida   b. genial   c. lo máximo   d. aburrida

Actividad 16-3

Llena cada espacio en blanco con la conjugación correcta del pretérito del verbo entre paréntesis.

1. Mi hermana no _____ en la fiesta anoche. (estar)

2. Mis padres no _____ limpiar el baño hace 3 días. (querer)

3. ¿Vosotros _____ en la fiesta el sábado pasado? (estar)

4. ¿_____ tú despertarte temprano hace dos semanas? (poder)

5. Aquel concierto de rock _____ increíble. (ser)

6. ¿Tú _____ que usar un bate del otro equipo? (tener)

7. ¿A qué hora _____ tu novio a tu casa? (venir)

8. ¿Quién _____ hacer la tarea de la clase de matemáticas anoche? (poder)

9. Mis clases el semestre pasado no _____ aburridas. (ser)

10. ¿En dónde _____ ayer? No te vi en la escuela. (estar)

11. ¿Tú _____ que jugar al fútbol americano sin tu casco? (tener)

12. Mis hermanos _____ salir sin limpiar el baño, pero no _____.
    (querer)   (poder)

13. ¿Quién _____ un picnic el sábado pasado? (hacer)

14. Yo no _____ porque no _____ tiempo.
    (venir)   (tener)

15. El torneo de damas _____ muy aburrido. (ser)

16. Sus padres _____ temprano. ¡Qué desastre! (venir)

17. _____ tú quién ganó el partido anoche. (saber)

18. Mis papás _____ un crucigrama el jueves pasado. (hacer)

19. Mi hermana mayor y mi mamá _____ el partido en la tele ayer. (ver)

20. Anoche, Pancho y Marisol _____ al partido de rugby. (ir)

Actividad 16-4

Indica si los comentarios siguientes son absurdos o normales.

	absurdo	normal
1. Para jugar al béisbol, uso un guante y un bate.	_____	_____
2. Para jugar al fútbol, uso un balón y un casco.	_____	_____
3. Los atletas de atletismo corren mucho en la piscina.	_____	_____
4. El ajedrez y el desfile son mis juegos de mesa favoritos.	_____	_____
5. Para jugar al hockey, necesito patines y un casco.	_____	_____
6. Uso un balón para jugar al baloncesto y al tenis.	_____	_____
7. Uso un guante para jugar al béisbol y al golf.	_____	_____
8. Los atletas de ciclismo montan en bici en la calle.	_____	_____
9. Los atletas de gimnasia a veces tienen partidos el sábado.	_____	_____
10. Necesito una raqueta para jugar al tenis y al boliche.	_____	_____
11. Puedo escuchar música en el torneo de ajedrez.	_____	_____
12. Me divierto mucho durante las fiestas de disfraces.	_____	_____
13. Nos fue muy bien; perdimos 8 a 2.	_____	_____
14. Me puse un disfraz para el torneo de golf.	_____	_____
15. Para hacer la lucha libre, prefiero usar un palo.	_____	_____
16. Para jugar al básquetbol, paso, atrapo, tiro y pateo el balón.	_____	_____
17. Tengo que correr mucho para jugar al fútbol y al golf.	_____	_____
18. Cada año, nuestro equipo de cross corre en un campo de golf.	_____	_____
19. Necesito un palo para jugar al golf, al lacrosse y al hockey.	_____	_____
20. Puedo meter un gol en el baloncesto y en el fútbol.	_____	_____
21. El equipo de natación y clavadismo necesita una alberca.	_____	_____
22. Fue un desastre para nosotros; ganamos 4 a 0.	_____	_____
23. Tienes que ser atleta para jugar a las damas.	_____	_____
24. Tienes que llevar un casco para batear en el sófbol.	_____	_____
25. Puedo practicar el atletismo y el ciclismo en la pista.	_____	_____
26. Necesito una pelota para jugar al golf y al hockey de campo.	_____	_____
27. Las ligas profesionales son MLB, NFL, NBA, NHL.	_____	_____

Actividad 16-5

Contesta las preguntas siguientes con oraciones completas.

1. ¿Cuál es tu deporte favorito?

_____

2. ¿Qué deportes practicas?

_____

3. ¿Qué necesitas para jugar al béisbol? (mínimo de 3 cosas)

_____

4. ¿Qué hicieron tus padres ayer?

_____

5. ¿Adónde fuiste ayer después de las clases?

_____

6. ¿Levantaste pesas ayer?

_____

7. ¿Quién pudo estudiar mucho anoche?

_____

8. ¿Te divertiste ayer en el partido o te aburriste?

_____

9. ¿Tuviste que ponerte un disfraz para la fiesta?

_____

10. ¿Cuántos goles metieron Uds. anoche?

_____

Actividad 16-6

Para cada oración, escribe la mejor palabra en el espacio en blanco.

1. Para jugar al golf, necesito _____. un bate / un palo / una bola / una pista

2. El equipo de natación necesita una _____. pista / alberca / cancha / pelota

3. El ajedrez es un _____. disfraz / juego de mesa / desastre / partido

4. No me gusta la clase porque es _____. divertida / aburrida / lo máximo / genial

5. Me gusta escuchar los _____. discos compactos / picnics / torneos / horrores

6. Para jugar al béisbol, necesito un _____. disco / balón / guante / casete

7. El partido nos fue más o menos porque _____. ganamos / empatamos / perdimos

8. Yo fui al _____ de fútbol americano anoche. juego / partido / concierto / equipo

9. No me gusta correr en la _____. piscina / pista / raqueta / diversión

10. El _____ es un juego de palabras. rompecabezas / desfile / crucigrama

11. Necesito un casco y un palo para jugar al _____. tenis / hockey / fútbol / golf

12. El fútbol y el béisbol se juegan en una _____. cancha / pelota / diversión / pista

13. Una persona que juega es _____. aburrida / divertida / genial / una jugadora

14. Nos fue súper bien porque _____. perdimos / ganamos / empatamos

15. Me gusta levantar _____. damas / pistas / pesas / bicicletas

16. Celebraron el campeonato con un _____. desfile / casco / disfraz / video musical

17. El equipo de _____ usa la alberca. ráquetbol / golf / atletismo / natación

18. El básquetbol, el voleibol y el rugby usan un _____. balón / palo / disco / patín

19. Nos gusta _____ en bici. correr / nadar / jugar / montar

20. Aprender español es _____. lo máximo / lo máximo / lo máximo / lo máximo

Lee el diálogo siguiente y contesta las preguntas a continuación.

Paquito llama a Miguelito por teléfono…

Paquito – ¡Hola, Miguelito! ¿Cómo te va?

Miguelito – ¡Me va súper bien! ¿Y a ti, cómo te va todo?

Paquito – ¡También! Oye, no te vi en mi torneo de crucigrama anoche. ¿En dónde estuviste?

Miguelito – Estuve en el garaje por toda la noche.

Paquito – ¿Por qué no viniste?

Miguelito – Es que no pude ir porque tuve que ayudar a mi papá a arreglar el carro.

Paquito - ¡Qué horror!

Miguelito – Sí, lo sé. Oye, ¿Cómo les fue el torneo; lo ganaron?

Paquito – No, lo empatamos trescientos ocho a trescientos ocho.

Miguelito – ¿Ganaste tú algunos crucigramas?

Paquito – Sí, de hecho, gané veintidós.

Miguelito – ¡Qué chido! ¿Y qué hiciste después del torneo?

Paquito – Después, fuimos al partido de hockey.

Miguelito – ¿Cómo estuvo?

Paquito – Estuvo muy aburrido. Me gusta más hacer crucigramas que ver un partido de deportes.

Miguelito – ¿A qué hora regresaste a casa?

Paquito – Regresé a medianoche, pero no pude despertarme tarde y por eso tengo
           muchísimo sueño.

Miguelito – ¿Qué quieres hacer ahora?

Paquito – No sé. ¿Qué quieres hacer tú?

Miguelito – No sé, tampoco. ¿Tienes mucho que hacer hoy?

Paquito – No, estoy muy aburrido. Debemos hacer algo para divertirnos.

Miguelito – Si tienes tiempo, podemos jugar a las damas.

Paquito – Sí, claro que tengo tiempo. ¿Vienes tú a mi casa o voy yo a la tuya?

Miguelito – Vienes tú a la mía porque yo tengo jugo de uva y lo podemos beber.

Paquito – ¡Qué rico! Es mi bebida favorita.

Miguelito – Nos vemos al rato.

Actividad 16-7 (continúa)

Según el diálogo, escoge la mejor respuesta para cada pregunta.

1. ¿Cómo le va a Paquito?
                a. Le va bien.   c. Le va mal.
_____   b. Le va súper bien.   d. Le va súper mal.

2. ¿Dónde estuvo Paquito anoche?
                a. Estuvo en el garaje.   c. Estuvo en la playa.
_____   b. Estuvo en casa.   d. Estuvo en un torneo.

3. ¿Por qué no fue Miguelito con Paquito al torneo?
                a. Porque tuvo que ayudar a su papá.   c. Porque no le gustan los torneos.
_____   b. Porque no quiso ir con Paquito.   d. todos los anteriores

4. ¿Cómo le fue el torneo a Paquito?
                a. Le fue regular; empató 22 veces.   c. Le fue mal; perdió 22 veces.
_____   b. Le fue bien; ganó 22 veces.   d. todo

5. ¿Qué hizo Paquito después del torneo?
                a. Fue a jugar al hockey.   c. Fue a ver un partido de hockey.
_____   b. Fue a la casa de Miguelito.   d. todos los anteriores

6. ¿Cuál de estas frases es cierta?
                a. Paquito regresó a casa a medianoche.   c. Paquito tiene mucho sueño.
_____   b. Paquito no pudo despertarse tarde.   d. todos los anteriores

7. ¿Qué quiere hacer Miguelito?
                a. Quiere ir a la casa de Paquito.   c. Quiere jugar a las damas.
_____   b. Quiere beber jugo de naranja.   d. todos los anteriores

8. ¿Cuál de estas frases es cierta?
                a. Ellos son muy populares en la escuela.   c. Ellos son muy atléticos.
_____   b. Ellos son nerdos.   d. El jugo de uva es lo máximo.

Actividad 16-8

Llena el primer espacio en blanco con la conjugación correcta del verbo *estar* en el presente y el segundo con el gerundio del verbo entre paréntesis. Esto es el presente progresivo.

1. Mi hermana _____está_____ _____caminando_____. (caminar)

2. Mis padres _____ _____ pesas. (levantar)

3. ¿Quién _____ _____? (hablar)

4. ¿Qué _____ _____ tú? (hacer)

5. Yo _____ _____. (ganar)

6. Nosotros _____ _____ en bici. (montar)

7. Ellos _____ _____. (jugar)

8. ¿Quién _____ _____? (perder)

9. ¿_____ _____ vosotros sobre hielo o sobre ruedas? (patinar)

10. ¿Qué tipo de música _____ _____ Uds.? (escuchar)

11. ¿Quién _____ _____ la tele? (ver)

12. No sé quién _____ _____ la tele. (mirar)

13. ¿_____ _____ tu mamá? (esquiar)

14. ¿_____ _____ tú? (comer)

15. ¿Qué _____ _____ tú? (beber)

16. Mis amigas se _____ _____ en el baile. (divertir)

17. Él _____ _____ la pelota muy bien hoy. (lanzar)

18. ¿Quiénes _____ _____, ellos o nosotros? (batear)

19. Mi amigo _____ _____ ahora mismo. (venir)

20. Tara e Isa _____ _____ ya. (competir)

Actividad 16-9

Para formar cada oración, cambia el orden de palabras y puntuación para que tenga sentido.

1. prefieren la pesas ¿ amigos o ? levantar libre practicar tus lucha

_____

2. goles . otro cuatro el ganó seis a equipo

_____

3. en torneos máximo de ¡ es los gusta lo crucigrama porque nos ! competir

_____

4. tenis mi al y hermano . están ahora mamá jugando mi

_____

5. último ganó ¿ partido ? quién el

_____

6. montar un para ! en debes ¡ casco llevar bici

_____

7. a a muy disfraces noche . emocionada fiesta ir esta una porque estoy de voy

_____

8. la ayer fue natación cómo ¿ competencia te ? de

_____

9. tienes lucha fútbol para . balón practicar al la que para pero un jugar libre usar no

_____

10. nos máximo fue ¡ porque actividad lo ! esta gustó

_____

Actividad 16-10

Para cada verbo conjugado, escribe el sujeto y el tiempo verbal. Luego, escribe el infinitivo del verbo en español con el significado del infinitivo en inglés.

1. **hiciste**   sujeto _____   tiempo verbal _____

    infinitivo _____   significado _____

2. **te diviertes**   sujeto _____   tiempo verbal _____

    infinitivo _____   significado _____

3. **bateé**   sujeto _____   tiempo verbal _____

    infinitivo _____   significado _____

4. **perdimos**   sujeto _____   tiempo verbal _____

    infinitivo _____   significado _____

5. **nos aburrimos**   sujeto _____   tiempo verbal _____

    infinitivo _____   significado _____

6. **metieron**   sujeto _____   tiempo verbal _____

    infinitivo _____   significado _____

7. **fue**   sujeto _____   tiempo verbal _____

    infinitivo _____   significado _____

8. **vine**   sujeto _____   tiempo verbal _____

    infinitivo _____   significado _____

9. **tuvieron**   sujeto _____   tiempo verbal _____

    infinitivo _____   significado _____

10. **supiste**   sujeto _____   tiempo verbal _____

    infinitivo _____   significado _____

Actividad 16-10 (continúa)

Para cada verbo conjugado, escribe el sujeto y el tiempo verbal. Luego, escribe el infinitivo del verbo en español con el significado del infinitivo en inglés.

11. **toqué**   sujeto _____   tiempo verbal _____

      infinitivo _____   significado _____

12. **quisimos**   sujeto _____   tiempo verbal _____

      infinitivo _____   significado _____

13. **puso**   sujeto _____   tiempo verbal _____

      infinitivo _____   significado _____

14. **vi**   sujeto _____   tiempo verbal _____

      infinitivo _____   significado _____

15. **vino**   sujeto _____   tiempo verbal _____

      infinitivo _____   significado _____

16. **jugué**   sujeto _____   tiempo verbal _____

      infinitivo _____   significado _____

17. **vengo**   sujeto _____   tiempo verbal _____

      infinitivo _____   significado _____

18. **fuimos**   sujeto _____   tiempo verbal _____

      infinitivo _____   significado _____

19. **pude**   sujeto _____   tiempo verbal _____

      infinitivo _____   significado _____

20. **estuvisteis**   sujeto _____   tiempo verbal _____

      infinitivo _____   significado _____

Actividad 16-11

Lee la narración siguiente y contesta las preguntas a continuación.

¡Hola! Me llamo Renata y soy estudiante. Me gusta estudiar y aprender, pero me gusta más practicar deportes. Soy muy deportista y practico muchos deportes durante el año escolar. Mis deportes favoritos son el sófbol, la natación, el básquetbol y el fútbol. Yo soy miembro de todos estos equipos de la escuela menos el equipo de natación porque la temporada siempre tiene conflictos con la temporada de básquetbol.

Durante el otoño, juego al sófbol. Tenemos que comprar mucho equipo para jugar como un bate, zapatos con clavos y un casco. Afortunadamente, no tenemos que comprar las pelotas. Es mi deporte menos favorito porque no tienes que correr mucho y me encanta correr. Yo juego en el campo porque cuando el otro equipo está bateando, yo puedo correr un poco y atrapar la pelota. También me gusta lanzar la pelota, pero no me gusta batear mucho porque no soy muy buena para batear. El año pasado, tuvimos una muy mala temporada porque perdimos todos los partidos menos dos. No me divertí mucho, pero creo que voy a pasarlo muy bien este año porque tenemos muy buenas jugadoras ahora.

Durante el invierno, juego al básquetbol. Me gusta mucho jugarlo porque prefiero ser miembro de los equipos que no tienen muchas jugadoras. También, como ya sabes, me gusta correr y tienes que correr mucho para jugar al básquet. Me gustan todos los aspectos de este juego: pasar y atrapar el balón, especialmente tirarlo para meter un gol o cesto. También, aun me gusta la defensa. No tenemos que comprar nada para ser parte del equipo menos nuestros zapatos. El año pasado, nuestro equipo fue muy bueno; jugamos muy bien en el torneo y ganamos todos los partidos menos el último – el campeonato. Estuvimos muy deprimidas por una semana después de perderlo, pero este año estamos súper emocionadas porque esta temporada, vamos a ser las campeonas porque las dos mejores jugadoras del otro equipo se graduaron.

Durante la primavera, juego al fútbol. Es mi deporte favorito porque tienes que correr muchísimo para jugar bien y yo puedo correr más rápidamente que todas las otras jugadoras de toda la liga. Puedo patear el balón muy bien también. Soy delantera y los últimos dos años, yo metí más goles que todas las otras jugadoras de toda la liga y por eso, fui la jugadora del año dos años consecutivos. De hecho, todas nosotras jugamos súper bien y por eso, ganamos el campeonato los últimos tres años. Para celebrar los campeonatos, tuvimos desfiles en la calle cerca de la escuela y fueron geniales. Creo que vamos a ser campeonas esta temporada también pero no sé si voy a ser la jugadora del año otra vez. Vamos a ver.

Cuando no estoy practicando deportes o estudiando, me gusta participar en otras diversiones de la escuela. Por ejemplo, me gusta participar en el club de ajedrez y damas, y toco dos instrumentos para la banda: el clarinete y el saxofón. También, me divierto mucho viendo las obras de teatro de la escuela. Cuando no estoy participando en las actividades de la escuela o haciendo mi tarea, me gusta hacer muchas cosas. Durante la semana, me gusta hacer crucigramas o rompecabezas, escuchar música o ver los videos musicales. Durante los fines de semana, me gusta ir a fiestas de disfraces, ir a conciertos de música rock y, a veces, ir a las exposiciones de arte.

Bueno, pues, como ves, yo siempre estoy muy ocupada, pero por lo menos, nunca estoy aburrida. ¡Hasta luego!

Según la narración, escoge la mejor respuesta para cada pregunta.

1. ¿Qué deporte no juega Renata para la escuela?
      a. el básquetbol   c. el fútbol
_____   b. la natación   d. el sófbol

2. Las jugadoras del equipo de sófbol tienen que comprar todo este equipo menos:
      a. los zapatos   c. las pelotas
_____   b. los cascos   d. los bates

3. ¿Qué le gusta menos a Renata con respecto al sófbol?
      a. batear   c. correr
_____   b. lanzar la pelota   d. atrapar la pelota

4. ¿Qué le gusta a Renata con respecto al básquetbol?
      a. atrapar el balón   c. la defensa
_____   b. tirar el balón   d. todos los anteriores

5. Le gusta ser miembro del equipo de básquetbol porque…
      a. le gusta correr.   c. prefiere los equipos pequeños.
_____   b. le gustan todos los aspectos del juego.   d. todos los anteriores

6. ¿Por qué están emocionadas las jugadoras del equipo de Renata?
      a. Porque perdieron el último partido.   c. Porque ganaron todos los partidos.
_____   b. Porque van a ganar el campeonato.   d. todos los anteriores

7. ¿Cuál de estas frases es falsa con respecto al fútbol?
      a. Renata fue la jugadora del año 3 veces.   c. Renata corre muy rápidamente.
_____   b. Su equipo ganó el campeonato 3 veces.   d. El equipo va a ser bueno este año.

8. ¿En cuál de estas diversiones de la escuela no participa activamente Renata?
      a. el teatro   c. la banda
_____   b. el club de ajedrez y damas   d. los deportes

9. ¿Qué no menciona Renata que le gusta hacer durante la semana?
      a. hacer rompecabezas   c. ver los videos musicales
_____   b. hacer picnics   d. escuchar música

10. ¿Qué le gusta hacer a Renata los fines de semana?
      a. ir a fiestas   c. ir a conciertos
_____   b. ir a exposiciones de arte   d. todos los anteriores

Actividad 17-1

Llena el espacio en blanco con la conjugación correcta en el presente del verbo entre paréntesis.

1. Yo _____ a clases de lunes a viernes. (asistir)

2. Mis amigos _____ bien en la clase de español. (comportarse)

3. Todos los estudiantes _____ mucho en la clase de matemáticas. (aprender)

4. Yo _____ al maestro de fotografía. (conocer)

5. El entrenador de fútbol americano _____ mucho durante el entrenamiento. (gritar)

6. Los maestros casi nunca _____ de sus estudiantes. (enojarse)

7. Muchos estudiantes _____ de la tarea. (quejarse)

8. Mi hermano menor _____ en triciclo cada fin de semana. (montar)

9. ¿_____ tú muchos berrinches en casa? (hacer)

10. Mis hermanas menores y yo _____ mucho de nuestra juventud. (recordar)

11. Lupita _____ todo el tiempo. (llorar)

12. Mis papás _____ frecuentemente. (leer)

13. ¿Qué _____ tú? (coleccionar)

14. Yo _____ que necesito estudiar el vocabulario un poco más. (saber)

15. Mi hermana mayor _____ su carro conmigo. (compartir)

16. Yo siempre _____ a mis papás. (obedecer)

17. Yo _____ bien educada. (ser)

18. Tú _____ la cuerda muy bien. (saltar)

19. Yo nunca le _____ a nadie. (mentir)

20. ¿_____ tú mucho de tu juventud? (recordar)

Actividad 17-2

Llena el espacio en blanco con la conjugación correcta en <u>el imperfecto</u> del verbo entre paréntesis.

1. Cuando yo era niño, siempre _____ en el cajón de arena. (jugar)

2. Cuando éramos niñas, nosotras _____ muchas muñecas. (coleccionar)

3. De pequeño, yo _____ mis juguetes con mi hermano menor. (compartir)

4. De niño, mi hermano siempre _____ más juguetes que yo. (tener)

5. Cuando era más joven, mi hermano menor _____ berrinches a menudo. (hacer)

6. Me _____ montar en triciclo todos los días cuando era niño. (gustar)

7. Mis padres, mi hermano y yo _____ en Reno, NV cuando yo era joven. (vivir)

8. Mis padres nunca _____ las mentiras. (soportar)

9. Mis vecinos eran deportistas y por eso, siempre _____ los deportes. (practicar)

10. ¿_____ tú a tus padres cuando eras más joven? (desobedecer)

11. ¿_____ tú mucho con tus hermanos cuando eras niño? (pelearse)

12. ¿Normalmente _____ tú bien o mal en la escuela primaria? (comportarse)

13. ¿_____ tú jugar en el columpio o en el tobogán en el patio de recreo? (preferir)

14. De pequeños, mis vecinos _____ constantemente de sus padres. (quejarse)

15. Cuando era niño, generalmente yo no _____ a nadie. (molestar)

Actividad 17-3

Para cada oración, escribe la mejor respuesta en el espacio en blanco.

1. Todo es equipo del patio de recreo menos _____.

    a. el pájaro   b. el columpio   c. el sube y baja   d. el tobogán

2. Todas éstas son buenas cualidades menos _____.

    a. sociable   b. amable   c. consentida   d. prudente

3. Todos son buen comportamiento excepto _____.

    a. compartir   b. pelear   c. comportarse bien   d. leer

4. Todas estas palabras/frases señalan acción habitual menos _____.

    a. muchas veces   b. a menudo   c. frecuentemente   d. hace dos días

5. Todas éstas son malas cualidades excepto _____.

    a. egoísta   b. codo   c. callado   d. molestoso

6. Todos son mal comportamiento menos _____.

    a. mentir   b. gritar   c. recordar   d. hacer un berrinche

7. Todos éstos son juguetes típicos para niños menos _____.

    a. los bloques   b. los muñecos   c. los robots   d. la mascota

8. Todos éstos son animales menos _____.

    a. la tortuga   b. el oso   c. la muñeca   d. el pez

9. Todos éstos son verbos irregulares en el imperfecto excepto _____.

    a. ver   b. tener   c. ir   d. ser

10. Tu maestro de español es todo menos _____.

    a. chistoso   b. travieso   c. joven   d. lo máximo

Actividad 17-4

Llena el espacio en blanco con la conjugación correcta en <u>el imperfecto</u> del verbo entre paréntesis.

1. Cuando yo era joven, siempre _____ al patio de recreo para jugar. (ir)

2. Cuando yo era niña, _____ muy traviesa. (ser)

3. De pequeño, yo casi nunca _____ la tele. (ver)

4. De niñas, mi hermana y yo _____ bastante generosas. (ser)

5. Cuando era más joven, mi hermano menor _____ increíblemente paciente. (ser)

6. ¿ _____ muchas películas cuando teníais nueve años? (ver)

7. Mi padre, mi hermano y yo _____ al cine frecuentemente. (ir)

8. Mis padres nunca _____ películas de terror cuando yo era joven. (ver)

9. Mis vecinos eran deportistas y por eso, siempre _____ a todos los partidos. (ir).

10. ¿Cómo _____ tú y tu hermana? (ser)

11. ¿Tú no _____ obras de teatro cuando eras niño? (ver)

12. ¿ _____ tú a la escuela primaria todos los días? (ir)

13. ¿Quiénes _____ las competencias de atletismo? (ver)

14. ¿Cómo _____ cuando ibais a la escuela secundaria? (ser)

15. Cuando era niña, yo _____ a menudo al parque con mi pez. (ir)

Actividad 17-5

Indica si los comentarios siguientes son absurdos o normales.

	absurdo	normal
1. Los niños son muy viejos.	_____	_____
2. Yo soy muy generoso y por eso nunca comparto nada.	_____	_____
3. Nunca olvido nada porque recuerdo todo.	_____	_____
4. Ellos soportan el mal comportamiento porque son pacientes.	_____	_____
5. Grita mucho porque es bien educado.	_____	_____
6. Le gustaba bromear porque era muy chistosa.	_____	_____
7. Mi mamá obedece a mi hermano menor.	_____	_____
8. Yo aprendía mucho en la primaria porque era buena estudiante.	_____	_____
9. Molesto a mis maestros porque soy antipático.	_____	_____
10. Soy prudente, atrevido, callado y sociable.	_____	_____
11. Carmen es muy tímida y por eso siempre hace berrinches.	_____	_____
12. Mi hermano mayor tiene más años que yo.	_____	_____
13. Me gustaba ir al patio de recreo para jugar con mis mascotas.	_____	_____
14. Me encanta ir de compras porque soy muy codo.	_____	_____
15. Quejarse de todo en clase es buen comportamiento.	_____	_____
16. Yo siempre decía la verdad, pero mi hermano nunca mentía.	_____	_____
17. Antes de ir a la primaria, yo iba al kínder.	_____	_____
18. Mi equipo favorito del patio de recreo es el tobogán.	_____	_____
19. En la preparatoria había un patio de recreo.	_____	_____
20. *G.I. Joe* y los superhéroes son mis muñecas favoritas.	_____	_____
21. Los *Transformers* son robots en disfraz.	_____	_____
22. Mis caballos siempre jugaban con mis juguetes.	_____	_____
23. Los viejos asisten a la guardería infantil.	_____	_____
24. Voy a la librería para comprar libros.	_____	_____
25. Las tortugas ninja se peleaban mucho.	_____	_____
26. Cuando yo era niño, mi mamá siempre montaba en triciclo.	_____	_____
27. Dibujaba bien porque era muy artística.	_____	_____

Actividad 17-6

Contesta las preguntas siguientes con oraciones completas.

1. ¿Qué te gustaba hacer cuando eras más joven?

_____

2. ¿Tenías una mascota cuando eras niño?

_____

3. ¿Qué preferías hacer en el patio de recreo cuando eras niña?

_____

4. ¿De pequeño, jugabas más con las muñecas o con los muñecos?

_____

5. ¿Cómo se llamaba tu mejor amiga cuando tenías seis años?

_____

6. ¿Conocías a todos tus vecinos cuando eras pequeña?

_____

7. ¿Cuál era tu juguete favorito de niño?

_____

8. ¿Quién hacía más berrinches cuando eran jóvenes, tú o tu hermana?

_____

9. ¿Recuerdas mucho sobre cuando tenías 6 años?

_____

10. ¿Les mentías a tus padres a menudo cuando eras más joven?

_____

Para cada oración, escribe la mejor palabra en el espacio en blanco.

1. Un perro, un gato y una tortuga son _____. regalos / mascotas / robots / berrinches

2. La "*high school*" es la escuela _____. primaria / preparatoria / secundaria / infantil

3. Para mis cumpleaños, siempre me dan muchos _____. pájaros / regalos / toboganes

4. Obedezco a mis padres porque soy _____. antipática / paciente / sociable / obediente

5. Yo era generoso y por eso, _____ todo. coleccionaba / compartía / recordaba / leía

6. De niño, me gustaba montar en _____. tortuga / dinosaurio / robot / triciclo

7. Antes del 1º grado, los estudiantes asisten al _____. juguete / kínder / perro / camión

8. No me gusta trabajar porque soy súper _____. niño / codo / prudente / flojo.

9. Me gustaba estar con amigos porque era _____. tímida / artística / sociable / traviesa

10. Yo tengo que escribir y leer mucho en la _____. prepa / colección / guardería / arena

11. Me comporto bien porque soy _____. maleducado / consentido / deportista / educado

12. Soy honesto y por eso casi siempre _____. digo la verdad / miento / chillo / grito

13. En el patio de recreo, siempre jugaba en el _____. bloque / pez / columpio / peluche

14. Ken, el novio de Barbie, es _____. un muñeco / una muñeca / un idiota de peluche

15. Cuando era niño, me gustaba saltar la _____. mascota / verdad / muñeca / cuerda

16. Siempre recibes lo que quieres porque eres _____. chistoso / consentido / joven / codo

17. Normalmente digo la verdad, pero a veces, _____. soporto / miento / lloro / peleo

18. Tengo 31 años y mi hermano _____ tiene 34. mejor / peor / mayor / menor

19. Causaba muchos problemas porque era _____. paciente / traviesa / chistosa / vecina

20. Profe, tú eres _____. chistoso / molestoso / paciente / un idiota de peluche

Actividad 17-8

Según el modelo, completa cada oración usando el imperfecto.

1. Yo era bastante prudente cuando era joven, por eso _____ yo nunca montaba en bicicleta sin llevar mi casco _____.

2. Mis padres eran muy flojos cuando yo era joven, por eso _____

_____

3. Mi hermana menor era muy sociable cuando era joven, por eso _____

_____

4. Cuando yo era niña, mis vecinos eran súper egoístas con sus juguetes y por eso, _____

_____

5. Cuando éramos niños, a mis hermanos y a mí nos gustaba la escuela todos los días porque ___

_____

6. Cuando eran más jóvenes, mis hermanas tenían muchísimas muñecas porque _____

_____

7. De pequeño, yo iba al patio de recreo frecuentemente para jugar porque _____

_____

8. Cuando mi hermano mayor y yo éramos jóvenes, nos gustaba jugar con nuestros vecinos

porque _____

9. De niño, yo no era muy travieso, pero _____

_____

10. De pequeña, yo era muy callada, pero _____

_____

Actividad 17-9

Para formar cada oración, cambia el orden de palabras y puntuación para que tenga sentido.

1. hermano niños , y era muy cuando chistoso mi éramos . generoso

_____

2. de favoritos los y los niño robots eran mis muñecos juguetes .

_____

3. yo mi jugar éramos y en el columpio y cuando niñas hermana en preferíamos tobogán el .

_____

4. la casi se mis bien comportaban nunca primaria amigos en .

_____

5. educada era siempre obedecía porque a papás mis yo bien .

_____

6. hermano niño mayor egoísta era mi travieso y de .

_____

7. juguetes generosa y por amigos muy siempre eso compartías eras tus con tus.

_____

8. hacía chillaba más ¿quién y berrinches primaria la ? en tus clases de

_____

9. tus soportaban ¿ tus papás años cuando berrinches seis tenías ?

_____

10. nunca ¡ quejamos clase aprendemos nosotros de esta las nos mucho actividades en porque !

_____

_____

Actividad 17-10

Para cada verbo conjugado, escribe el sujeto y el tiempo verbal. Luego, escribe el infinitivo del verbo en español con el significado del infinitivo en inglés.

1. **asistió**　　sujeto _____　　tiempo verbal _____

　　infinitivo _____　　significado _____

2. **montaba**　　sujeto _____　　tiempo verbal _____

　　infinitivo _____　　significado _____

3. **me comporto**　　sujeto _____　　tiempo verbal _____

　　infinitivo _____　　significado _____

4. **bromeé**　　sujeto _____　　tiempo verbal _____

　　infinitivo _____　　significado _____

5. **olvidaban**　　sujeto _____　　tiempo verbal _____

　　infinitivo _____　　significado _____

6. **veíamos**　　sujeto _____　　tiempo verbal _____

　　infinitivo _____　　significado _____

7. **saltas**　　sujeto _____　　tiempo verbal _____

　　infinitivo _____　　significado _____

8. **decíais**　　sujeto _____　　tiempo verbal _____

　　infinitivo _____　　significado _____

9. **llorábamos**　　sujeto _____　　tiempo verbal _____

　　infinitivo _____　　significado _____

10. **obedezco**　　sujeto _____　　tiempo verbal _____

　　infinitivo _____　　significado _____

Actividad 17-10 (continúa)

Para cada verbo conjugado, escribe el sujeto y el tiempo verbal. Luego, escribe el infinitivo del verbo en español con el significado del infinitivo en inglés.

11. **me quejaba**   sujeto _____   tiempo verbal _____

    infinitivo _____   significado _____

12. **mentiste**   sujeto _____   tiempo verbal _____

    infinitivo _____   significado _____

13. **se peleaba**   sujeto _____   tiempo verbal _____

    infinitivo _____   significado _____

14. **hacías**   sujeto _____   tiempo verbal _____

    infinitivo _____   significado _____

15. **tenían**   sujeto _____   tiempo verbal _____

    infinitivo _____   significado _____

16. **era**   sujeto _____   tiempo verbal _____

    infinitivo _____   significado _____

17. **compartías**   sujeto _____   tiempo verbal _____

    infinitivo _____   significado _____

18. **sabía**   sujeto _____   tiempo verbal _____

    infinitivo _____   significado _____

19. **te enojaste**   sujeto _____   tiempo verbal _____

    infinitivo _____   significado _____

20. **íbamos**   sujeto _____   tiempo verbal _____

    infinitivo _____   significado _____

Actividad 17-11

Lee el cuento siguiente y contesta las preguntas que siguen a continuación.

¡Hola! Me llamo Enrique, pero mis amigos me llaman Quique desde hace muchos años. Cuando era niño, yo era bastante normal: sociable y generalmente bien educado pero un poco travieso de vez en cuando. Mis padres se divorciaron cuando yo tenía 7 años y mi hermano mayor y yo nos quedamos con nuestra mamá. Visitábamos a nuestro papá cada segundo fin de semana y no nos gustaba visitarlo con tan poca frecuencia, pero siempre estábamos muy ocupados con la escuela durante la semana y por eso no nos molestaba mucho.

En la primaria, yo era buen estudiante y siempre sacaba buenas notas, pero también me gustaba jugar en el patio de recreo. Muchos niños jugaban en los columpios, el sube y baja, el carrusel o en los toboganes, pero yo no; prefería saltar la cuerda y eso es lo que hacía casi todos los días. Durante la clase de educación física, todos jugábamos deportes como el fútbol, el sófbol, o el básquetbol. Yo prefería jugar al sófbol porque había mucha variedad de acción: lanzar, batear, correr, atrapar y, a veces, saltar. Aunque era bastante atlético, yo no jugaba muy bien, pero me encantaba mucho de todas formas.

Cuando no estaba en la escuela con mis amigos, me gustaba montar en bici con mi hermano y también nos gustaba jugar juntos con nuestros juguetes. No éramos muy consentidos, pero teníamos muchos juguetes. Teníamos muchos juegos de mesa, libros de ficción y animales de peluche, pero nos gustaba más jugar con nuestros muñecos: Los amos del universo (*He-Man*), los *Transformers*, *G.I. Joe* y los superhéroes. Yo recuerdo que cuando cumplí nueve años, mi tía me llevó a una tienda de juguetes y me regaló $20 para gastar. Cuando llegué a la sección de muñecos, un empleado estaba poniendo en los estantes algunos de mis muñecos favoritos que nunca antes podía encontrar y compré seis en total ($2.98 cada uno). Yo estaba tan emocionado aquel día que creo que fue el mejor día de toda mi vida.

Hoy en día, tengo 43 años y todavía sigo coleccionando juguetes, especialmente los juguetes que tenía cuando era niño porque me encanta recordar ese tiempo de mi vida.

Según la narración de Enrique, escoge la mejor respuesta para cada pregunta.

1. ¿Cuál de estas frases es falsa sobre Enrique?
        a. Tiene un hermano.   c. Era maleducado y muy travieso.
_____   b. Sus padres están divorciados.   d. Sus amigos lo llaman Quique.

2. ¿Qué hacía Enrique muy a menudo en el patio de recreo en la primaria?
        a. Columpiaba.   c. Jugaba en los toboganes.
_____   b. Saltaba la cuerda.   d. todos los anteriores

3. ¿Cuál era su deporte favorito?
        a. el béisbol   c. el básquetbol
_____   b. el fútbol americano   d. el sófbol

4. ¿Qué le gustaba hacer a Enrique cuando no estaba en la escuela?
        a. jugar con sus juguetes   c. jugar con su hermano
_____   b. montar en bici   d. todos los anteriores

5. ¿Con qué les gustaba jugar más a Enrique y a su hermano?
        a. los muñecos   c. los libros de ficción
_____   b. los animales de peluche   d. los juegos de mesas

6. ¿Cuál de estas frases es falsa sobre el cumpleaños de Enrique?
        a. Lo celebró con su tía.   c. Compró seis muñecos que ya tenía.
_____   b. Estaba muy emocionado.   d. Su tía le regaló $20.

7. ¿Por qué sigue Enrique coleccionando juguetes?
        a. Le gusta recordar su juventud.   c. Es muy consentido.
_____   b. Le gusta jugar con juguetes.   d. todos los anteriores

Actividad 18-1

Llena el primer espacio en blanco con el pronombre que corresponde al complemento indirecto (me, te, le, nos, os, les) y el segundo con la conjugación correcta del verbo entre paréntesis.

Presente

1. Yo casi siempre ___le___ ____digo____ la verdad a mi abuela. (decir)

2. Mi cuñado siempre _____ _____ a mí . (cantar)

3. Yo siempre _____ _____ hola a mis hijos en la mañana. (decir)

4. Mi esposa a veces _____ _____ a mí la cena. (servir)

5. Nosotros _____ _____ a nuestros hijos la cena todas las noches. (servir)

6. A nosotros solamente _____ _____ tres personas para empezar. (faltar)

7. A mí _____ _____ diez dólares y por eso, no puedo comprar el regalo. (quedar)

Pretérito

8. Mis abuelos _____ _____ muchos regalos a nosotros para la boda. (dar)

9. Mi prima _____ _____ a mí que no sabía bailar. (decir).

10. ¿Quién _____ _____ a ti ese tren de juguete? (llevar)

11. Mi bisabuelo _____ _____ la mano a mí en mi fiesta de cumpleaños. (dar)

12. A mis tíos _____ _____ el pastel. (gustar)

13. ¿Vuestra abuela _____ _____ a vosotros una jirafa de peluche? (regalar)

14. Nuestro maestro _____ _____ a nosotros los complementos. (explicar)

15. Tu cuñada _____ _____ a nosotros un favor. (pedir)

Actividad 18-2

Contesta las preguntas siguientes con oraciones completas. **No** uses los pronombres de complemento directo (lo, la, los, las) todavía.

1. ¿Quién te dio ese regalo?

_____

2. ¿Le llevaste el pastel a mi abuela?

_____

3. ¿Quiénes le cantaron a la persona especial?

_____

4. ¿A Uds. les explicó su maestro los complementos indirectos ayer?

_____

5. ¿Me regalaron Uds. muchos juguetes?

_____

6. ¿Cuánto dinero te falta para comprarle a tu mamá ese regalo?

_____

7. ¿Cuántos minutos de clase nos quedan ahora?

_____

8. ¿A quién le gustan las fiestas de sorpresa?

_____

9. ¿Te gusta servirle a otra gente?

_____

10. ¿Puedo pedirte un favor?

_____

Actividad 18-3

Contesta las preguntas siguientes con oraciones completas. Para cada cual, usa el pronombre apropiado de complemento directo (lo, la, los, las).

1. ¿Quién apagó la luz?

_____

2. ¿Enciendes las velas, por favor?

_____

3. ¿Puedes explicar las reglas de los complementos directos otra vez, por favor?

_____

4. ¿Quién va a decorar el pastel de cumpleaños?

_____

5. ¿Tomaron ellos mi limonada?

_____

6. ¿Viste las películas de *El señor de los anillos*?

_____

7. ¿Encontró Ud. mis flores?

_____

8. ¿Comieron Uds. todos sus dulces?

_____

9. ¿Vas a celebrar tu cumpleaños con todos tus parientes?

_____

10. ¿Quién sabe bailar flamenco?

_____

Actividad 18-4

Para cada oración, escribe la mejor respuesta en el espacio en blanco.

1. Todas son celebraciones menos _____.

    a. el cumpleaños   b. la graduación   c. la suegra   d. la boda

2. Todas éstas son costumbres de una fiesta de cumpleaños para un niño menos _____.

    a. los globos   b. las flores   c. las velas   d. los regalos

3. Todos son parientes excepto _____.

    a. la novia   b. el bisabuelo   c. el sobrino   d. la nieta

4. Todos son buenos regalos para la mamá menos _____.

    a. unas flores   b. un desastre   c. unos dulces   d. una tarjeta

5. Todas éstas son tradiciones de una fiesta de sorpresa excepto _____.

    a. apagar las luces   b. un cumpleaños   c. gritar   d. un funeral

6. Todas son maneras típicas de saludar a la abuela menos _____.

    a. decirle hola   b. darle la mano   c. besarla   d. abrazarla

7. Comer con toda la familia es una tradición de todas estas celebraciones excepto _____.

    a. la boda   b. la Navidad   c. el Día de Gracias   d. el Día de las Brujas

8. Todos pueden ser gemelos/gemelas menos _____.

    a. mi papá y mi tío   b. mi mamá y mi tío   c. mis hermanos   d. mis hermanas

9. Todos son familiares de mi esposa excepto _____.

    a. mi cuñado   b. mi suegra   c. mi medio hermana   d. mi cuñada

10. Se dice felicidades en cada una de estas celebraciones menos _____.

    a. la Nochevieja   b. la boda   c. la graduación   d. el cumpleaños

Actividad 18-5

Contesta las preguntas siguientes con oraciones completas. Para cada cual, usa el pronombre apropiado de complemento directo (lo, la, los, las).

1. ¿Siempre abrazas a tus tíos cuando los ves?

_____

2. ¿Prefieres besar o abrazar a tu abuela para saludarla?

_____

3. ¿Odias a tus primos?

_____

4. ¿Amas a tus tíos?

_____

5. ¿Viste a tu bisabuelo en la reunión familiar?

_____

6. ¿Quién invitó a tu cuñada?

_____

7. ¿Vas a invitar a tu esposa al baile?

_____

8. ¿Conoces a sus novios?

_____

9. ¿Adora tu abuela a sus nietos?

_____

10. ¿Por qué llevó Gustavo a su maleducado hijo a mi fiesta de aniversario?

_____

Actividad 18-6

Indica si los comentarios siguientes son absurdos o normales.

	absurdo	normal
1. Abrazo a mi tío para saludarlo.	_____	_____
2. Le doy regalos a mi mamá para su cumpleaños.	_____	_____
3. Celebré mi cumpleaños con un pastel con velas.	_____	_____
4. Mis amigos llevaron un disfraz para el Día de los Enamorados.	_____	_____
5. Todos de mis tatarabuelos están vivos.	_____	_____
6. Celebramos el Día de la Independencia con fuegos artificiales.	_____	_____
7. Muchos estudiantes de la preparatoria se gradúan en febrero.	_____	_____
8. La nieta de mi abuelo es mi prima.	_____	_____
9. Los novios se divorcian el día de la boda.	_____	_____
10. Le pedí a mi abuela una bebida y me la sirvió.	_____	_____
11. Pedimos dulces de puerta en puerta para el Día de las Brujas.	_____	_____
12. Pedimos pavo de puerta en puerta para el Día de Gracias.	_____	_____
13. Nuestros tíos nos daban regalos para mis cumpleaños.	_____	_____
14. Mi tía encendió las velas del pastel después de que cantamos.	_____	_____
15. Mi nuera está casada con mi hijo.	_____	_____
16. Mis papás estaban casados cuando nací.	_____	_____
17. La fiesta fue un éxito; todos se aburrieron.	_____	_____
18. Los pasteles hechos a mano le gustaban más a mi bisabuelo.	_____	_____
19. El nieto de mi bisabuela es mi papá.	_____	_____
20. Todos los parientes platican en la reunión familiar.	_____	_____
21. Mis papás se dieron regalos el uno al otro para la Navidad.	_____	_____
22. Mi mamá me dio un regalo para su cumpleaños.	_____	_____
23. La madrastra de mi esposa debe de ser mi suegrastra.	_____	_____
24. Siempre lo paso mal durante los días feriados.	_____	_____
25. Mi tía encendió las flores porque está loca.	_____	_____
26. Le di la mano a mi primo para despedirme de él.	_____	_____
27. Mis papás decoraron toda la casa para la fiesta.	_____	_____

Actividad 18-7

Para cada oración, escribe la mejor palabra en el espacio en blanco.

1. Sólo la gente con _____ va a venir a la fiesta. velas / flores / invitaciones / hijas

2. La madre de mi papá es mi _____. tía / sobrina / abuela / cuñada

3. Una tradición de la Navidad es dar _____. regalos / manos / velas / pastel

4. Yo tengo esposa y por eso, estoy _____. casado / muerto / soltero / divorciado

5. Tenemos que _____ las velas. abrazar / cantar / encender / beber

6. Los padres de mi cuñado son mis _____. nietos / esposos / parientes / abuelos

7. Yo _____ a mi abuela para saludarla. adoro / abrazo / llevo / beso con lengua

8. Apagar velas es una costumbre de _____. boda / cumpleaños / Navidad / graduación

9. _____ a mi cuñado porque se graduó. encendí / apagué / decoré / felicité

10. El esposo de mi hermana es mi _____. cuñado / primo / esposo / novio

11. El 24 de diciembre es la _____. Nochevieja / Nocheaburrida / Nochebuena

12. No vive con su esposo porque están _____. casados / separados / solteros / muertos

13. Los nietos de mis bisabuelos son mis _____. sobrinos / tíos / primos / hijos

14. La celebración me fue bien porque fue un _____. desastre / pavo / pastel / éxito

15. Un sinónimo de hablar es _____. cantar / pedir / platicar / preguntar

16. Para la boda, decoraron todo con _____. comida / velas / flores / muertos

17. Los hijos de mis tíos son mis _____. sobrinos / primos / novios / nietos

18. Los novios se casaron en la _____. boda / graduación / fiesta de cumpleaños

19. El nieto de mi abuela es mi _____. tío / hermano / bisabuelo / sobrino

20. Ver los fuegos artificiales es una tradición del Día de _____.
    los Enamorados / Acción de Gracias / Independencia / las Brujas

Actividad 18-8

Contesta las preguntas siguientes con oraciones completas. Para cada cual, usa el pronombre de complemento directo apropiado (lo, la, los, las) con el pronombre de complemento indirecto apropiado (me, te, ~~le~~ se, nos, os, ~~les~~ se).

1. ¿Te regaló tu bisabuela esos dulces?

_____

2. ¿Me das el pastel?

_____

3. ¿Quién te dio ese regalo?

_____

4. ¿A Uds. les explicó bien su maestro los pronombres de complemento directo?

_____

5. ¿Les sirve tu mamá la comida a todos sus parientes para el Día de Acción de Gracias?

_____

6. ¿Le diste la mano a tu primo?

_____

7. ¿Quién te escribió ese correo electrónico?

_____

8. ¿Puedes explicarme las reglas de la colocación de los pronombres de complemento?

_____

9. ¿A quién le prefieres pedir ese favor?

_____

10. ¿Me traes esa flor, por favor?

_____

Actividad 18-9

Para formar cada oración, cambia el orden de palabras y puntuación para que tenga sentido.

1. saludarla a siempre prima yo para mi abrazo .

_____

2. mellizos papá 28 nacieron y 1953 tía mi ; son mi el de del septiembre.

_____

3. visitaban ¿ tus saludabas a cómo abuelos cuando te ?

_____

4. van ? cuándo ¿ tus 25º celebrar a su papás aniversario

_____

5. mamá la tatarabuela mi . es mi de bisabuela

_____

6. años . sobrina cumplir mi tres va enero en a

_____

7. a la mi mamá le Madre . Día para flores el di de

_____

8. . la Navidad ni puedes no diciembre otra Festivus costumbre si celebras en , celebrar el

_____

_____

9. novios al besaron uno otro boda se los en . la el

_____

10. todos , divirtieron tomaron la bailaron , comieron, graduación y se en .

_____

Actividad 18-10

Llena el espacio en blanco la conjugación correcta del verbo entre paréntesis. ¡Ojo! Si es la idea de *el uno al otro*, usa el pronombre de complemento reflexivo.

Presente

1. Yo siempre _____ y _____ a mis hijos en la noche. (abrazar) (besar)

2. Mi cuñado y yo siempre _____ el uno al otro con un abrazo. (saludar)

3. Mis padres nunca _____ en la mañana porque trabajan juntos. (despedirse)

4. Mi hermano y yo _____ regalos para la Navidad. (comprar)

5. Mi mamá y mi cuñada _____ la una a la otra. (odiar)

6. Mi amiga mexicana y yo _____ por correo electrónico. (escribir)

7. ¿ _____ la mano tú y tus hermanos después de regresar a casa? (dar)

Pretérito

8. Mis abuelos _____ su 50 aniversario el 2 de marzo el año pasado. (celebrar)

9. Los alumnos _____ los unos a los otros en la graduación. (felicitar).

10. Mis primos se odian y por eso, _____ el pelo el uno al otro. (encender)

11. Mi prima y yo _____ la mano en la reunión familiar. (dar)

12. Los novios _____ flores el uno al otro el 14 de febrero. (llevar)

13. Mis padres _____ a los 18 años. (casarse)

14. Mis padres _____ a los 25 años. (divorciarse)

15. ¿ _____ tu mamá y tu novio el uno al otro? (conocer)

198

Actividad 18-11

Para cada verbo conjugado, escribe el sujeto y el tiempo verbal. Luego, escribe el infinitivo del verbo en español con el significado del infinitivo en inglés.

1. **invitaste**   sujeto _____   tiempo verbal _____

     infinitivo _____   significado _____

2. **se casaron**   sujeto _____   tiempo verbal _____

     infinitivo _____   significado _____

3. **bailaba**   sujeto _____   tiempo verbal _____

     infinitivo _____   significado _____

4. **acabaron**   sujeto _____   tiempo verbal _____

     infinitivo _____   significado _____

5. **me gradué**   sujeto _____   tiempo verbal _____

     infinitivo _____   significado _____

6. **di**   sujeto _____   tiempo verbal _____

     infinitivo _____   significado _____

7. **dijeron**   sujeto _____   tiempo verbal _____

     infinitivo _____   significado _____

8. **celebráis**   sujeto _____   tiempo verbal _____

     infinitivo _____   significado _____

9. **tomamos**   sujeto _____   tiempo verbal _____

     infinitivo _____   significado _____

10. **quedan**   sujeto _____   tiempo verbal _____

     infinitivo _____   significado _____

Para cada verbo conjugado, escribe el sujeto y el tiempo verbal. Luego, escribe el infinitivo del verbo en español con el significado del infinitivo en inglés.

11. **llevabas** sujeto _____ tiempo verbal _____

infinitivo _____ significado _____

12. **conoció** sujeto _____ tiempo verbal _____

infinitivo _____ significado _____

13. **amo** sujeto _____ tiempo verbal _____

infinitivo _____ significado _____

14. **besaban** sujeto _____ tiempo verbal _____

infinitivo _____ significado _____

15. **estábamos** sujeto _____ tiempo verbal _____

infinitivo _____ significado _____

16. **dije** sujeto _____ tiempo verbal _____

infinitivo _____ significado _____

17. **empecé** sujeto _____ tiempo verbal _____

infinitivo _____ significado _____

18. **sirvió** sujeto _____ tiempo verbal _____

infinitivo _____ significado _____

19. **dio** sujeto _____ tiempo verbal _____

infinitivo _____ significado _____

20. **pidieron** sujeto _____ tiempo verbal _____

infinitivo _____ significado _____

Actividad 18-12

Para cada oración, escribe el pronombre apropiado (hay que ponerlo en un espacio apropiado).

Los complementos indirectos (me, te, le, nos, os, les)

1. _____ quería _____ dar _____ ese regalo para tu cumpleaños. (a ti)

2. _____ gustan _____ las fiestas de sorpresa. (a mí y a mi primo)

3. _____ voy _____ a servir _____ el pastel. (a mi bisabuela)

4. ¿_____ platicó _____ su padre en la graduación? (a ti y a tus amigos)

5. _____ quedaba _____ un dólar después de que compraron las velas. (a mis primos)

Los complementos directos (me, te, lo / la, nos, os, los / las)

1. ¿Quién _____ comió _____? (los dulces)

2. Mi hermana _____ apagó _____. (las velas)

3. Yo siempre _____ prefiero _____ celebrar _____ los sábados. (los cumpleaños)

4. Fuimos al supermercado para _____ comprar _____. (las flores)

5. Ella _____ conoce _____ muy bien. (a nosotros)

Los complementos reflexivos (me, te, se, nos, os, se)

1. Mis hijos _____ besan el uno al otro todas las noches antes de dormir.

2. Mi cuñado y yo _____ abrazamos el uno al otro.

3. ¿Tú y tu bisabuelo nunca _____ besáis el uno al otro en la mejilla?

4. Mis hijos casi nunca _____ pelean el uno con el otro.

5. Mi amiga y yo _____ damos la mano la una a la otra.

Llena el espacio en blanco con el adjetivo posesivo apropiado.

1. _____ aniversario (de mis padres)

2. _____ ropa (de nosotras)

3. _____ pasteles (de María)

4. _____ flor (de Uds.)

5. _____ velas (del pastel)

6. _____ parientes (de ti)

7. _____ carros (de mí)

8. _____ invitaciones (de ellos)

9. _____ platos (de ella)

10. _____ regalo (de vosotras)

Actividad 18-13

Lee la narración siguiente y contesta las preguntas a continuación.

¡Muy buenas tardes! Soy Rubén y hoy mi esposa, Marisol, y yo estamos muy emocionados porque en menos de 24 horas, vamos a estar en Bogotá para celebrar la Navidad y el Año Nuevo con mis padres junto con todos nuestros familiares que viven en Colombia, Ecuador, y Perú. Va a ser una reunión familiar muy especial porque hace muchos años que no vemos a tantos en una sola ocasión. Cuando te digo "tantos", quiero decir que vamos a ver a mis papás, a mis abuelos (los padres de mi papá), a mis suegros (los padres de mi esposa), a mis cuñados (los hermanos y hermanas de mi esposa), a mis tíos y tías (los hermanos de mi papá y sus esposas) y a mis primos (los sobrinos de mi papá). Tristemente, hay quienes no van a poder estar con nosotros. Los padres de mi mamá, por ejemplo, están muertos—murieron hace tres años—y todos los abuelos de Marisol están vivos, pero no van a poder estar para la reunión porque viven en España y son demasiado viejitos para viajar a las Américas.

La última vez que tantos estuvimos juntos fue hace casi siete años y medio, cuando Marisol y yo nos casábamos. Los padres de ella nos dieron una boda muy bonita donde había globos y muchas flores hermosas. Sus padres invitaron a todos los familiares míos y suyos y, afortunadamente, mis padres y mis suegros se llevaban bien desde el momento en que se conocieron los unos a los otros. Después de la ceremonia, tuvimos una recepción en la que todos bailamos, platicamos y comimos y creo que todos nos divertimos menos uno: mi primo Alberto. Por alguna razón, él siempre tiene que ser el aguafiestas, quejándose de todo. No le gustaba el sitio. Le molestaba la música. No aguantaba las decoraciones. Le disgustaba la comida. Aun dijo que odiaba la selección de bebidas alcohólicas; había champaña, aguardiente colombiano y muchísima cerveza, pero él quería jerez y ron. Para él, todo fue un desastre y eso me molestó por un tiempo, pero ahora reconozco que nadie estaba de acuerdo con él y que para mí y para los otros, todo fue un éxito. Ahora que estoy pensándolo, me doy cuenta de que ésa fue la última vez que vi a mis abuelitos (los padres de mi madre) antes de su muerte y mis últimas memorias de ellos son de aquel día. Recuerdo verlos bailar y cantar juntos, divirtiéndose, enamorados el uno del otro, enamorados de la vida. Fue un día verdaderamente hermoso.

Mis abuelitos se amaban tanto el uno al otro que cuando mi abuelita murió en su cama de muerte, mi abuelito le dio un beso en la mano, se acostó a su lado, cerró los ojos y murió él mismo. Unos días después, les dimos un funeral a los dos juntos. Normalmente la gente se pone triste cuando un pariente querido muere, pero en el caso de mis abuelitos, sólo sentíamos amor porque todos sabíamos que ellos iban a estar juntos para siempre.

Mis mejores memorias de mi niñez son de mis abuelitos. Cuando yo era niño, ellos me amaban mucho y me visitaban cada fin de semana. Íbamos al parque juntos cuando hacía buen tiempo y ellos me compraban helados o paletas cuando hacía calor. Hacíamos todo juntos. Recuerdo que cada vez que nos abrazábamos para despedirnos, yo lloraba porque no quería decirles adiós (yo odiaba la palabra "adiós"), pero siempre me decían que todo estaba bien porque nos íbamos a ver el fin de semana siguiente y eso me ayudaba a sentirme mejor. Celebrábamos todos los días festivos juntos pero el Día del Padre y el Día de la Madre eran los más especiales porque celebrábamos a mis padres, a mis abuelos y a mis bisabuelos (cuando estaban vivos).

¡Ufff! Me doy cuenta de que, después de pasar tanto tiempo hablándote sobre mi familia, ahora tengo mucha prisa. Tengo que irme para el aeropuerto y no quiero llegar tarde.

¡Abrazos!

Actividad 18-13 (continúa)

Según la narración de la página anterior, escoge la mejor respuesta para cada pregunta.

1. ¿Quiénes no van a poder estar en Bogotá para la reunión?
   a. los suegros de Marisol   c. los hermanos de Marisol
   b. los abuelos de Marisol   d. los suegros de Rubén
   _____

2. ¿Quiénes están muertos?
   a. los padres del papá de Rubén   c. los padres del papá de Marisol
   b. los padres de la mamá de Rubén   d. los padres de la mamá de Marisol
   _____

3. ¿Por qué celebración estuvieron juntos tantos familiares la última vez?
   a. por el funeral de los abuelitos de Rubén   c. por la boda de Rubén y Marisol
   b. por el nacimiento del sobrino de Rubén   d. por la Navidad
   _____

4. ¿Qué no hicieron en aquella celebración?
   a. se divirtieron   c. platicaron
   b. bailaron   d. se quejaron
   _____

5. ¿De qué se quejó Alberto en aquella celebración?
   a. de la música   c. de las decoraciones
   b. del alcohol   d. todos los anteriores
   _____

6. ¿Qué hizo el abuelito de Rubén cuando su esposa murió?
   a. Se despidió de ella.   c. Le besó la mano.
   b. La abrazó.   d. La saludó.
   _____

7. ¿Qué sentían los familiares durante el funeral de los abuelitos de Rubén?
   a. tristeza   c. pánico
   b. odio   d. amor
   _____

8. Cuándo Rubén era niño, ¿qué hacían sus abuelitos con él los fines de semana?
   a. Lo visitaban.   c. Iban al parque con él.
   b. Le compraban paletas.   d. todos los anteriores
   _____

9. ¿Por qué lloraba Rubén cuando abrazaba a sus abuelitos?
   a. Porque lo abrazaban mal.   c. Porque nunca iba a volver a verlos.
   b. Porque odiaba despedirse de ellos. d. Porque no le compraban más helados.
   _____

10. ¿A quiénes no celebraban para el Día del Padre y el Día de la Madre?
    a. a los tatarabuelos de Rubén   c. a los abuelos de Rubén
    b. a los bisabuelos de Rubén   d. a los padres de Rubén
    _____

Actividad 19-1

Escribe diez oraciones en el presente usando las frases indicadas para platicar de tu próximo viaje. Usa primera persona solamente (yo, nosotros/as)

1. ir a + *inf.*

_____

2. tener ganas de + *inf.*

_____

3. querer + *inf.*

_____

4. pensar + *inf.*

_____

5. tener que + *inf.*

_____

6. hay que + *inf.*

_____

7. necesitar + *inf.*

_____

8. poder + *inf.*

_____

9. intentar + *inf.*

_____

10. deber + *inf.*

_____

Actividad 19-2

Para cada oración, escribe la mejor respuesta en el espacio en blanco.

1. Todo es parte del avión menos _____.

    a. el asiento   b. la ventanilla   c. el pasillo   d. el auxiliar de vuelo

2. En el aeropuerto es normal hacer todo excepto _____.

    a. facturar la maleta   b. hacer la maleta   c. cambiar el dinero   d. pasar por la aduana

3. En otro país, debes siempre tener todos menos _____.

    a. miedo   b. tu pasaporte   c. cuidado   d. dinero

4. Antes de viajar a otro país, quieres hacer todo excepto _____.

    a. empacar   b. planear el itinerario   c. comprar el boleto   d. incluir muchos lujos

5. Todos son medios de transporte en México menos _____.

    a. el colectivo   b. el metro   c. la cartera   d. el camión

6. Todas son formas de pagar menos _____.

    a. la tarjeta de débito   b. la artesanía   c. el cheque de viajero   d. el dinero en efectivo

7. El itinerario de vuelo muestra toda esta información excepto _____.

    a. el # de pasaporte   b. el horario   c. el # de vuelo   d. el destino

8. Todas son actividades opcionales en tu asiento del avión excepto _____.

    a. poner música   b. prender la luz   c. usar el baño   d. desabrocharse

9. Al llegar al aeropuerto en otro país, tienes que hacer todos menos _____.

    a. pasar por la aduana   b. facturar el equipaje   c. recoger el equipaje   d. mostrar el pasaporte

10. Puedes compartir todo con otras personas durante el viaje excepto _____.

    a. la maleta   b. el taxi   c. la habitación   d. el asiento de avión

Actividad 19-3

Llena cada espacio en blanco con el mandato informal (tú) del verbo entre paréntesis.

1. No _____ un boleto sólo de ida. (comprar)

2. _____ tu pasaporte pronto. (conseguir)

3. No _____ una habitación con nadie. (compartir)

4. _____ tu dinero al llegar a tu destino. (cambiar)

5. _____ a tu hotel antes de la medianoche. (volver)

6. _____ en el taxi. (abrocharse)

7. _____ cuidado en la ciudad. (tener)

8. No _____ mucha ropa. (traer)

9. No _____ en el avión excepto para ir al baño. (desabrocharse)

10. _____ del aeropuerto inmediatamente después de llegar. (salir)

11. No _____ una maleta grande. (hacer)

12. _____ todo en una mochila grande. (poner)

13. _____ bien en el mercado. (regatear)

14. No _____ mucho dinero en el aeropuerto. (gastar)

15. No _____ del hotel sin tu pasaporte. (partir)

Actividad 19-4

Indica si los comentarios siguientes son absurdos o normales.

	absurdo	normal
1. Voy a mostrarle mi pasaporte a la aduanera.		
2. Al sentarme en mi asiento, quiero desabrocharme.		
3. Tengo ganas de recoger mi equipaje en la aduana.		
4. En caso de emergencia, todos tenemos éxito.		
5. Pienso usar una oficina de turismo para planear mi viaje.		
6. Prefiero abrocharme el cinturón de seguridad en el taxi.		
7. Tengo dinero en efectivo en mi billetero.		
8. Quiero gastar todo mi dinero antes de viajar a Costa Rica.		
9. No quiero compartir; tienes que reservar tu propia habitación.		
10. El vuelo va a partir de Denver con destino a Madrid.		
11. Necesito traer mucha naturaleza a Ecuador.		
12. En Perú, quiero explorar los mercados y comprar recuerdos.		
13. En México, tengo ganas de regatear con los aduaneros.		
14. Es suficiente traer una tarjeta de débito para poder pagar todo.		
15. Puedes partir en tren y volver en autobús.		
16. El vuelo incluye una comida.		
17. Hay una demora y por eso tenemos que esperar.		
18. Hay que mostrar una credencial para cambiar dinero.		
19. Debes tener mucho miedo en el metro.		
20. Estoy intentando conseguir una habitación doble.		
21. Yo uso los cheques de viajero todos los días.		
22. Aterrizamos al salir y despegamos al llegar.		
23. Los artesanos venden muchos recuerdos hechos a mano.		
24. El vuelo de Denver a Argentina tiene una escala.		
25. Prefiero el asiento en el centro.		
26. El guía nos recomendó un buen hotel.		
27. En caso de incendio, hay que gritar y chillar.		

Actividad 19-5

Llena cada espacio en blanco con el mandato informal (tú) del verbo entre paréntesis.

1. No _____ a la agencia de viajes para comprar tu boleto. (ir)

2. _____ del aeropuerto inmediatamente después de llegar. (salir)

3. No _____ muchos planes porque siempre los vas a cambiar. (hacer)

4. No _____ tarde al aeropuerto. (llegar)

5. _____ una habitación doble sólo con amigos. (compartir)

6. No _____ mucha ropa. (empacar)

7. No _____ tu dinero en tu maleta. (poner)

8. _____ tu dinero al llegar a tu destino. (cambiar)

9. _____ tu boleto en tu cartera, no en tu mochila. (poner)

10. No _____ la joyería a México; no la necesitas. (traer)

11. _____ en el taxi si hay cinturón de seguridad. (abrocharse)

12. _____ una mochila. (hacer)

13. _____ cuidado en las ciudades grandes. (tener)

14. No _____ del avión antes de aterrizar. (partir)

15. _____ tu pasaporte pronto. (conseguir)

16. No _____ en el aeropuerto. (regatear)

17. No _____ mucho tiempo en el aeropuerto. (pasar)

18. No _____ en el avión excepto para ir al baño. (desabrocharse)

19. _____ bien tus excursiones. (planear)

20. _____ las luces de tu casa antes de partir. (apagar)

Actividad 19-6

Traduce las oraciones siguientes del inglés al español. ¡Ojo! Todos son mandatos.

1. Don't buy travelers' checks; bring your debit card.

_____

2. Get your passport soon.

_____

3. Don't bring your sunglasses because it rains every day here.

_____

4. Don't pack a suitcase; pack a backpack.

_____

5. Buy a one-way ticket because you don't know when you're going to return.

_____

6. Turn off the lights in your house before leaving.

_____

7. Take an excursion to the market in order to buy some souvenirs.

_____

8. Explore and enjoy the nature during your trip.

_____

9. Don't spend a lot of money at the airport.

_____

10. Leave the airport immediately upon arriving.

_____

Actividad 19-7

Para cada oración, escribe la mejor palabra en el espacio en blanco.

1. Yo tengo que _____ un pasaporte. conseguir / partir / compartir / abrocharme

2. Voy a comprar un _____ sólo de ida. recuerdo / reloj / boleto / guía

3. Pienso _____ una mochila. planear / empacar / pasar por / mostrar

4. Quiero conseguir un _____ sin escalas. vuelo / equipaje / asiento / billete

5. Hay que _____ temprano a la terminal. recomendar / regatear / llegar / apagar

6. Traer una tarjeta de débito es _____. un lujo / suficiente / en caso de incendio

7. Hay que _____ el pasaporte en la aduana. despegar / mostrar / compartir / viajar

8. Debo _____ en el mercado. explorar / cambiar / poner / regatear

9. Necesito ir a la casa de cambio para cambiar mi _____. dinero / boleto / asiento / ropa

10. En caso de incendio, sal por la _____. ventanilla / aduana / salida de emergencia.

11. Quiero hacer una _____. artesanía / luz / radio / excursión

12. Intento conseguir _____ doble. un asiento / un piloto / una habitación / un reloj

13. Los artesanos son _____. pilotos / cinturones / indígenas / ventiladores

14. _____ bien tu jornada. planea / empaca / abróchate / enciende

15. _____ del aeropuerto al llegar. disfruta / sal / viaja / ten cuidado

16. Trae tus _____ de sol. artesanías / pasajeros / cheques de viajero / gafas

17. No compres los cheques de _____. viajero / débito / cambio / artesano

18. No _____ en tren. compres / vuelvas / aterrices / hagas la maleta

19. Tengo ganas de comprar la _____. escala / llave / joyería / luz

20. Necesito una _____ para mis billetes. demora / cartera / ropa / guía turística

210

Actividad 19-8

Escribe los números siguientes con palabras.

1. 352

_____

2. 598

_____

3. 2974

_____

4. 11,744

_____

5. 817

_____

6. 250,609

_____

7. 943,100

_____

8. 235,001

_____

9. 579,975

_____

10. 890,211

_____

Actividad 19-9

Reescribe las frases siguientes, pero pon más énfasis en la posesión. Sigue el modelo.

1. Eso es mi pasaporte. (*That is my passport.*)

 Ese pasaporte es el mío. (*That passport is mine.*) / Ése es el pasaporte mío. (*That is MY passport.*)

2. ¿Tienen sus boletos?

_____

3. ¿Empacaste tu maleta?

_____

4. Perdone, señor, pero creo que Ud. está en mi asiento.

_____

5. ¡Trae tu guía turística!

_____

6. ¡Gasta tu dinero!

_____

7. Muéstrame tus gafas, por favor.

_____

8. ¡Haz tu maleta!

_____

9. ¡Duerme en tu habitación!

_____

10. ¡Consigue tu credencial!

_____

Actividad 19-10

Para formar cada oración, cambia el orden de palabras y puntuación para que tenga sentido.

1. consigas tarde tu demasiado no pasaporte.

_____

2. tu llegar equipaje al factura aeropuerto al.

_____

3. naturaleza ganas tenemos la de en explorar México.

_____

4. de en sentarme asiento el prefiero pasillo.

_____

5. hagas una empaca no maleta ; mochila una.

_____

6. no tráelo tu en tu efectivo pongas en dinero mochila ; contigo.

_____

7. ida de debes vuelta un comprar y boleto.

_____

8. que los vuelo audífonos durante escuchar para usar hay música el.

_____

9. artesanía la es regateas si cara no.

_____

10. necesitamos tarjetas traer nuestras cheques de débito porque nos no de los gustan viajero.

_____

_____

Actividad 19-11

Hola, me llamo Jaime, y toda mi familia y yo estamos muy emocionados por las vacaciones del verano. Vamos a viajar a México este julio, pero todavía tenemos que planear los detalles específicos. Mis papás ya tienen sus pasaportes, pero mi hermana menor y yo todavía tenemos que conseguir los pasaportes nuestros. Mi mamá compró una guía turística, pero ella se siente más cómoda con las recomendaciones de una persona en vivo y por eso, necesitamos ir a la agencia de viajes para comprar nuestros boletos, hacer las reservaciones de los hoteles y planear las excursiones. Tenemos ganas de pasar tres semanas allá y así regresar en agosto. Entonces, tenemos que comprar boletos de ida y vuelta. Mi papá odia tener que esperar en los aeropuertos, entonces debemos pedir un vuelo sin escalas. Yo sólo voy a empacar una mochila porque no pienso traer mucho, pero mi hermana probablemente va a tener ganas de empacar dos o tres maletas porque siempre quiere traer toda la ropa de su clóset. Y creo que mis papás van a querer compartir una maleta grande. Mis padres no piensan traer mucha lana ni cheques de viajero porque no quieren tener que ir a las casas de cambio y por eso, van a traer sus tarjetas de débito. Mi hermana y yo debemos hacer muchos quehaceres para ganar y ahorrar mucha plata para el viaje. En México, tenemos muchas ganas de explorar la naturaleza y pasar mucho tiempo en las ciudades. También, yo quiero ir al mercado para comprar los recuerdos, especialmente la artesanía; me gustan las cosas hechas a mano. Pero, más que nada, quiero regatear con los artesanos porque mi maestro de español me dice que es muy divertido. Bueno, ahora tengo que limpiar el baño y lavar los platos para empezar a ganar dinero. ¡Adiós!

Según el texto de arriba, indica si las oraciones siguientes son *ciertas* (**C**) o *falsas* (**F**).

_____ 1. Todos tienen que conseguir sus pasaportes.

_____ 2. La mamá de Jaime prefiere hacer todos los planes con la guía turística.

_____ 3. A la hermana de Jaime le gusta traer muchísima ropa.

_____ 4. Jaime y su hermana ya tienen bastante dinero para el viaje.

_____ 5. Jaime tiene ganas de regatear en el mercado.

Actividad 20-1

Para cada oración, escribe la mejor respuesta en el espacio en blanco.

1. Todas son buenas cualidades menos _____.

   a. ser compasiva   b. ser quejón   c. ser sensata   d. ser modesto

2. Todas son malas cualidades excepto _____.

   a. ser orgulloso   b. ser pesimista   c. ser vanidosa   d. ser talentosa

3. Es buen comportamiento hacer todo a tus padres excepto _____.

   a. respetarlos   b. admirarlos   c. discutir con ellos   d. hacerles caso

4. Es bueno ser voluntario en todos estos lugares menos _____.

   a. el orfanato   b. el manicomio   c. clases particulares   d. el asilo para ancianos

5. Puedes resolver todos excepto _____.

   a. un conflicto   b. una bronca   c. un malentendido   d. el consejo

6. Todos describen a una persona con un buen sentido de humor menos: _____.

   a. es enojón   b. es alegre   c. se ríe mucho   d. es comprensiva

7. Es buen comportamiento hacer todo a tus cuates excepto _____.

   a. abusar de ellos   b. apoyarlos   c. influirlos bien   d. darles buen consejo

8. Nos cae bien cada tipo de persona excepto un tipo _____.

   a. amigable   b. mentiroso   c. humilde   d. comprensivo

9. Cada pronombre personal puede utilizar mandatos menos _____.

   a. tú   b. ella   c. Ud.   d. Uds.

10. Tu maestro de español es todo menos _____.

   a. idealista   b. tranquilo   c. apasionado   d. franco

Actividad 20-2

Para cada mandato, selecciona el sujeto e indica si el mandato es afirmativo, negativo, o los dos.

1. abus**en** (-ar)   tú _____ Ud. _____ Uds. _X_   afirmativo _X_ negativo _X_

2. apoy**a** (-ar)   tú _X_ Ud. _____ Uds. _____   afirmativo _X_ negativo _____

3. resuelv**as** (-er)   tú _____ Ud. _____ Uds. _____   afirmativo _____ negativo _____

4. tenga   tú _____ Ud. _____ Uds. _____   afirmativo _____ negativo _____

5. búrlate   tú _____ Ud. _____ Uds. _____   afirmativo _____ negativo _____

6. la comparta   tú _____ Ud. _____ Uds. _____   afirmativo _____ negativo _____

7. disfrutes   tú _____ Ud. _____ Uds. _____   afirmativo _____ negativo _____

8. empiece   tú _____ Ud. _____ Uds. _____   afirmativo _____ negativo _____

9. dejen   tú _____ Ud. _____ Uds. _____   afirmativo _____ negativo _____

10. discute   tú _____ Ud. _____ Uds. _____   afirmativo _____ negativo _____

11. se enoje   tú _____ Ud. _____ Uds. _____   afirmativo _____ negativo _____

12. dé   tú _____ Ud. _____ Uds. _____   afirmativo _____ negativo _____

13. trates   tú _____ Ud. _____ Uds. _____   afirmativo _____ negativo _____

14. invítenlos   tú _____ Ud. _____ Uds. _____   afirmativo _____ negativo _____

15. mantengas   tú _____ Ud. _____ Uds. _____   afirmativo _____ negativo _____

16. te quejes   tú _____ Ud. _____ Uds. _____   afirmativo _____ negativo _____

17. se rían   tú _____ Ud. _____ Uds. _____   afirmativo _____ negativo _____

18. visites   tú _____ Ud. _____ Uds. _____   afirmativo _____ negativo _____

19. intenta   tú _____ Ud. _____ Uds. _____   afirmativo _____ negativo _____

20. respételo   tú _____ Ud. _____ Uds. _____   afirmativo _____ negativo _____

21. hagas   tú _____ Ud. _____ Uds. _____   afirmativo _____ negativo _____

22. seas   tú _____ Ud. _____ Uds. _____   afirmativo _____ negativo _____

23. se lleven   tú _____ Ud. _____ Uds. _____   afirmativo _____ negativo _____

24. sé   tú _____ Ud. _____ Uds. _____   afirmativo _____ negativo _____

25. admires   tú _____ Ud. _____ Uds. _____   afirmativo _____ negativo _____

26. entiende   tú _____ Ud. _____ Uds. _____   afirmativo _____ negativo _____

27. le explique   tú _____ Ud. _____ Uds. _____   afirmativo _____ negativo _____

Actividad 20-3

Indica si los comentarios siguientes son buenos consejos o malos consejos según tu propia opinión.

	buen consejo	mal consejo
1. No abuses de tus cuates.	_____	_____
2. Apoya a tus cuates con sus conflictos.	_____	_____
3. No resuelvas tus broncas con tus padres.	_____	_____
4. No tengas amistades con tus maestros.	_____	_____
5. Búrlate de los demás compañeros de clase.	_____	_____
6. Comparte tus respuestas con tus cuates durante el examen.	_____	_____
7. No disfrutes de tus clases.	_____	_____
8. Empieza a fumar cigarros.	_____	_____
9. Deja de fumar cigarros.	_____	_____
10. Discute todo con tus maestros.	_____	_____
11. Enójate si no entiendes el español.	_____	_____
12. Dales consejos a tus consejeros.	_____	_____
13. No trates de influir a los demás.	_____	_____
14. No invites a tus cuates a tu fiesta de cumpleaños.	_____	_____
15. No mantengas amistades con nadie.	_____	_____
16. No te quejes si no te gusta tu tarea.	_____	_____
17. No te rías de tu maestro de español.	_____	_____
18. No visites nunca a tus abuelos.	_____	_____
19. Intenta ser alegre.	_____	_____
20. Respeta a tus padres.	_____	_____
21. No le hagas caso a la directora.	_____	_____
22. No seas gritón.	_____	_____
23. Sé más sensato.	_____	_____
24. Sé responsable.	_____	_____
25. No seas vanidoso.	_____	_____
26. No seas apasionado.	_____	_____
27. No seas humilde.	_____	_____

Actividad 20-4

Contesta las preguntas siguientes con oraciones completas. ¡Ojo! Presta atención a los tiempos verbales – presente, pretérito, imperfecto.

1. ¿Tenías amigos íntimos cuando eras joven?

_____

2. ¿Quién tiene un buen sentido de humor?

_____

3. ¿Te burlas de tus maestros a veces?

_____

4. ¿Quién se rio de ti ayer?

_____

5. ¿Te enojaste cuando tu cuate no te compartió su sándwich?

_____

6. ¿Por qué no le hiciste caso a tu jefe ayer?

_____

7. ¿A quién respetas más en tu vida?

_____

8. ¿Cómo vas a resolver el conflicto entre tú y tu compañero de clase?

_____

9. ¿Tratan tus padres de ser optimistas?

_____

10. ¿Te influyen mucho tus maestros?

_____

Actividad 20-5

Para cada oración, escribe la mejor palabra en el espacio en blanco.

1. Yo siempre _____ mis cuates. abuso de / apoyo a / me burlo de / discuto con

2. Me aconsejan cuando tengo _____. amistades / broncas / higiene / los demás

3. Mi mamá es _____; me entiende bien. enojona / apasionada / comprensiva

4. Él es muy _____; nunca habla. franco / generoso / reservado / optimista

5. Tú eres muy _____; nunca mientes. sensible / sincera / vanidosa / orgullosa

6. El maestro es paciente; _____ todo muchas veces. explica / discute / invita / respeta

7. Ella _____ de fumar cigarrillos. se rio / dejó / se burló / trató

8. Yo _____ a mi amigo; es apasionado. aconsejo / admiro / visito / invito

9. Su maestro _____ de Nevada hace 20 años. se quejó / se mudó / se rio / disfrutó

10. Trato de _____ mis conflictos. respetar / obtener / compartir / resolver

11. Yo soy _____; no abuso de las drogas. humilde / nervioso / sensato / amigable

12. Es amigable; _____ muchas amistades. admira / se burla de / mantiene / se enoja de

13. Los amigos _____ muy bien. se discuten / se llevan / se enojan / se inscriben

14. Los niños sin padres viven en un _____. asilo / manicomio / orfanatorio

15. Ella es muy _____; nunca se enoja. enojona / gritona / tranquila / sensible

16. Mi papá es optimista y comprensivo, por eso lo _____. admiro / invito / dejo / intento

17. No me burlaba de mis maestros porque era _____. franco / impulsivo / considerado

18. Unas malas cualidades son vanidoso, quejón y _____. responsable / pesimista / alegre

19. Nos llevamos muy mal; siempre _____. disfrutamos / discutimos / nos reímos

20. Elena tiene muchos cuates porque es muy _____. amigable / enojona / reservada

Actividad 20-6

Llena el espacio en blanco con el mandato correcto (tú, Ud., Uds.) del verbo entre paréntesis.

1. Sr. Jiménez, no _____ a los estudiantes si no quieren estudiar. (apoyar)

2. Paco, _____ me a tu próxima fiesta, por favor. (invitar)

3. Mamá, _____ tu conflicto con papá. (resolver)

4. Chicos, no _____ de las drogas. (abusar)

5. Amigo, no _____ de mí. (burlarse)

6. Señores Martínez, _____ me su carro, por favor. (compartir)

7. Sr. Ramírez, _____ aquí, por favor. (venir)

8. Marta, _____ cuidado en la ciudad. (tener)

9. Mónica, _____ bien lo que te digo. (entender)

10. José, Paco, no _____ su bronca aquí en el supermercado. (discutir)

11. Nacho, María, no _____ el uno del otro. (enojarse)

12. Lupe, _____ más responsable. (ser)

13. Sr. Álvarez, _____ de ser más comprensivo. (tratar)

14. Sra. Gómez, no _____ dar clases particulares en el manicomio. (intentar)

15. Julián, _____ tu pasaporte pronto. (obtener)

16. Carla, no _____ si no te gusta el itinerario. (quejarse)

17. Sra. Meléndez, Sr. Hernández, no _____ al parque mañana. (ir)

18. Josefa, _____ de mí si quieres; tengo un buen sentido de humor. (reírse)

19. Srta. Jiménez, _____ me la verdad. (decir)

20. ¡Pablo, _____ a tus padres! (respetar)

21. Amigos, _____ me caso. (hacer)

22. Mamá, papá, _____ me por qué no puedo salir esta noche. (explicar)

23. Sra. Santos, _____ me una última oportunidad, por favor. (dar)

24. Sr. López, no me _____ reír. (hacer)

25. Bob, _____ a tu abuela en el asilo para ancianos. (visitar)

Para formar cada oración, cambia el orden de palabras y puntuación para que tenga sentido.

1. es mi tranquilo y enoja mí papá eso nunca por se de.

_____

2. amiga de mi es la clase más optimista la.

_____

3. siempre caso les padres yo hago a mis.

_____

4. mis admiro de a clase son porque compañeros talentosos.

_____

5. cuate se mi perfeccionista burla mí porque de soy.

_____

6. bien todos me con maestros llevo mis son comprensivos porque.

_____

7. la estudio clase que responsable para a de causa soy.

_____

8. dan particulares ellos de el ancianos asilo clases idioma en para.

_____

9. su conflicto maestra resuelvan la con.

_____

10. no dime ; mentiroso verdad la seas.

_____

Actividad 20-8

Llena el espacio en blanco con la conjugación correcta del verbo entre paréntesis.

El presente

1. Mis cuates _____ responsables, sensatos y humildes. (ser)

2. Mis maestros me _____ mucho porque soy muy considerada. (respetar)

3. Mi maestro de español y yo _____ muy bien en la escuela. (llevarse)

4. A veces mi maestro de español _____ de mis cuates. (reírse)

5. Yo siempre _____ los conflictos con mis padres. (resolver)

El pretérito

6. Yo _____ a mi cuata a ayudarme a estudiar. (obligar)

7. Ellos no _____ en la clase de español avanzado. (inscribirse)

8. ¿Quién _____ ese ensayo? (redactar)

9. Yo _____ ayer cuando mi maestro me gritó. (enojarse)

10. Mis padres me _____ con mi decisión de no practicar los deportes. (apoyar)

El imperfecto

11. Mi hermana mayor y yo _____ muy tranquilas y reservadas. (ser)

12. ¿_____ tú de sacar buenas notas en la secundaria? (tratar)

13. ¿Quién siempre _____ de sus maestros en la primaria? (burlarse)

14. Mis cuates y yo _____ muchísimo en común de niños. (tener)

15. Cuando era joven, yo nunca _____ de mis padres. (quejarse)

Actividad 20-9

Lee la narración siguiente y contesta las preguntas a continuación.

Hola, me llamo Teresa y vivo con mi padre, Héctor, y con mi pájaro, Luís. Mi papá trabaja de lunes a viernes de las ocho de la mañana a las cinco de la tarde. Yo siempre estoy en casa cuando él vuelve después de trabajar. Él y yo nos hablamos el uno con el otro sobre nuestros días mientras preparamos la cena; mi mamá está muerta entonces trato de ayudar a mi papá con todos los quehaceres de la casa. Él trabaja mucho y su trabajo es difícil, y aunque no le gusta para nada, nunca se queja de su día porque se da cuenta de que yo tengo mis propios conflictos y broncas en la escuela. Tratamos de apoyarnos el uno al otro con nuestros problemas, pero tenemos un pacto de no quejarnos. Mi abuela, la mamá de mi papá, vive en un asilo para ancianos y cada sábado la visitamos, pero es difícil verla porque está muy enferma. Mi papá siempre está triste cuando estamos allí, pero sabemos que a ella le gusta vernos. A veces mi papá se enoja de nuestra situación, pero nunca se enoja conmigo; es muy considerado y comprensivo, pero a veces es pesimista. Yo trato de ser optimista, pero es difícil. Soy apasionada y responsable pero también soy sentimental y sensible. Mi papá y yo tenemos una relación íntima; compartimos todo y no tenemos secretos. Y lo más importante es que nos respetamos el uno al otro.

En la escuela, las cosas son un poco diferentes con mis amigos. Tengo una amiga muy talentosa que se llama Talía y nosotras tenemos mucho en común. Tenemos unos maestros muy gritones y enojones que no son pacientes, otros muy sinceros y amigables, y otros que tienen un muy buen sentido de humor. Talía es muy chistosa y ella se ríe de los maestros que tienen las peores cualidades. Ella no es muy antipática, pero no soporta a los maestros impacientes. Lo bueno es que ella mantiene muy buenas notas en las clases y juega casi todos los deportes; es la más activa de toda la escuela. A ella no le gusta dar consejos, pero cuando me los da, siempre le hago caso porque la admiro muchísimo. Ella es mi amiga más íntima y me influye mucho. Además de ella, tengo muchos cuates con quienes me gusta estar. Algunos de mis cuates son impulsivos, idealistas, orgullosos y vanidosos, y a causa de eso, muchas veces ellos y yo tenemos broncas. Mis demás cuates son más tranquilos y modestos y nos llevamos muy bien porque puedo relacionarme con ellos.

Voy a graduarme este año y tengo que inscribirme en las clases de la universidad para el próximo año. Yo voy a estudiar en la Universidad de Carolina del Norte, aunque no quiero dejar a mi papá solo en la casa. Él prefiere la Universidad de Colorado, Boulder porque está más cerca, pero esa universidad no tiene el programa que quiero y él lo entiende bien. Quiero estudiar la biología marina y desafortunadamente no hay océano en Colorado. Mi papá quiere aconsejarme con mis clases, y debido a su experiencia en la universidad, voy a respetar sus recomendaciones; él nunca me da malos consejos. Pero antes de mudarme a Carolina del Norte, pienso disfrutar de mis últimos meses aquí en la prepa y tratar de aprender lo más posible para estar bien preparada para el próximo semestre.

Este verano, para adquirir más experiencia mundial, tengo muchas ganas de ir a Europa y pasar seis semanas viajando. Pienso visitar muchos países, y para ganar lana allí, voy a intentar dar clases particulares de inglés si puedo. Mi papá puede darme todo el dinero para viajar…sin embargo, no quiero abusar de su apoyo; quiero compartir la responsabilidad. Creo que ganar mi propio dinero tiene más valor que recibir todo como regalo. Bueno, ahora tengo que seguir preparando la cena con mi papá. ¡Chao!

Actividad 20-9 (continúa)

Según el texto en la página anterior, escoge la mejor respuesta para cada pregunta.

1. ¿Cuántas personas viven en la casa de Teresa?
           a. 3 – Teresa, Héctor y Luís.   c. 2 – Teresa y su papá.
_____   b. 5 – Teresa, Héctor, Luís y sus papás.   d. 4 – Teresa, su abuela y sus papás.

2. ¿Quién prepara la cena, normalmente?
           a. el papá de Teresa   c. Teresa
_____   b. La mamá de Teresa   d. Teresa y su papá

3. ¿Por qué no se queja el papá de Teresa de su trabajo?
           a. Porque le gusta su trabajo.   c. Porque no trabaja mucho.
_____   b. Porque Teresa tiene sus propias broncas.   d. Porque no es difícil.

4. ¿De qué/quién se enoja el papá de Teresa?
           a. de su situación familiar   c. de Teresa
_____   b. de la abuela de Teresa   d. del asilo para ancianos

5. Según el primer párrafo, ¿cuál no es una cualidad de Teresa?
           a. sentimental   c. responsable
_____   b. pesimista   d. optimista

6. ¿Cuál de estas frases es falsa sobre Talía?
           a. Es antipática.   c. Es buena estudiante.
_____   b. Es chistosa.   d. Es muy deportista.

7. Menos Talía, ¿cómo son los mejores amigos de Teresa?
           a. impulsivos, idealistas y orgullosos   c. gritones y enojones
_____   b. tranquilos y modestos   d. sinceros y amigables

8. ¿Cuál de estas frases no es una razón por la que quiere estudiar en Carolina del Norte?
           a. Hay océano.   c. Está más lejos de su papá.
_____   b. Tienen el programa que quiere.   d. Quiere estudiar la biología marina.

9. Según el tercer párrafo, ¿cuál de estas frases es falsa?
           a. Teresa va a graduarse este año.   c. Ella respeta la opinión de su papá.
_____   b. El papá de Teresa es comprensivo.   d. No quiere estar más en la prepa.

10. Según el último párrafo, ¿por qué quiere Teresa ganar dinero?
           a. Porque quiere dar clases particulares.   c. para viajar a otros países
_____   b. para preparar la cena   d. para compartir la responsabilidad

Actividad 21-1

Escribe el participio pasado (adjetivo, con género/número) de cada verbo entre paréntesis. Recuerda que hay verbos reflexivos, pero no hay adjetivos reflexivos.

1. Todo en el campo está muy _____. (aislar)

2. Los rascacielos están _____ en medio de la ciudad. (situar)

3. Yo estoy muy _____ a causa de todos mis deberes. (apresurar)

4. Los huevos están _____. (esconder)

5. ¿Por qué estáis vosotros tan _____? (aburrirse)

6. Los pájaros fueron _____ por el espantapájaros. (espantar)

7. Todo fue _____ por el comité. (decidir)

8. Los carros fueron _____. (robar)

9. Los huevos fueron _____ por el conejito de la Pascua. (esconder)

10. El puente fue _____ por muchísimos peatones. (pisar)

11. Nuestras madres estaban _____. (dormir)

12. Nuestros jugadores estaban _____. (animarse)

13. El puente estaba _____. (destruir)

14. El aire y el agua estaban muy _____. (contaminar)

15. Mi maestra estaba muy _____. (enojar)

Actividad 21-2

Para cada oración, escribe la mejor respuesta en el espacio en blanco.

1. Todos son abundantes en las ciudades más grandes excepto _____.

    a. los rascacielos   b. los espantapájaros c. la contaminación   d. la oportunidad

2. Todos son crímenes o delincuencias menos _____.

    a. el asalto   b. el homicidio   c. los impuestos   d. el robo

3. Todos son medios de transporte público excepto _____.

    a. tu bicicleta   b. los taxis   c. los autobuses   d. los trenes

4. Es común pisar todos menos _____.

    a. una acera   b. una carretera   c. una vereda   d. un camino

5. Todas son ventajas de vivir en la ciudad menos _____.

    a. la diversidad   b. el ruido   c. las comunidades   d. la vida social

6. Todos son abundantes en el campo excepto _____.

    a. los atascos   b. la naturaleza   c. el aire libre   d. las granjas

7. Todas son ventajas de vivir en las afueras excepto _____.

    a. los jardines   b. los topes   c. las comunidades   d. todo al alcance de la mano

8. Todas son ventajas de vivir en el campo menos _____.

    a. la calma   b. el espacio   c. los deberes   d. el paisaje

9. Todos son abundantes en las afueras de Boulder, CO excepto _____.

    a. los vecindarios b. el peligro   c. las aceras   d. los departamentos

10. Tú estás todo sobre/de la escuela menos _____.

    a. emocionado/a   b. animado/a   c. enojado/a   d. enamorado/a

Actividad 21-3

Según el sujeto de cada oración, conjuga el verbo "haber" en el presente y escribe el participio pasado (adverbio, sin género/número) del verbo entre paréntesis. Esto es **el presente perfecto**.

1. Yo ___he___ ___vivido___ en las afueras por muchos años. (vivir)

2. Elena nunca _____ _____ el campo. (visitar)

3. ¿_____ _____ tú el puente Golden Gate? (pisar)

4. Mis padres _____ _____ _____ para su aniversario. (escaparse)

5. Ellas _____ _____ mudarse a la ciudad. (decidir)

6. Me _____ _____ la ciudad, pero tengo que mudarme. (gustar)

7. Nosotros _____ _____ la película *Ladrón de bicicletas*. (ver)

8. Mi abuelo ya _____ _____ _____. (morirse)

9. ¿_____ _____ tú tu tarea? (hacer)

10. ¿Quién les _____ _____ una mentira a sus padres? (decir)

11. Mi madre y yo _____ _____ nuestra bronca. (resolver)

12. ¿Quiénes _____ _____ las ventanas? (abrir)

13. Yo _____ _____ de no ser impulsivo, pero es difícil. (tratar)

14. La contaminación _____ _____ a la mala salud. (contribuir)

15. ¿_____ _____ tú las noticias sobre la comunidad nueva? (oír)

Actividad 21-4

Para cada oración, escribe la mejor palabra en el espacio en blanco.

1. Yo vivo en la ciudad en un _____. granero / departamento / terreno / jardín

2. El asalto y el robo son _____. ideales / senderos / crímenes / rascacielos

3. Los granjeros viven en _____. sus carros / el campo / las afueras / la ciudad

4. Me gusta el campo a causa del _____. tope / atasco / aire libre / crimen

5. _____ es abundante en la ciudad. el paisaje / el espacio / la oportunidad

6. No hay mucho _____ en el campo. terreno / aire libre / paisaje / ruido

7. La ciudad ofrece mucha _____. diversidad / naturaleza / cerca / calma

8. Mi casa en las afueras tiene dos _____. rejas / jardines / barrios / atascos

9. Las afueras están llenas de _____. granjas / impuestos / autopistas / aceras

10. El tráfico contribuye a la _____. población / contaminación / tranquilidad

11. Los _____ pisan las aceras. puentes / peatones / peajes / senderos

12. No hay _____ en la ciudad. robos / rascacielos / ciclistas / espantapájaros

13. Todo al alcance de la mano es _____. ideal / distancia / una desventaja / sano

14. La ciudad en la noche es _____. conveniente / peligrosa / útil / seguro

15. Los carros van rápido en las _____. calles / aceras / carreteras / fuentes

16. El racismo es _____. un deber / diversidad / abundante / conveniente

17. No me gusta _____ el ruido de la ciudad. ofrecer / oír / dejar / esconder

18. El campo y la ciudad son muy _____. distintos / animados / urbanos / rurales

19. Todo está _____ en la ciudad. aislado / al alcance de la mano / dormido

20. Los ciclistas _____ el puente todos los días. visitan / cruzan / parecen / escuchan

Actividad 21-5

Contesta las preguntas siguientes con oraciones completas. Usa el presente perfecto para contestarlas.

1. ¿Has visto un espantapájaros en la ciudad?

_____

2. ¿Qué ha contribuido al uso de las rejas en las ciudades más peligrosas?

_____

3. ¿Quiénes han decidido contribuir a la comunidad?

_____

4. ¿Te parece que ya hemos pisado este puente antes?

_____

5. ¿Habéis intentado estar en contacto con vuestra familia en el campo?

_____

6. ¿Te ha tratado bien la ciudad?

_____

7. ¿Quién ha usado más el transporte público, tú o tu mejor amiga?

_____

8. ¿Te has puesto tus botas para poder pisar bien el sendero?

_____

9. ¿Has oído hablar sobre la contaminación del agua en el campo?

_____

10. ¿Te has mudado de la ciudad para escaparte del ruido?

_____

Actividad 21-6

Indica si los comentarios siguientes son absurdos o normales.

	absurdo	normal
1. Hay muchos espantapájaros en la ciudad.	_____	_____
2. Los carros han contribuido a la contaminación del aire.	_____	_____
3. Los granjeros viven en los graneros.	_____	_____
4. En las ciudades grandes hay muchos topes en las carreteras.	_____	_____
5. Los peatones pisan las aceras todo el tiempo en el campo.	_____	_____
6. El transporte particular de los vaqueros son las vacas.	_____	_____
7. Todas las oportunidades en la ciudad es una desventaja.	_____	_____
8. Me mudé al campo porque no me gusta el ruido de la ciudad.	_____	_____
9. Yo tengo rejas en mis ventanas porque hay muchos robos.	_____	_____
10. Es seguro salir en la noche en la ciudad a causa de los asaltos.	_____	_____
11. El campo es muy peligroso a causa de todo el tráfico.	_____	_____
12. Las casas en las afueras tienen jardines y cercas.	_____	_____
13. Hay mucho transporte público en el campo.	_____	_____
14. Los rascacielos forman un paisaje muy bello.	_____	_____
15. Nos mudamos a la ciudad por la naturaleza que tiene.	_____	_____
16. Lamento haberme mudado al campo porque todo está aislado.	_____	_____
17. La ciudad ofrece muchas oportunidades para los delincuentes.	_____	_____
18. Hay que pagar un peaje en algunas calles de las afueras.	_____	_____
19. Las comunidades rurales tienen mucha diversidad.	_____	_____
20. El crimen de la ciudad me conviene.	_____	_____
21. Aunque hay mucho tráfico, vale la pena vivir en la ciudad.	_____	_____
22. La ciudad me trata bien; hay mucho al alcance de la mano.	_____	_____
23. Me gusta visitar las afueras para visitar los topes.	_____	_____
24. El espantapájaros se mudó a la ciudad por las oportunidades.	_____	_____
25. Vale la pena vivir en el campo por los bellos paisajes.	_____	_____
26. Hay muchos atascos de vacas en el campo.	_____	_____
27. Una ventaja son los vecindarios con jardines grandes y bellos.	_____	_____

Actividad 21-7

Para formar cada oración, cambia el orden de palabras y puntuación para que tenga sentido.

1. departamento he años en vivido siete un por . yo

_____

2. los han todos a la carros contaminación ciudad . contribuido la en

_____

3. han los usado los para granjeros mejor . cultivar espantapájaros

_____

4. son contaminación , el la el la de y ciudad tráfico crimen . desventajas

_____

5. al escaparnos ruido . mudamos campo nos para del

_____

6. ciclistas para este puente a llegar las cruzan montañas . muchos

_____

7. mudas te si a las , no a lo vas . afueras lamentar

_____

8. afueras sus las y para comunidades familias son por. convenientes vecindarios

_____

_____

9. pena en el sano la campo vale seguro porque es vivir y .

_____

10. en afueras muchos jardines muy . bellos las tienen barrios

_____

Actividad 21-8

Lee la narración siguiente y contesta las preguntas a continuación.

La ciudad es un lugar muy interesante. Para comenzar, tiene una población muy grande porque muchos viven y trabajan allí. Normalmente, durante el día, las calles y las aceras están llenas de carros y peatones. Es muy peligroso cruzar la calle si no tienes mucho cuidado. La ciudad tiene mucho al alcance de la mano, como los teatros, cines, restaurantes, museos, bibliotecas y todo tipo de tienda. También hay muchas oportunidades profesionales en la ciudad. Mucha gente se ha mudado a la ciudad en los últimos 10 años para conseguir trabajo. Durante la noche, hay una buena vida social y todo está animado. Durante el día, no hay mucha calma; hay mucho ruido en las calles con todo el tráfico, hay muchos atascos por la mañana, y por la tarde, el puente para llegar al centro está lleno de autos y todos tienen que pagar el peaje. Hay mucha contaminación del aire en la ciudad a causa del tráfico y, a veces, es difícil respirar bien. Lo peor es que hay muchos robos, crimen y otra violencia en algunos barrios, pero no por toda la ciudad; hay partes bastante seguras. Claro que hay algunas desventajas de vivir aquí, pero, por otro lado, la ciudad tiene mucho para ofrecer. En el centro, hay muchos rascacielos con oficinas, tiendas, bancos, restaurantes y apartamentos. Normalmente, en la ciudad, mucha gente camina muchas cuadras para llegar a su destino porque, con tanto tráfico, es demasiado peligroso montar en bici. Si no quiere caminar, la gente puede tomar el autobús u otro medio de transporte público o manejar su propio carro particular. Aquí en la ciudad, todo es mucho más rápido que en el campo o en las afueras, pero me gusta estar en contacto con todos mis cuates y aparte de la violencia y la contaminación, la ciudad es un lugar maravilloso y está llena de vida.

Actividad 21-8 (continúa)

Según la narración, escoge la mejor respuesta para cada pregunta.

1. ¿Qué tiene la ciudad?
        a. muchos topes   c. muchas vacas
_____ b. muchos vecindarios   d. mucha gente

2. ¿De qué están llenas las aceras?
        a. carros   c. caballos
_____ b. peatones   d. calles

3. Cruzar la calle es…
        a. difícil   c. fácil
_____ b. peligroso   d. seguro

4. ¿Qué está al alcance de la mano en esta ciudad?
        a. los cines   c. muchas tiendas
_____ b. los museos   d. todos los anteriores

5. ¿Por qué se ha mudado mucha gente a la ciudad?
        a. por la vida social   c. por el tráfico
_____ b. por los trabajos   d. por la violencia

6. ¿Cómo está el aire?
        a. Está muy contaminado.   c. Está un poco contaminado.
_____ b. No está contaminado.   d. Sabe a pollo.

7. ¿Dónde hay muchos robos y violencia?
        a. en las carreteras.   c. en algunos vecindarios
_____ b. por toda la ciudad   d. en el centro

8. ¿Qué hace la gente en los rascacielos?
        a. Vive.   c. Trabaja.
_____ b. Come.   d. todos los anteriores

9. ¿Qué medio de transporte **no** es muy común en la ciudad?
        a. pisar las aceras   c. tomar el autobús
_____ b. montar en bicicleta   d. manejar en carro

10. ¿Por qué le gusta la ciudad al narrador?
        a. Puede estar en contacto con sus amigos.   c. Hay contaminación maravillosa.
_____ b. Hay mucha violencia.   d. Todo es mucho más rápido.

Actividad 21-9

Lee la narración siguiente y contesta las preguntas a continuación.

Cuando piensas en las vacaciones, ¿en dónde piensas? ¿En Reno, Nevada? Probablemente no, pero si te gusta esquiar en el invierno, acampar o tomar el sol en la playa en el verano, o pasar toda la noche en una ciudad animada que nunca duerme, entonces Reno es un buen lugar para visitar. Yo nací en Reno, Nevada y he tenido muchísimas experiencias divertidas allá. La ciudad no es muy grande, pero está completamente llena de gente. Hay muchas zonas residenciales tranquilas de las afueras, pero no tienen mucho al alcance de la mano y son bastante aburridas. Por eso, prefiero describirte la ciudad. Como te he dicho, hay mucha gente y por eso, hay mucha diversidad. Para convenirle a toda la gente, hay varios medios de transporte; hay transporte público y transporte particular. A mucha gente le gusta caminar o montar en bici para no contribuir a la contaminación del aire. Pero no todos pueden hacer eso entonces muchos usan sus propios autos. A causa de todos los carros, el aire está un poco contaminado. Hay dos autopistas que cruzan la ciudad y la gente las usa para ir a trabajar. Como en todas las ciudades del mundo, hay crimen, robos, asaltos y otras formas de violencia, pero en mi opinión, la ciudad es bastante segura. Miles de personas se mudan a Reno cada año porque les ofrece muchas oportunidades de trabajar a causa de todo el turismo. Hay muchas ventajas de visitar Reno durante las vacaciones, pero la mejor ventaja es que está situada cerca del lago más bello de todo el mundo: Lake Tahoe. Si quieres escaparte de la ciudad por un día o pasar mucho tiempo en la naturaleza de las montañas, el lago es el lugar más maravilloso para hacerlo. Las actividades son abundantes por todas las estaciones, pero es más popular en el verano. Hay muchos ciclistas y peatones que disfrutan del aire libre y hay muchos senderos para pisar si te gusta caminar o correr. Y claro, muchos pasan sus días tomando el sol o jugando en la playa. Los hoteles son muy caros, pero, sin embargo, hay más ventajas que desventajas de visitarlo. Si piensas ir de vacaciones este verano con tu familia, debes considerar Reno, Nevada como opción. No lo vas a lamentar.

Actividad 21-9 (continúa)

Según la narración, escoge la mejor respuesta para cada pregunta.

1. ¿Para quiénes es Reno un buen lugar para visitar?
        a. para los que esquían   c. para los que disfrutan de la noche
_____   b. para los que acampan   d. todos los anteriores

2. ¿Cuál de estas frases es falsa sobre Reno?
        a. Tiene una gran población.   c. Tiene muchas zonas residenciales
_____   b. Hay calma en las afueras.   d. Es muy grande.

3. ¿Por qué hay mucha diversidad?
        a. porque hay mucha gente   c. porque las afueras son aburridas
_____   b. porque hay racismo   d. todos los anteriores

4. ¿Por qué hay contaminación del aire?
        a. A la gente le gusta caminar.   c. A la gente le gusta montar en bici.
_____   b. No todos son peatones y ciclistas.   d. todos los anteriores

5. ¿Cuál de estas frases es falsa sobre Reno?
        a. Hay robos.   c. Hay muchas formas de violencia.
_____   b. Es una ciudad muy peligrosa.   d. todos los anteriores

6. ¿Por qué se muda mucha gente a Reno cada año?
        a. La ciudad ofrece muchas oportunidades.   c. Reno está situado cerca de un lago.
_____   b. La gente que se muda a Reno es turista.   d. todos los anteriores

7. ¿Cuál es la mejor ventaja de visitar Reno?
        a. Lake Tahoe está situado cerca.   c. Hay muchas oportunidades.
_____   b. Hay mucho turismo.   d. Hay mucha naturaleza.

8. ¿Cuándo tiene Lake Tahoe muchas actividades?
        a. en el verano   c. en el invierno
_____   b. en la primavera   d. todos los anteriores

9. ¿Qué actividades hay en el verano en Lake Tahoe?
        a. montar en bici   c. caminar en los senderos
_____   b. tomar el sol   d. todos los anteriores

10. ¿Cuál de estas frases es falsa?
        a. Los hoteles son muy caros en Tahoe. c. No vale la pena visitar Lake Tahoe.
_____   b. Reno es conveniente para familias.   d. todos los anteriores

Actividad 21-10

Lee la narración siguiente y contesta las preguntas a continuación.

Hola, me llamo Rafael, pero mis cuates me llaman "Rafa". Soy de California, pero he vivido aquí en Longmont, Colorado por trece años. Mi familia se mudó a Colorado cuando tenía cuatro años y la ciudad me ha gustado mucho. Mis compañeros de clase se quejan y siempre me dicen que no hay nada para hacer aquí y que quieren mudarse, pero yo siempre disfruto de todo lo que hay. Longmont está situada en medio del campo, cerca de las montañas. No es una ciudad ni muy grande ni muy pequeña, pero tiene mucho para ofrecer: una vida social en la ciudad, buenas comunidades en las zonas residenciales de las afueras y mucha tranquilidad en el campo.

Las actividades son abundantes por todo el año, pero me divierto más durante el verano. Soy ciclista y me gusta montar por todo el campo porque el paisaje es muy bello y no hay mucho tráfico. Mi viaje favorito en bici es el viaje al Bosque Nacional Roosevelt en las grandes Montañas Rocosas. Sólo tarda 80 minutos en llegar montando. ¿Te puedes imaginar, un parque nacional tan cercano a tu casa? Es maravilloso y las vistas son increíbles. En otras partes de las montañas, puedes hacer muchas otras actividades: hacer un picnic, pisar los senderos, pescar y nadar en los ríos, o simplemente pasar tiempo en la naturaleza explorando. También, hay muchos centros turísticos en los pueblos para comprar artesanía y otros recuerdos.

También, me gusta pasar tiempo en la ciudad y en las afueras. Hay muchos parques para los jóvenes, pero mi parque favorito es el que está cerca de mi casa porque tiene un campo para jugar al golf de disco. No es mi deporte favorito, pero es muy tranquilo. También, hay canchas para casi todos los demás deportes, incluyendo el boliche. Vivimos en un vecindario bastante seguro; casi no hay crimen, asaltos, robos, ni otros tipos de violencia que siempre hay en las ciudades más grandes. Por un lado, todas las casas tienen jardines, pero, por otro lado, no hay mucho espacio entre las casas. Longmont no tiene una gran población, y por eso no hay mucho tráfico, excepto a eso de las cinco de la tarde. Hay tres calles principales en Longmont: Ken Pratt, Main y Hover. Por esas calles, casi todo está al alcance de la mano: un centro comercial, varios bancos, muchos restaurantes y tiendas, un cine, un museo, una biblioteca, un centro de recreo y, como te he dicho, muchos parques.

Muchos piensan que hay que manejar en la carretera a Denver o a Boulder para divertirse, pero para mí, Longmont es muy conveniente e ideal. Tiene ventajas y desventajas como todos los lugares, pero con todo al alcance de la mano sin la molestia de una ciudad muy grande, vale la pena vivir aquí.

Actividad 21-10 (continúa)

Según la narración, escoge la mejor respuesta para cada pregunta.

1. ¿Cuántos años tiene Rafa?
        a. trece   c. cuatro
_____ b. diecisiete   d. nueve

2. ¿A quién no le gusta Longmont?
        a. a Rafa   c. a los compañeros de clase de Rafa
_____ b. a la familia de Rafa   d. todos los anteriores

3. Según el primer párrafo, ¿cuál de estas frases es falsa sobre Longmont?
        a. No es una ciudad grande.   c. No es una ciudad pequeña.
_____ b. Tiene mucho que ofrecer.   d. No hay buenas comunidades.

4. ¿Por dónde le gusta montar en bici a Rafa?
        a. por la ciudad   c. por las afueras
_____ b. por el campo   d. por la carretera

5. ¿Cuál de estas frases es cierta?
        a. Rafa pesca y nada en los ríos.   c. Rafa monta en bici a las montañas.
_____ b. Rafa hace picnics en las montañas.   d. Rafa pisa los senderos.

6. ¿Qué le gusta hacer a Rafa en el parque?
        a. jugar al boliche   c. montar en bici
_____ b. jugar los demás deportes   d. jugar al golf de disco

7. ¿Cuál de estas frases es falsa sobre el barrio de Rafa?
        a. Las casas tienen jardines muy grandes.   c. No hay mucho crimen.
_____ b. Es seguro.   d. todos los anteriores

8. ¿Cuál de estas frases es falsa sobre Longmont?
        a. A veces hay mucho tráfico.   c. Tiene tres calles principales.
_____ b. Hay mucha gente.   d. Hay mucho al alcance de la mano.

9. ¿Qué no está al alcance de la mano por las calles principales?
        a. jugar al boliche   c. ver películas
_____ b. comer   d. ir de compras

10. ¿Dónde prefiere vivir Rafa?
        a. en Boulder   c. en Longmont
_____ b. en Denver   d. en una ciudad muy grande

Actividad 21-11

Lee la narración siguiente y contesta las preguntas a continuación.

El campo es una parte de nuestro país que es muy importante. En la ciudad hay muchas oportunidades profesionales, y en las afueras, muchos viven en sus casas en los vecindarios seguros, pero sin el campo, nadie puede vivir. Eso puede parecer muy exagerado, pero piensa en dónde obtenemos nuestra comida: el campo. Gracias a todos los vaqueros y granjeros que hacen todos los abundantes deberes en sus granjas, todos podemos comer. Ellos tienen todos los animales que comemos y cultivan todos los vegetales y frutas que son tan importantes para una dieta balanceada. Pero, además de darnos lo más importante de nuestras vidas, el campo tiene mucho más que ofrecer. Yo sé que estás pensando que, aunque es cierto que es muy importante por su comida, el campo es muy aburrido y no hay nada interesante que hacer. Pero no seas pesimista. Si piensas en las ventajas de vivir en el campo, yo creo que vas a darte cuenta de que vale la pena.

Creo que la gente del campo es mucho más amable que la gente de las ciudades porque la vida no es tan apresurada. Hay mucha calma y mucho espacio en los grandes terrenos del campo y puedes pensar sin tener que soportar todo el ruido de tráfico y no puedes oír nada de los vecinos. En el campo, tienes la oportunidad de conocer bien la naturaleza, pescar y nadar en los ríos, montar a caballo en los caminos y pisar los senderos por algunos de los paisajes más bellos de la Tierra. En el campo, el agua no está contaminada como en la ciudad y la gente puede respirar el aire libre y fresco sin preocuparse de contaminación; es un lugar muy sano. Otra ventaja del campo es que no es peligroso; no hay robos, asaltos, crímenes ni otra violencia que hay en otros lugares… sólo espantapájaros.

Ya ves que hay muchas ventajas de vivir en el campo y que, aunque no tiene una gran población, está lleno de vida. Pero admito que la vida rural no es perfecta; es verdad que hay algunas desventajas, por ejemplo, no ofrece muchas oportunidades profesionales, y para conseguir las necesidades, es necesario manejar en la carretera – un viaje que puede tardar mucho tiempo. Entonces, yo entiendo que, para algunas personas, la vida rural no es ideal, ni conveniente. No obstante, con el espacio, la naturaleza y la tranquilidad, el campo me ha tratado muy bien.

Actividad 21-11 (continúa)

Según la narración escrita, escoge la mejor respuesta para cada pregunta.

1. ¿Por qué necesitamos el campo?
        a. Porque nos ofrece la comida.   c. Porque nos ofrece los vaqueros.
_____ b. Porque nos ofrece muchos deberes.   d. Porque nos ofrece los granjeros.

2. ¿Cuál de estas frases es falsa sobre los granjeros y vaqueros?
        a. Cultivan las frutas.   c. No hacen muchos quehaceres.
_____ b. Tienen muchos animales.   d. Cultivan los vegetales.

3. ¿Cuál de estas frases es cierta sobre el narrador?
        a. Es pesimista.   c. Le gusta vivir en el campo.
_____ b. Cree que el campo es aburrido.   d. todos los anteriores

4. ¿Por qué cree que la gente del campo es tan amable?
        a. Porque la vida es muy tranquila.   c. Porque hay mucho ruido.
_____ b. Porque la vida es muy apresurada.   d. Porque no puede oír nada.

5. ¿Cuál de estas oportunidades en el campo no menciona el narrador?
        a. caminar en los senderos   c. nadar y pescar en los ríos
_____ b. conocer la naturaleza   d. montar en bicicleta en los caminos

6. ¿Qué tiene el campo?
        a. agua contaminada   c. contaminación del aire
_____ b. paisajes muy bellos   d. todos los anteriores

7. ¿Cuál de estas frases describe mejor el campo?
        a. Hay violencia.   c. Es peligroso.
_____ b. Hay espantapájaros.   d. Es sano y seguro.

8. ¿Cuál de estas frases es falsa sobre el campo?
        a. Está lleno de gente.   c. Hay muchas ventajas de vivir allí.
_____ b. Está lleno de vida.   d. todos los anteriores

9. ¿Cuál de estas frases es falsa sobre el campo?
        a. No hay oportunidades profesionales.   c. La vida rural no es perfecta.
_____ b. Todo está al alcance de la mano.   d. todos los anteriores

10. ¿Por qué dice el narrador que el campo le ha tratado bien?
        a. por la calma   c. por el espacio
_____ b. por la naturaleza   d. todos los anteriores

Actividad 22-1

Llena el espacio en blanco con la conjugación correcta del verbo entre paréntesis.

el presente

1. Los documentales me _____ mucho. (enseñar)

2. Los libros de ciencia ficción nos _____ mucho. (fascinar)

3. Las películas de Harrison Ford _____ muy entretenidas. (ser)

4. Las telenovelas _____ a mi mamá porque no son interesantes. (aburrir)

5. ¿No te _____ ver las películas animadas? (interesar)

el pretérito

6. Las películas de *Volver al futuro* nos _____ cuando salieron. (entretener)

7. *La lista de Schindler* les _____ llorar a todos los que la vieron. (hacer)

8. *La guerra de las galaxias* me _____ mucho cuando era más joven. (influir)

9. *Poltergeist* me _____ mucho daño cuando la vi de niño. (causar)

10. Esas películas de comedia me _____ mucha risa anoche. (dar)

el imperfecto

11. Nos _____ rentar los dividís cuando éramos niños. (gustar)

12. Las películas de acción nos _____ cuando teníamos 16 años. (emocionar)

13. Las noticias no _____ al público tanto como lo hacen ahora. (manipular)

14. ¿Te _____ mucho los dibujos animados cuando eras niño? (influir)

15. Las películas románticas me _____ mucho. (afectar)

Actividad 22-2

Para cada oración, escribe la mejor respuesta en el espacio en blanco.

1. Todos son tipos de película menos _____.

    a. el romance   b. la comedia   c. el infomercial   d. el documental

2. Puedes ver todos en la televisión por cable menos _____.

    a. las noticias   b. el pronóstico de tiempo   c. el corto   d. un dividí

3. Todas son clasificaciones comunes de películas excepto _____.

    a. apto para toda la familia   b. se recomienda discreción   c. sólo para niños

4. Todos son segmentos de las noticias menos _____.

    a. la risa   b. las entrevistas   c. los reportajes   d. el pronóstico de tiempo

5. Todos son informativos excepto _____.

    a. las noticias   b. los documentales   c. los infomerciales   d. las telenovelas

6. Todos estos tipos de película me dan risa excepto _____.

    a. las de comedia   b. las de acción   c. las de terror   d. los dibujos animados

7. Puedes ver la tele por todos menos _____.

    a. la red   b. revista   c. satélite   d. antena

8. Todos son medios de comunicación menos _____.

    a. la radio   b. el periódico   c. la televisión   d. la secuela

9. Hay mucha violencia en todas estas clases de película excepto _____.

    a. las policíacas   b. las de acción   c. las románticas   d. las de terror

10. Todos estos adjetivos pueden describir un documental típico menos _____.

    a. emocionante   b. mediocre   c. interesante   d. fascinante

Actividad 22-3

Contesta las preguntas siguientes con oraciones completas.

1. ¿Te dan miedo las películas de terror?

_____

2. ¿A quiénes les dan risa las telenovelas?

_____

3. ¿Qué estilo de película te hace llorar más?

_____

4. ¿Les pueden hacer daño las películas de terror a los menores de diez años?

_____

5. ¿Cuáles te dan más risa, los documentales o los dibujos animados?

_____

6. ¿Cuáles son más informativos, los documentales o las películas de acción?

_____

7. ¿Cuáles son más entretenidos, las noticias o los pronósticos de tiempo?

_____

8. ¿Qué tipo de película o programa los entretiene más a ustedes?

_____

9. ¿Qué estilo de película más le gusta rentar a tu familia?

_____

10. ¿Has visto una película mediocre? ¿Cómo se llama?

_____

Actividad 22-4

Indica si los comentarios siguientes son absurdos o normales.

	absurdo	normal
1. Los comerciales de desodorante me fascinan.	_____	_____
2. Tuve que devolver el DVD después de alquilarlo.	_____	_____
3. Las películas deportivas me emocionan.	_____	_____
4. Las películas de terror me dan miedo.	_____	_____
5. Las películas románticas me hacen llorar.	_____	_____
6. Bostezo cuando estoy aburrido.	_____	_____
7. Chillo cuando veo los dibujos animados.	_____	_____
8. Tengo que leer los subtítulos de las películas extranjeras.	_____	_____
9. Voy al teatro para ver películas.	_____	_____
10. Creo que las películas de terror son muy positivas.	_____	_____
11. El programa de la tele va a empezar a las 8:42 en punto.	_____	_____
12. Los niños no deben ver películas prohibidas para menores.	_____	_____
13. Los documentales nos enseñan sobre muchas cosas.	_____	_____
14. Las telenovelas me dan pesadillas.	_____	_____
15. Algunos DVDs tienen comentarios de los actores.	_____	_____
16. La reportera entrevistó a la gente durante las noticias.	_____	_____
17. Voy a grabar los programas aburridos para verlos cada día.	_____	_____
18. Las emociones de las telenovelas son muy exageradas.	_____	_____
19. Los videojuegos violentos causan violencia.	_____	_____
20. Las secuelas típicamente son mejores que las originales.	_____	_____
21. Las mejores películas se estrenan en el verano.	_____	_____
22. Los niños deben tener el derecho a ver películas sin censura.	_____	_____
23. Las noticias cada noche son muy positivas.	_____	_____
24. No me gusta ver películas; prefiero leer libros.	_____	_____
25. Las imágenes de los dibujos animados son muy negativas.	_____	_____
26. Los infomerciales me dan risa porque son tan ridículos.	_____	_____
27. Las comedias del cine son muy informativas.	_____	_____

Actividad 22-5

Llena el espacio en blanco con la conjugación correcta del imperfecto progresivo del verbo entre paréntesis.

1. Yo ____estaba viendo____ la tele cuando mi hermana la cambió de canal. (ver)

2. Yo _____ una revista cuando las noticias empezaron. (leer)

3. Nosotros _____ mientras _____ la comedia.   (reírse)   (mirar)

4. Mis padres _____ los efectos de los comerciales cuando me prohibieron verlos.   (analizar)

5. Las noticias nos _____ demasiado, por eso las apagamos. (influir)

6. ¿Quiénes _____ en las noticias cuando anunciaron que la actriz se había muerto?   (fijarse)

7. Mis hijos _____ de los dibujos animados cuando bostezaron.
                    (disfrutar)

8. Me aburrí mientras _____ la red. (surfear)

9. Mi papá _____ su punto de vista cuando empezó a exagerar todo.
              (argüir)

10. Él _____ la telenovela cuando el cable se apagó. (grabar)

Según el sujeto de cada oración, conjuga el verbo "haber" en el imperfecto y escribe el participio pasado (adverbio, sin género/número) del verbo entre paréntesis. Esto es **el pluscuamperfecto**.

1. Marcos _____ _____ la película antes que tú. (ver)

2. Yo no vi el comercial porque ya _____ _____ el canal. (cambiar)

3. Yo no podía ver el DVD porque tú ya lo _____ _____. (devolver)

4. Nosotros _____ _____ _____ de las imágenes violentas. (preocuparse)

5. Yo sabía que vosotros _____ _____ _____. (equivocarse)

6. Las noticias me _____ _____ tanta rabia que no podía dormir. (dar)

Actividad 22-6

Para cada oración, escribe la mejor palabra en el espacio en blanco.

1. Me gusta _____ videos de la Caja Roja. grabar / alquilar / dar / fascinar

2. Las películas _____ son positivas. de terror / policíacas / deportivas / violentas

3. Los documentales son _____. informativos / violentos / exagerados / negativos

4. Las películas _____ me hacen llorar. de acción / románticas / de comedia / malas

5. El pronóstico de tiempo es parte de las _____. telenovelas / noticias / películas

6. Las películas aburridas me hacen _____. reír / bostezar / daño / emocionarme

7. Las películas de terror me dan _____. risa / regalos / personajes / pesadillas

8. Las comedias de la tele _____ 30 minutos. clasifican / interesan / duran / critican

9. Me equivoqué; tú tienes _____. sueño / miedo / opiniones / razón

10. Las 16:00 horas son las _____. 6:00 PM / 4:00 AM / 6:00 AM / 4:00 PM

11. Oí _____ durante las noticias. la película / el reportaje / la escena / la telenovela

12. Los dibujos animados son _____. aptos para toda la familia / prohibidos para menores

13. Las películas de buena calidad son _____. entretenidas / mediocres / aburridas

14. La _____ te prohíbe ver algunas películas. tele / actriz / censura / sociedad

15. El _____ es muy informativo. periódico / comercial / estilo / derecho

16. El internet es una forma de _____. canal / entretenimiento / percepción

17. "Se recomienda discreción" es una _____. película / clasificación / opinión

18. Después de rentar el DVD, lo tengo que _____. criticar / controlar / devolver / evaluar

19. "Los videojuegos violentos causan violencia" es _____. un argumento / una discusión

20. *El gran Lebowski* me dio _____. violencia / miedo / risa / comentario

Actividad 22-7

Contesta las preguntas siguientes con oraciones completas.

1. ¿Qué estabas haciendo a eso de las ocho anoche?

_____

2. ¿Quiénes comieron mientras estaban viendo la tele el sábado pasado?

_____

3. ¿Con qué estabas soñando cuando te despertaste esta mañana?

_____

4. ¿Qué estaban haciendo tus padres cuando regresaste a casa ayer?

_____

5. ¿Has visto *El día de la marmota* con Bill Murray? Se estrenó en los años 90.

_____

6. ¿Cuál es una película romántica en el cine ahora?

_____

7. ¿Quién no ha visto una película por internet?

_____

8. ¿En las películas, cuál tiene los efectos más negativos para los jóvenes: la violencia o el sexo?

_____

9. ¿Debemos tener la censura para las películas o debe ser la responsabilidad de los padres?

_____

10. ¿Pueden las noticias manipular la verdad?

_____

Actividad 22-8

Para formar cada oración, cambia el orden de palabras y puntuación para que tenga sentido.

1. emociono que vez favoritas me veo mis cada películas .

_____

2. de ciencia fascinaban los ficción les mis libros mucho a hijos .

_____

3. dibujos aptos familia no siempre animados son para los toda la .

_____

4. público opiniones las han noticias las mucho en percepciones influido y del .

_____

5. a desnudez películas de su pudor , causa de prohibir trataron la en las .

_____

6. ver menores de 23:00 televisión horas la edad no deben los pasadas las .

_____

7. otro ven los serie jóvenes episodio ven cuando una , un tras .

_____

8. mi vergüenza sociales de punto falsas vista , las una son noticias desde de las redes .

_____

9. subtítulos España Latinoamérica que tienen dobladas las extranjeras en películas son mientras en.

_____

10. los su mirar videos prefieren tarea hacen ridículos jóvenes mientras .

_____

Actividad 22-9

Para cada verbo conjugado, escribe el sujeto y el tiempo verbal. Luego, escribe el infinitivo del verbo en español con el significado del infinitivo en inglés.

1. **había chillado**   sujeto _____   tiempo verbal _____

   infinitivo _____   significado _____

2. **hemos bostezado**   sujeto _____   tiempo verbal _____

   infinitivo _____   significado _____

3. **se ha reído**   sujeto _____   tiempo verbal _____

   infinitivo _____   significado _____

4. **se trata**   sujeto _____   tiempo verbal _____

   infinitivo _____   significado _____

5. **habéis llorado**   sujeto _____   tiempo verbal _____

   infinitivo _____   significado _____

6. **importaban**   sujeto _____   tiempo verbal _____

   infinitivo _____   significado _____

7. **entretuvo**   sujeto _____   tiempo verbal _____

   infinitivo _____   significado _____

8. **me emocioné**   sujeto _____   tiempo verbal _____

   infinitivo _____   significado _____

9. **diste**   sujeto _____   tiempo verbal _____

   infinitivo _____   significado _____

10. **reportaron**   sujeto _____   tiempo verbal _____

   infinitivo _____   significado _____

Actividad 22-9 (continúa)

Para cada verbo conjugado, escribe el sujeto y el tiempo verbal. Luego, escribe el infinitivo del verbo en español con el significado del infinitivo en inglés.

11. **han interesado**   sujeto _____   tiempo verbal _____

      infinitivo _____   significado _____

12. **arguyeron**   sujeto _____   tiempo verbal _____

      infinitivo _____   significado _____

13. **habíamos visto**   sujeto _____   tiempo verbal _____

      infinitivo _____   significado _____

14. **he alquilado**   sujeto _____   tiempo verbal _____

      infinitivo _____   significado _____

15. **miramos**   sujeto _____   tiempo verbal _____

      infinitivo _____   significado _____

16. **habías argüido**   sujeto _____   tiempo verbal _____

      infinitivo _____   significado _____

17. **se estrena**   sujeto _____   tiempo verbal _____

      infinitivo _____   significado _____

18. **se ha equivocado** sujeto _____   tiempo verbal _____

      infinitivo _____   significado _____

19. **exagerábamos**   sujeto _____   tiempo verbal _____

      infinitivo _____   significado _____

20. **había notado**   sujeto _____   tiempo verbal _____

      infinitivo _____   significado _____

Actividad 22-10

Lee la narración siguiente y contesta las preguntas a continuación.

Este verano, tengo muchas ganas de viajar a México. No he visitado otros países latinoamericanos tales como Guatemala, Colombia y Argentina, pero sí he pasado mucho tiempo en España. La verdad es que quiero visitar toda Latinoamérica en el futuro, pero todavía hay mucho que no he visto en México, y España no me ha gustado tanto.

Tengo que planear mucho para estar listo para el viaje. Hay que conseguir un pasaporte para viajar a otro país, pero ya tengo el mío, entonces no tengo que conseguirlo, pero sí necesito comprar un boleto de ida y vuelta. Prefiero el asiento por el pasillo y no quiero tener que partir muy temprano; quiero salir por la tarde para llegar a eso de las dieciocho horas. Siempre hago todos mis planes por la red porque es más conveniente para mí que una agencia de viajes. También, voy a tratar de obtener habitaciones dobles porque tienen más espacio, pero no voy a compartirlas con nadie. Y, finalmente, debo empacar una mochila porque no me gustan las maletas; son demasiado grandes y son más difíciles de llevar que una mochila. Además, me gusta tener las manos libres.

Quiero conseguir un vuelo sin escalas directamente a la capital – la Ciudad de México. Es una ciudad grande y tiene casi todo al alcance de la mano y hay muchas oportunidades para los turistas. Hay muchas ventajas de visitar la capital, por ejemplo, hay muchos restaurantes, museos, librerías, parques y mercados. Los mercados tienen todo tipo de recuerdo: mucha joyería y otras cosas hechas a mano, muchos juguetes para niños, radios y otras necesidades, incluyendo la comida y lo bueno de comprar en el mercado es que no tienes que pagar impuestos.

Aunque hay muchas oportunidades en la capital, hay muchas desventajas de visitarla. Primero, la capital tiene una población gigante – más de veinte millones de habitantes. Por un lado, hay mucho tráfico y muchos atascos y por eso hay mucho ruido, pero, por otro lado, hay mucho transporte público tal como los taxis, los camiones y el metro. También, si quieres explorar la ciudad bien sin tener que caminar, hay muchos taxis de bici. Es decir que puedes rentar los servicios de un ciclista y te puede llevar por toda la ciudad. Otra desventaja es que no es muy segura, especialmente por la noche. Hay muchos robos, crimen, asaltos y otra violencia. Debes tener mucho cuidado, pero no tienes que tener miedo. Otra desventaja es que el aire está súper contaminado y todos sabemos que no podemos beber el agua sin enfermarnos después.

Siempre me gusta pasar unos días en la capital, pero me gusta escaparme a otras ciudades más pequeñas por su tranquilidad y la riqueza de sus culturas, y la verdad es que la gente es mucho más amable y generosa en los pueblos y ciudades más pequeñas. Entonces, después de pasar tres o cuatro días en la capital, voy a tomar un autobús a la ciudad de Puebla, el sitio de la batalla que se celebra cada cinco de mayo, y también es dónde comenzó la revolución mexicana; es una ciudad muy importante en la historia del país. El recorrido de la capital a Puebla no tarda mucho tiempo – menos de dos horas, y el tiempo va rápidamente porque siempre ponen una película en el autobús. Muestran todo tipo de película, pero normalmente ponen una película de acción de los Estados Unidos con la lengua doblada o con subtítulos. Normalmente me entretienen, pero a veces son demasiado aburridas y me dan mucho sueño. Después de pasar dos o tres días en Puebla, voy a seguir viajando, pero no sé exactamente adónde, pero tengo muchas ganas de explorar mucho y voy a intentar conocer mucha gente.

Según la narración escrita, escoge la mejor respuesta para cada pregunta.

1. ¿Adónde quiero ir este verano?
         a. a Guatemala   c. a México
_____ b. a España   d. a toda Latinoamérica

2. ¿Cuál de estas frases es falsa sobre mi boleto?
         a. Quiero llegar muy temprano.   c. Quiero un boleto de ida y vuelta.
_____ b. Me gusta más el asiento por el pasillo.   d. Voy a comprarlo por internet.

3. ¿Por qué voy a traer una mochila?
         a. Es fácil de llevar.   c. Me gusta tener las manos libres.
_____ b. Las maletas no son bastante pequeñas.   d. todos los anteriores

4. ¿Qué hay en la capital?
         a. mercados   c. museos
_____ b. restaurantes   d. todos los anteriores

5. ¿Qué no tiene el mercado?
         a. la artesanía   c. muchos juguetes
_____ b. impuestos   d. las necesidades

6. ¿Cuál de estas frases es falsa sobre la capital?
         a. Me da mucho miedo.   c. Hay muchas desventajas.
_____ b. Es violenta.   d. todos los anteriores

7. ¿Cuál de estas frases es falsa sobre la capital?
         a. Hay mucha gente.   c. Hay mucha tranquilidad.
_____ b. Es peligrosa.   d. todos los anteriores

8. ¿Cuál de estas frases es falsa sobre la capital?
         a. Hay mucho aire libre y fresco.   c. No vale la pena visitarla.
_____ b. El agua es sana.   d. todos los anteriores

9. ¿Por qué me gusta escaparme de la capital?
         a. Me gusta explorar la naturaleza.   c. Me gustan las películas del bus.
_____ b. Las otras ciudades tienen más calma. d. todos los anteriores

10. ¿Cuál de estas frases es falsa sobre las películas en el autobús?
         a. Siempre son películas de acción.   c. A veces me aburren.
_____ b. Normalmente son entretenidas.   d. todos los anteriores

Actividad 23-1

Llena el espacio en blanco con la conjugación correcta en <u>el futuro</u> del verbo entre paréntesis.

1. Si no entramos en acción, nosotros _____ a muchos animales. (perder)

2. Si intentamos con todas nuestras fuerzas, _____ nuestra meta. (lograr)

3. Yo _____ en cuenta los efectos de mis acciones. (tomar)

4. Dicen que el cambio climático _____ cada vez más inundaciones. (ocasionar)

5. ¿Qué _____ tú para proteger el medioambiente? (hacer)

6. La muchedumbre _____ que tomar responsabilidad. (tener)

7. ¿ _____ más frecuentes las avalanchas y los deslaves en el futuro? (ser)

8. Dicen que este volcán _____ en los próximos meses. (erupcionar)

9. Si tenemos el medioambiente en cuenta cada día, todo _____. (florecer)

10. Yo _____ no contribuir a la contaminación. (prometer)

11. Nuestros esfuerzos _____ frutos. Ya verás. (dar)

12. ¿ _____ tú a conservar nuestro planeta? (comprometerse)

13. ¿Qué les _____ tú a tus hijos si no tomas responsabilidad? (decir)

14. En el futuro, creo que nosotros _____ reciclar todo. (poder)

15. Nos _____ mucho si no priorizamos el medioambiente. (costar)

16. Nosotros _____ haber hecho todo lo posible para el futuro. (querer)

17. Nuestros nietos y bisnietos _____ lo que hemos hecho. (saber)

18. Ante la incertidumbre del futuro, yo _____ a los animales. (proteger)

19. La avaricia y el egoísmo nos _____. (destruir)

20. Sembrar más árboles y flores _____ al mundo. (embellecer)

Actividad 23-2

Para cada oración, escribe la mejor respuesta en el espacio en blanco.

1. Todos son peces menos _____.

    a. el tiburón   b. la trucha   c. la morsa   d. el salmón

2. Todos son animales marinos excepto _____.

    a. la foca   b. el cangrejo   c. el coral   d. la ardilla

3. Todos son reptiles excepto _____.

    a. el renacuajo   b. el caimán   c. la culebra   d. la lagartija

4. Todos viven en África menos _____.

    a. el guepardo   b. el hipopótamo   c. el tigre   d. la hiena

5. Todos son rapaces excepto _____.

    a. el águila   b. la cigüeña   c. el halcón   d. la lechuza

6. Todos estos animales son feroces menos _____.

    a. el sapo   b. el tejón   c. el glotón   d. el lobo

7. Todos son partes de las flores excepto _____.

    a. las raíces   b. los pétalos   c. el tallo   d. la mugre

8. Estas aves pueden volar excepto _____ y _____.

    a. la gaviota   b. el pingüino   c. el avestruz   d. el ganso

9. Todos son grupos de animales menos _____.

    a. la bandada   b. el rebaño   c. la manada   d. la fogata

10. Todos son recursos naturales menos _____.

    a. la escasez   b. el petróleo   c. el oro y la plata   d. los minerales

Actividad 23-3

Contesta las preguntas siguientes con oraciones completas.

1. ¿Estudiarás español mañana?

_____

2. ¿Qué harás tú para proteger el medioambiente?

_____

3. ¿Crees que podremos conservar los recursos naturales para el futuro?

_____

4. ¿Cuál es tu animal favorito y por qué lo es?

_____

_____

5. ¿Te da miedo estar en el mar (nadar, surfear, navegar, etc.)?

_____

6. ¿Qué quiere decir paraíso para ti?

_____

7. ¿Dará fruto reciclar nuestros desechos o será un desperdicio de tiempo?

_____

8. ¿Qué podrá pasar si no priorizamos la conservación del medioambiente?

_____

9. ¿Qué animales están en peligro de extinción?

_____

10. ¿Qué medidas deberemos tomar para conservar la selva tropical?

_____

Actividad 23-4

Llena los espacios en blanco con las conjugaciones correctas en <u>el indicativo</u> y <u>el subjuntivo</u> del <u>presente</u> de los verbos entre paréntesis.

1. Nosotros no _____ (querer) **que** la avaricia nos _____ (agobiar).

2. La gente _____ (desear) **que** el cambio climático no _____ (afectar) a su forma de vivir.

3. Nuestros nietos _____ (necesitar) **que** todos _____ (conservar) los recursos naturales.

4. Yo no _____ (desear) **que** nosotros _____ (perder) nuestra oportunidad de entrar en acción a tiempo.

5. Mi mamá _____ (pedir) **que** yo no _____ (olvidar) reciclar el plástico.

6. Ellos _____ (esperar) **que** la inundación no _____ (hundir) su casa.

7. Yo _____ (suplicar) **que** Uds. _____ (priorizar) la naturaleza.

8. ¿_____ (querer) tú **que** la muchedumbre _____ (tomar) medidas para embellecer el planeta?

9. Yo _____ (rogar) **que** tú me _____ (prometer) que no lo vas a hacer.

10. Ellos no _____ (querer) **que** tú _____ (agüitarse).

11. Vosotras no _____ (preferir) **que** el medioambiente _____ (desgastarse), ¿verdad?

12. Nosotras _____ (esperar) **que** el volcán no _____ (erupcionar) durante nuestras vacaciones.

13. Todos _____ (desear) **que** tú _____ (acudir) a la reunión.

14. Yo _____ (pedir) **que** tú _____ (estudiar) el subjuntivo este fin de semana.

Actividad 23-5

Para cada oración, escribe la mejor palabra en el espacio en blanco.

1. _____ es mamífero. la ballena / el ganso / el sapo / el cangrejo

2. Los anfibios viven en _____. el mar / los pantanos / los lagos / los arrecifes

3. _____ son animales. las algas / los corales / los cactos / las cosechas

4. El perro es descendiente del _____. zorro / coyote / hipopótamo / lobo

5. Los _____ son peces. lagartos / tiburones / mejillones / riachuelos

6. Los _____ talan árboles. castores / pulpos / zorrillos / pumas

7. Sembrar en arena será _____. codicioso / intimidante / infructuoso / terco

8. El huracán _____ todo. embellecerá / destruirá / descartará / establecerá

9. Los murciélagos viven en _____. cauces / cenizas / cuevas / deslaves

10. Los _____ son feroces. canguros / escarabajos / bueyes / renacuajos

11. Las _____ no son insectos. hormigas / arañas / libélulas / luciérnagas

12. Algunos _____ son psicodélicos. prados / hongos / guarros / glaciares

13. Los búhos y halcones son _____. rapaces / bestias de carga / privilegiados

14. Los _____ son bestias de carga. ciervos / ornitorrincos / avestruces / bueyes

15. El _____ produce metano. ganado / fuego / espejismo / oasis

16. Algunas _____ son venenosas. cigüeñas / culebras / tinieblas / hipócritas

17. Algunos recursos naturales son _____. escasos / obstinados / pretextos

18. La meteorología estudia el _____. clima / petróleo / oro / liderazgo

19. El tornado me dejó _____. codicioso / egoísta / hermoso / pasmado

20. No conservaremos el medioambiente _____. al azar / nunca / a la intemperie

Actividad 23-6

Indica si los comentarios siguientes son ciertos o falsos.

	cierto	falso
1. La selva tropical es muy fértil y frondosa.		
2. La ballena asesina y la morsa son anfibios.		
3. Las ranas viven en las charcas.		
4. Las mofetas apestan.		
5. Los leones viven en las vegas.		
6. Puedes ver tu reflexión en un espejismo.		
7. Los puercos espín son peligrosos.		
8. Los salmones nadan en el mar y en los ríos.		
9. Los coyotes y las ardillas son de la misma familia.		
10. Cosechas lo que siembras.		
11. Un archipiélago es un conjunto de oasis.		
12. Las almejas viven en una concha.		
13. Los cocodrilos viven en los arroyos.		
14. Los caimanes son lagartos.		
15. Todas las culebras son venenosas.		
16. Las arañas y los alacranes son arácnidos.		
17. Los osos polares están extintos.		
18. El oxígeno es incoloro.		
19. Hay metano atrapado debajo de los icebergs.		
20. Los tornados causan inundaciones de agua.		
21. El cambio climático causará cada vez más inundaciones.		
22. El cambio climático causará cada vez más sequías.		
23. Los volcanes contribuyen al calentamiento global.		
24. Los tornados pueden tumbar los edificios.		
25. Conservar el medioambiente es responsabilidad de los líderes.		
26. Reciclar los productos desechables es egoísta.		
27. Hay mucha incertidumbre con respecto al futuro del planeta.		

Actividad 23-7

Contesta las preguntas siguientes con oraciones completas.

1. ¿Qué quieres que hagan los líderes de los Estados Unidos para proteger el medioambiente?

_____

_____

2. ¿Quiénes prefieren que los osos polares mueran?

_____

3. ¿Qué esperas que pase con respecto al cambio climático?

_____

_____

4. ¿Qué consecuencias habrá si no se prioriza la naturaleza?

_____

_____

5. ¿Son los huracanes un recordatorio de nuestro impacto o son simplemente naturales?

_____

6. ¿Son avariciosos y egoístas los más privilegiados? Elabora tu respuesta.

_____

_____

7. ¿Qué recursos naturales deberemos conservar para generaciones futuras?

_____

8. ¿Se lograrán las metas internacionales de reducir la contaminación? ¿Por qué sí/no?

_____

_____

Actividad 23-8

Para cada verbo conjugado, escribe el sujeto, el tiempo verbal, el modo (indicativo o subjuntivo) y su infinitivo.

1. **menosprecies**   sujeto _____   tiempo verbal _____

   infinitivo _____   modo _____

2. **ha costado**   sujeto _____   tiempo verbal _____

   infinitivo _____   modo _____

3. **hurgarán**   sujeto _____   tiempo verbal _____

   infinitivo _____   modo _____

4. **se deterioró**   sujeto _____   tiempo verbal _____

   infinitivo _____   modo _____

5. **demuelo**   sujeto _____   tiempo verbal _____

   infinitivo _____   modo _____

6. **destruyeron**   sujeto _____   tiempo verbal _____

   infinitivo _____   modo _____

7. **inundaban**   sujeto _____   tiempo verbal _____

   infinitivo _____   modo _____

8. **intimidamos**   sujeto _____   tiempo verbal _____

   infinitivo _____   modo _____

9. **arrasan**   sujeto _____   tiempo verbal _____

   infinitivo _____   modo _____

10. **agote**   sujeto _____   tiempo verbal _____

   infinitivo _____   modo _____

Para cada verbo conjugado, escribe el sujeto, el tiempo verbal, el modo (indicativo o subjuntivo) y su infinitivo.

11. **había abrumado** sujeto _____ tiempo verbal _____

      infinitivo _____ modo _____

12. **acudas** sujeto _____ tiempo verbal _____

      infinitivo _____ modo _____

13. **florezca** sujeto _____ tiempo verbal _____

      infinitivo _____ modo _____

14. **embellecieron** sujeto _____ tiempo verbal _____

      infinitivo _____ modo _____

15. **priorice** sujeto _____ tiempo verbal _____

      infinitivo _____ modo _____

16. **calléis** sujeto _____ tiempo verbal _____

      infinitivo _____ modo _____

17. **descartaste** sujeto _____ tiempo verbal _____

      infinitivo _____ modo _____

18. **prometamos** sujeto _____ tiempo verbal _____

      infinitivo _____ modo _____

19. **establezco** sujeto _____ tiempo verbal _____

      infinitivo _____ modo _____

20. **hundieron** sujeto _____ tiempo verbal _____

      infinitivo _____ modo _____

Actividad 23-9

Para formar cada oración, cambia el orden de palabras y puntuación para que tenga sentido.

1. cambio causará climático inundaciones cada sequías el vez huracanes más , e .

_____

2. tropicales no arrasen que se selvas las queremos.

_____

3. ¿ nuestras proteger metas de medioambiente lograremos el ?

_____

4. ¿ tomarás qué para recursos naturales los medidas conservar ?

_____

5. hijos ruego mis productos que reciclen desechables los.

_____

6. de muchas la que las descartamos cosas a deriva mar terminan en el .

_____

7. se las verán luciérnagas al anochecer .

_____

8. han de lobos se manadas en parques los Estados reestablecido los nacionales de Unidos .

_____

9. el y no helio metano son el incoloros olor y tienen .

_____

10. hongos y son algunos son silvestres otros venenosos psicodélicos .

_____

Actividad 24-1

Llena los espacios en blanco con las conjugaciones correctas en <u>el indicativo</u> y <u>el subjuntivo</u> del <u>presente</u> de los verbos entre paréntesis.

1. Yo _____ (dudar) **que** los extraterrestres _____ (existir).

2. Nosotros no _____ (creer) **que** el horóscopo _____ (ser) ridículo.

3. Yo no _____ (pensar) **que** los fantasmas les _____ (aparecer) sólo a los locos.

4. Yo _____ (saber) **que** el gobierno _____ (conspirar) en nuestra contra para controlar a la muchedumbre.

5. Nosotras _____ (estar) seguras de **que** los marcianos _____ (dejar) huellas y otros rastros de su existencia en la tierra cuando nos visitan.

6. Yo _____ (imaginarse) **que** _____ (haber) más de ocho planetas en nuestro sistema solar.

7. Yo _____ (negar) **que** los documentos _____ (comprobar) que el asesinato del presidente Kennedy fue un complot.

8. Nosotros _____ (afirmar) **que** los reportes _____ (ser) falsos. El dizque testigo lo ha confesado.

9. ¡Yo no _____ (confesar) **que** mis reportes _____ (ser) falsos! Ellos te están mintiendo. ¡Es un complot!

10. Yo no _____ (poder) comprobar **que** tú _____ (haber) visto el aterrizaje de ningún OVNI.

11. Yo no _____ (opinar) **que** la luna llena _____ (causar) actividad misteriosa.

12. Nosotros no _____ (creer) **que** el Zodiaco _____ (predecir) el futuro.

13. Yo no _____ (estar) convencida de **que** _____ (servir) rezarle al universo.

14. Yo _____ (suponer) **que** los testigos _____ (decir) la verdad.

Actividad 24-2

Para cada oración, escribe la mejor respuesta en el espacio en blanco.

1. Todos son planetas menos _____.

    a. Saturno   b. Júpiter   c. martes   d. Urano

2. Todos son solamente mitológicos excepto _____.

    a. las hadas   b. los ogros   c. los gigantes   d. los duendes

3. Todos son medidas de distancia excepto _____.

    a. la grandeza   b. la yarda   c. el centímetro   d. el pie

4. Todos son medidas de peso menos _____.

    a. la tonelada   b. la rueda   c. la libra   d. el kilogramo

5. Todos son signos del Zodiaco excepto _____.

    a. Capricornio   b. Libra   c. Mercurio   d. Cáncer

6. Todos parecen ser sobrenaturales menos _____.

    a. los dioses   b. los gnomos   c. los ateos   d. los espíritus

7. $E=mc^2$ es todo menos _____.

    a. una teoría   b. conjetura   c. posible   d. explicable

8. Todos son fácilmente explicables excepto _____.

    a. un eclipse solar   b. una estrella fugaz   c. la aurora austral   d. un OVNI

9. Los signos de fuego del Zodiaco son todos menos _____.

    a. Aries   b. Géminis   c. Leo   d. Sagitario.

10. Los signos de agua del Zodiaco son todos menos _____.

    a. Acuario   b. Cáncer   c. Escorpio   d. Piscis

Actividad 24-3

Llena los espacios en blanco con las conjugaciones correctas en <u>el indicativo</u> o <u>el subjuntivo</u> del <u>presente</u> de los verbos entre paréntesis.

1. **Quizá** los extraterrestres inteligentes _____ (existir).

2. **Tal vez** te _____ (dar) escalofríos pensar en los fantasmas.

3. Las apariciones **probablemente** _____ (ser) almas perdidas.

4. Los testigos **posiblemente** _____ (afirmar) la noticia.

5. Los fantasmas _____ (aparecer) **quizá** de la nada.

6. El sitio de los aterrizajes _____ (especularse) **tal vez**.

7. El eclipse lunar se _____ (ir) a ver **posiblemente** en las montañas, pero seguramente no en la ciudad.

8. La aurora boreal _____ (resplandecer) **probablemente** hasta los EE. UU.

9. **Quizá** la nave espacial _____ (medir) más de 70 yardas de larga.

10. **Aunque** Plutón no _____ (ser) planeta, **quizá** _____ (haber) un nuevo noveno planeta en nuestro sistema solar.

11. **Quizá** nosotros _____ (establecer) colonias en Marte en el futuro no muy lejano.

12. **Aunque** ellos no los _____ (poder) ver todavía, los científicos dicen que hay más de ocho planetas en nuestro sistema solar.

13. **Probablemente** el Área 51 _____ (ser) el sitio del contacto.

14. Pues, **quizá** _____ (saber) tú, pero yo no tengo la menor idea.

15. **Aunque** la tribu no _____ (rendir) homenaje a sus ancestros, da ofrendas a sus diosas.

Actividad 24-4

Para cada oración, escribe la mejor palabra en el espacio en blanco.

1. Hay dos _____ cada año. solsticios / lunas / eclipses / OVNI

2. El Triángulo de las Bermudas es _____. misterioso / imposible / mito / teórico

3. Niego que _____ exista. la luna / el vudú / Dios / el equinoccio

4. La Vía Láctea es nuestro/a _____. universo / galaxia / planeta / sistema solar

5. Los ogros y gnomos son _____. ateos / fenómenos / mitológicos / chamanes

6. La figura desconocida me dio _____. tributo / evidencia / señales / escalofríos

7. Las estatuas son _____. esculturas / sepulturas / pruebas / conjetura

8. Aries, Tauro y Libra son _____ del Zodiaco. señales / signos / especulación

9. Júpiter, Saturno y Urano son _____. estrellas / gigantes / creencias / travesías

10. Especulamos que _____ 800 toneladas. mide / emite / brilla / pesa

11. La evidencia son las _____. huellas / sensaciones / teorías / hadas

12. Cada religión tiene _____. chamanes / sacrificios / rituales / leyendas

13. Hay 12 _____ en un pie. yardas / medidas / dedos / pulgadas

14. Los dioses griegos son _____. mitos / curanderos / extraños / tabúes

15. La figura _____ de repente de la nada. desapareció / oró / apareció / vació

16. La nave espacial estaba _____. segura / vacía / convencida / pasmada

17. Un metro son 100 _____. pulgadas / milímetros / yardas / centímetros

18. No hay vida extraterrestre, _____. que yo sepa / teóricamente / posiblemente

19. La aurora austral es un _____. complot / fenómeno / dios / mito

20. Los peregrinos _____ homenaje. pagarán / emitirán / rendirán / rodearán

Actividad 24-5

Llena los espacios en blanco con las conjugaciones correctas en <u>el indicativo</u> o <u>el subjuntivo</u> del <u>presente</u> de los verbos entre paréntesis.

1. ¿Hay alguien **que** _____ (haber) visto un OVNI?

2. Hay alguien **que** _____ (poder) calcular la teoría de la relatividad.

3. Buscan un curandero **que** _____ (practicar) el vudú.

4. Necesitarán evidencia **que** _____ (comprobar) las noticias recientes.

5. ¿Hay señales de **que** _____ (existir) los marcianos?

6. Busco testigos **que** _____ (creer) en los fantasmas.

7. No hay nadie **que** _____ (predecir) el futuro.

8. Deseo **que** ellos _____ (hacer) una investigación **que** _____ (comprobar) su conclusión.

9. Yo veo a los fantasmas, **aunque** tú no me lo _____ (creer).

10. **Quizá** no _____ (haber) nadie más **que** _____ (acordarse) pero yo sí.

11. Mi amigo no cree **que** los fantasmas _____ (existir), pero yo sí.

12. ¿Hay un dios **que** _____ (saber) todo?

13. Ellos _____ (esperar) **que** nosotros no _____ (dudar) lo que dicen.

14. Yo _____ (pedir) **que** tú me _____ (dar) una prueba.

15. ¿Tú _____ (querer) **que** yo te _____ (dar) una prueba **que** _____ (sacar) a la luz lo estúpido que eres?

Actividad 24-6

Indica si los comentarios los dudas o los crees.

	lo dudo	lo creo
1. Los marcianos construyeron las pirámides de Egipto.	_____	_____
2. Los astronautas han aterrizado en la luna.	_____	_____
3. Los fantasmas aparecen por todas partes del mundo.	_____	_____
4. Los reportes de los testigos de los OVNI son verdaderos.	_____	_____
5. Las gigantescas piedras de Stonehenge son inexplicables.	_____	_____
6. Los sacrificios y ofrendas animales son buenos tributos.	_____	_____
7. Los marcianos nos envían señales diariamente.	_____	_____
8. Hay un complot para enterrar a los marcianos en el desierto.	_____	_____
9. Los astronautas confesaron que los marcianos viven en la luna.	_____	_____
10. Haber nacido bajo Aries predice mi destino.	_____	_____
11. Existe vida extraterrestre inteligente.	_____	_____
12. Un meteorito destruyó a los dinosaurios.	_____	_____
13. Las supuestas estrellas fugaces son naves espaciales.	_____	_____
14. Si nos matamos, podemos volar en un cometa.	_____	_____
15. Convencernos de que Plutón ya no es planeta es un complot.	_____	_____
16. Los fantasmas nos rodean, aunque no los veamos.	_____	_____
17. Las religiones son más verdaderas que los cultos.	_____	_____
18. Los marcianos inventaron la rueda y nos la regalaron.	_____	_____
19. Los OVNI son naves militares rusas y chinas.	_____	_____
20. La aurora boreal son luces extraterrestres que nos brillan.	_____	_____
21. Algún día, podremos viajar a otras galaxias.	_____	_____
22. Las naves espaciales pesan más de 80 toneladas.	_____	_____
23. Hay vida terrestre inteligente.	_____	_____
24. El diámetro de la tierra mide más de 12,000 kilómetros.	_____	_____
25. Los gnomos viven debajo de algunos puentes.	_____	_____
26. Los cuentos de fantasmas me dan piel de gallina.	_____	_____
27. Las tribus que sacrifican animales tienen mejores cosechas.	_____	_____

Actividad 24-7

Contesta las preguntas siguientes con oraciones completas.

1. ¿Piensas que haya un/a dios/a que sepa (saber) todo?

_____

2. ¿Podemos comprobar que existe vida extraterrestre inteligente?

_____

3. ¿Están Uds. seguros que sólo existan ocho planetas en nuestro sistema solar?

_____

4. ¿Crees que los testigos de los extraterrestres de Roswell hayan dicho la verdad?

_____

5. ¿Me juras que has visto un fantasma?

_____

6. ¿Crees que los dizque curanderos te puedan hacer daño con su vudú?

_____

7. ¿Crees que las pirámides en Latinoamérica hayan sido construidas por los marcianos?

_____

8. No niegas que el origen de las esculturas en la Isla de Pascua es misterioso, ¿verdad?

_____

9. ¿Crees que los horóscopos puedan predecir tu futuro?

_____

10. ¿Crees que los astronautas hayan visto a los extraterrestres en el lado oscuro de la luna?

_____

Actividad 24-8

Para cada verbo conjugado, escribe el sujeto, el tiempo verbal, el modo (indicativo o subjuntivo) y su infinitivo.

1. **supongo**   sujeto _____   tiempo verbal _____

   infinitivo _____   modo _____

2. **conspiren**   sujeto _____   tiempo verbal _____

   infinitivo _____   modo _____

3. **aparezca**   sujeto _____   tiempo verbal _____

   infinitivo _____   modo _____

4. **veas**   sujeto _____   tiempo verbal _____

   infinitivo _____   modo _____

5. **recé**   sujeto _____   tiempo verbal _____

   infinitivo _____   modo _____

6. **emitáis**   sujeto _____   tiempo verbal _____

   infinitivo _____   modo _____

7. **vayamos**   sujeto _____   tiempo verbal _____

   infinitivo _____   modo _____

8. **resuelva**   sujeto _____   tiempo verbal _____

   infinitivo _____   modo _____

9. **calculaste**   sujeto _____   tiempo verbal _____

   infinitivo _____   modo _____

10. **pertenecía**   sujeto _____   tiempo verbal _____

   infinitivo _____   modo _____

Actividad 24-8 (continúa)

Para cada verbo conjugado, escribe el sujeto, el tiempo verbal, el modo (indicativo o subjuntivo) y su infinitivo.

11. **volemos**   sujeto _____   tiempo verbal _____

    infinitivo _____   modo _____

12. **midamos**   sujeto _____   tiempo verbal _____

    infinitivo _____   modo _____

13. **he confesado**   sujeto _____   tiempo verbal _____

    infinitivo _____   modo _____

14. **te has negado**   sujeto _____   tiempo verbal _____

    infinitivo _____   modo _____

15. **nos acordamos**   sujeto _____   tiempo verbal _____

    infinitivo _____   modo _____

16. **habían supuesto** sujeto _____   tiempo verbal _____

    infinitivo _____   modo _____

17. **diga**   sujeto _____   tiempo verbal _____

    infinitivo _____   modo _____

18. **sepan**   sujeto _____   tiempo verbal _____

    infinitivo _____   modo _____

19. **sacrifiquemos**   sujeto _____   tiempo verbal _____

    infinitivo _____   modo _____

20. **salgas**   sujeto _____   tiempo verbal _____

    infinitivo _____   modo _____

Actividad 24-9

Para formar cada oración, cambia el orden de palabras y puntuación para que tenga sentido.

1. de los leyendas ogros piel dan las gallina me de.

_____

2. creo hayan no los que los reportes testigos investigado de .

_____

3. fascine dudo la mitología aunque extraordinaria que de los mí les gigantes a me es.

_____

4. las quizá resuelvan investigaciones dudas las tienen que .

_____

5. vez lo peso sólo, pero tal calculan probablemente especulen su .

_____

6. no ateos los que otros exista creemos ningún sobrenaturales espíritus dios ni .

_____

7. a noveno que no pesar lo han ven todavía , probablemente hay de planeta comprobado que un .

_____

_____

8. tal los peregrinos marcianos ahora , toda sean viajando por vez galaxia la

_____

9. el de misterioso las aviones Triángulo Bermudas los hunde naves y las

_____

10. el 100 metros OVNI unos de metros largo , 50 media 20 ancho de alto y de metros.

_____

Actividad 25-1

Para cada oración, escribe la mejor respuesta en el espacio en blanco.

1. Todos son partes de la cabeza/cara menos _____.

    a. la barbilla   b. los pulmones   c. la frente   d. las cejas

2. Todos son partes del brazo excepto _____.

    a. el antebrazo   b. el codo   c. el bíceps   d. los párpados

3. El torso consiste en todas estas partes excepto _____.

    a. la cadera   b. el vientre   c. las tripas   d. las costillas

4. Todos son órganos menos _____.

    a. el bazo   b. el hígado   c. el ombligo   d. los riñones

5. Todos son articulaciones excepto _____.

    a. los nudillos   b. los tobillos   c. las muñecas   d. las uñas

6. Todos se pueden extirpar sin ocasionar la muerte menos _____.

    a. el apéndice   b. la vesícula biliar   c. los sesos   d. las amígdalas

7. Los glóbulos fluyen por todos estos excepto _____.

    a. las venas   b. la médula   c. el cartílago   d. los vasos sanguíneos

8. Todos son partes del sistema reproductivo excepto _____.

    a. el cuello uterino   b. los genitales   c. la matriz   d. la entrepierna

9. Todos son dedos de la mano menos _____.

    a. el dedo gordo   b. el dedo mayor   c. el meñique   d. el pulgar

10. Todos tienen nervios menos _____.

    a. las muelas   b. el cabello   c. la piel   d. las orejas

Actividad 25-2

Completa cada oración sobre una consulta médica con los verbos indicados en sus formas apropiadas (el presente, el presente perfecto, el presente del subjuntivo, el presente perfecto del subjuntivo o el infinitivo) según el contexto. * Indica que debes utilizar el presente perfecto.

1. Creo que tú _____ gripe. (tener)

2. Señora Álvarez, debe _____ bien en la cama por dos días. (quedarse)

3. No hay la menor posibilidad de que su hipo _____ una condición seria. (ser)

4. No puedo comprobar que ellos _____ fatal. (sentirse)

5. Es terrible que Uds. _____ tanto cuando viajan en carro. (marearse)

* 6. Es indudable que tú _____ del SIDA. (contagiarse)

7. Espero que Ud. _____. (mejorarse)

8. No supongo que tú _____ la crema cada dos horas. (aplicarse)

9. No deseo _____ más. (vomitar)

10. El doctor nos dice que nosotros _____ al menos ocho horas. (dormir)

11. Me molesta que tú no _____ tu antibiótico regularmente. (tomar)

12. No puedo permitir que la cabeza me _____ tanto. (doler)

13. Es obvio que todo te _____ muy mal después del accidente. (ir)

14. Prefiero que los estudiantes no _____ en la mano. (toser)

* 15. Dudo que _____ porque no tienes los síntomas. (envenenarse)

16. Me das la impresión de que nunca _____ bien. (encontrarse)

* 17. Las pruebas no revelan que Ud. _____ el brazo. (romperse)

18. No está claro que nosotras _____ infección de oído. (tener)

* 19. Estoy convencido de que Ud. no _____ ningún infarto. (sufrir)

20. Es evidente que tus síntomas _____ causados por un virus. (ser)

Actividad 25-3

Para cada oración, escribe la mejor respuesta en el espacio en blanco.

1. Todos son enfermedades contagiosas menos _____.

    a. la hepatitis B   b. el VIH   c. el hipo   d. el herpes

2. Todos son factores de riesgo cardíaco excepto _____.

    a. fumar   b. la somnolencia   c. la diabetes   d. el sobrepeso

3. Todos son problemas estomacales excepto _____.

    a. las agruras   b. la úlcera   c. la gastritis   d. el aborto espontáneo

4. Todos son trastornos mentales menos _____.

    a. la depresión   b. la esquizofrenia   c. el autismo   d. el trastorno bipolar

5. Todos son métodos anticonceptivos excepto _____.

    a. el DIU   b. el preservativo   c. el antídoto   d. "cuidar" a la mujer

6. Todos son (pueden ser) mortales menos _____.

    a. el SIDA   b. el tumor benigno   c. el SMSL   d. el cáncer metastásico

7. La diabetes puede ocasionar todos excepto _____.

    a. la ceguera   b. el coma   c. el mal aliento   d. el entumecimiento

8. El consumo excesivo del alcohol puede resultar en todos excepto _____.

    a. la deshidratación   b. la caída   c. la demencia   d. la cirrosis del hígado

9. Es común que todos causen estrés postraumático menos _____.

    a. la violación   b. el abuso   c. el estornudo   d. la caída

10. Todas estas afecciones pueden tener desencadenantes menos _____.

    a. la arruga   b. el tartamudeo   c. el fuego   d. la crisis asmática

Actividad 25-4

Llena los espacios en blanco con las conjugaciones correctas en el presente (subjuntivo si la frase implica el futuro, indicativo si se entiende que es rutina).

1. Cuando tú _____ a casa, toma tu primer antibiótico. (volver)

2. Mi abuela se marea en cuanto _____ de pie. (ponerse)

3. Me duelen las rodillas cuando _____. (acuclillarse)

4. Haz tus ejercicios 30 minutos después de que _____. (comer)

5. Es mejor que nos estiremos antes de que _____ ejercicio. (hacer)

6. No te preocupes, que me dejará de doler la espalda cuando _____. (sentarse)

7. Nuestros niveles de azúcar bajan cuando _____. (ayunar)

8. Podrás controlar mejor tu A1C en cuanto _____ el medicamento. (tomar)

9. ¿Te duele el cuello cuando _____ de hombros? (encogerse)

10. Tome un laxante cada vez que Ud. _____. (estreñirse)

11. ¡Ten cuidado! Comenzará a sangrar cuando le _____ las vendas. (quitar)

12. A ver si Ud. tiene mal aliento después de que _____ los dientes. (cepillarse)

13. ¿Tienes problemas para respirar cuando _____ acostado? (estar)

14. Use su inhalador cada vez que Ud. _____ una crisis asmática. (padecer)

15. ¿Usa su inhalador cada vez que Ud. _____ una crisis asmática? (padecer)

16. Tendremos más canas cuando _____ mayores. (ser)

17. Te encuentras fatal después de que _____ de la gripe. (contagiarse)

18. Doctor, ¿a mi hijo le va a doler cuando Ud. lo _____? (circuncidar)

19. ¿Te sangran las encías cuando _____ el hilo dental? (usar)

20. Me pongo constipado cada vez que _____. (acostarse)

Actividad 25-5

Indica si los comentarios siguientes son absurdos o normales.

	absurdo	normal
1. Me contagié de VIH a través de mi perro.	_____	_____
2. Extirparán el tumor con un procedimiento quirúrgico.	_____	_____
3. En las urgencias, priorizan a los pacientes con síntomas leves.	_____	_____
4. Ya no tiene cáncer después de someterse a la consulta.	_____	_____
5. El ultrasonido no pudo determinar el sexo del bebé.	_____	_____
6. El paciente no quiere que ordenen pruebas de sangre.	_____	_____
7. La paciente había firmado una orden de no resucitar.	_____	_____
8. Me dice que use el hilo dental para prevenir la gingivitis.	_____	_____
9. Su expediente clínico no muestra que tenga diabetes.	_____	_____
10. La razón de la cita es contagiarse de la varicela.	_____	_____
11. La razón de la cita es vacunarse contra la varicela.	_____	_____
12. Frunció el ceño al oír las buenas noticias.	_____	_____
13. El doctor le dice que se acueste boca arriba en la camita.	_____	_____
14. El paciente firmó a nombre de otra persona.	_____	_____
15. Le operaron el corazón porque había sufrido un infarto.	_____	_____
16. Firmará la voluntad anticipada porque no puede consentir.	_____	_____
17. Firmará la voluntad anticipada antes de que no pueda consentir.	_____	_____
18. Evidentemente, el paciente cree que fue un milagro.	_____	_____
19. Cree que le duele la panza porque el doctor la haya maldecido.	_____	_____
20. La doctora siempre ustedea a sus pacientes.	_____	_____
21. La enfermera sugiere que tome cuatro pastillas como mucho.	_____	_____
22. Mi obstetra estará atenta a la llamada el sábado que viene.	_____	_____
23. No podía negar con la cabeza porque le dolía el cuello.	_____	_____
24. Los enfermeros bilingües nunca necesitan de un intérprete.	_____	_____
25. Me dice que vaya a la sala de emergencia lo antes posible.	_____	_____
26. Mi intérprete me ha mostrado cómo manejar mejor el estrés.	_____	_____
27. El doctor le hizo una mueca al paciente para hacerlo sonreír.	_____	_____

Actividad 25-6

Contesta las preguntas siguientes con oraciones completas.

1. ¿Qué harás cuando te levantes mañana?

_____

2. ¿Conoces a alguien que padezca migrañas?

_____

3. ¿Cuáles son los síntomas de la diabetes, que tú sepas?

_____

4. ¿Te has desmayado alguna vez?

_____

5. ¿Cómo te encuentras?

_____

6. ¿Cómo te va?

_____

7. ¿Qué ejercicios haces para estar en buena forma?

_____

8. ¿Cuántos huesos te has quebrado?

_____

9. ¿Cómo manejas el estrés?

_____

10. ¿Está bien que yo te tutee?

_____

Actividad 25-7

Para cada verbo conjugado, escribe el sujeto, el tiempo verbal, el modo (indicativo o subjuntivo) y su infinitivo.

1. **asintamos** sujeto _____ tiempo verbal _____

  infinitivo _____ modo _____

2. **cheque** sujeto _____ tiempo verbal _____

  infinitivo _____ modo _____

3. **vendó** sujeto _____ tiempo verbal _____

  infinitivo _____ modo _____

4. **sonrieron** sujeto _____ tiempo verbal _____

  infinitivo _____ modo _____

5. **se irguió** sujeto _____ tiempo verbal _____

  infinitivo _____ modo _____

6. **me he puesto** sujeto _____ tiempo verbal _____

  infinitivo _____ modo _____

7. **habías estado** sujeto _____ tiempo verbal _____

  infinitivo _____ modo _____

8. **te acurrucas** sujeto _____ tiempo verbal _____

  infinitivo _____ modo _____

9. **nos agachemos** sujeto _____ tiempo verbal _____

  infinitivo _____ modo _____

10. **nos encogimos** sujeto _____ tiempo verbal _____

  infinitivo _____ modo _____

Para cada verbo conjugado, escribe el sujeto, el tiempo verbal, el modo (indicativo o subjuntivo) y su infinitivo.

11. **señalaste**   sujeto _____   tiempo verbal _____

    infinitivo _____   modo _____

12. **nieguen**   sujeto _____   tiempo verbal _____

    infinitivo _____   modo _____

13. **han guiñado**   sujeto _____   tiempo verbal _____

    infinitivo _____   modo _____

14. **se arrodillaba**   sujeto _____   tiempo verbal _____

    infinitivo _____   modo _____

15. **alcé**   sujeto _____   tiempo verbal _____

    infinitivo _____   modo _____

16. **han hecho**   sujeto _____   tiempo verbal _____

    infinitivo _____   modo _____

17. **sea**   sujeto _____   tiempo verbal _____

    infinitivo _____   modo _____

18. **consintáis**   sujeto _____   tiempo verbal _____

    infinitivo _____   modo _____

19. **brinqué**   sujeto _____   tiempo verbal _____

    infinitivo _____   modo _____

20. **se estiran**   sujeto _____   tiempo verbal _____

    infinitivo _____   modo _____

Actividad 25-8

Lee el diálogo siguiente entre médico y paciente y contesta las preguntas a continuación.

M – Hola, ¿qué tal te encuentras, Carla?

P – Hola, no estoy aquí porque me encuentre súper fenomenal. Al contrario, me encuentro fatal.

M – ¿Qué te ha pasado?

P – Pues, no sé exactamente, pero me duele todo el cuerpo y estoy cansadísima.

M – ¿Cuánto tiempo hace que te sientes así?

P – Sin duda, hace más de una semana que me siento así.

M – ¿Aun tienes dolor de cabeza?

P – Sí. Y además del cansancio y dolor, me he desmayado esta mañana.

M – Bueno, ponte en la camita aquí para que te examine los pulmones y los oídos para ver si tienes alguna infección.

Después de las pruebas

P – Doctor, dime que no es nada serio.

M – Como bien sabes, me interesa relatarte sólo buenas noticias, pero desafortunadamente no puedo. Según veo, es seguro que tienes varias infecciones. Lo bueno es que es probable que sean infecciones bacterianas.

P – ¿Por qué es bueno que sean bacterianas?

M – Es bueno porque las infecciones como éstas se pueden curar con antibióticos.

P – Entonces, ¿qué recomiendas que haga para recuperarme?

M – Bueno, es necesario que tomes todas las pastillas antibióticas hasta que se te acaben y estoy seguro de que te vas a mejorar más rápida y fácilmente si descansas mucho. Por eso, sugiero que te quedes tranquila en casa y bebas mucha agua. Y si no empiezas a encontrarte mejor dentro de un par de días, llámame por teléfono para concertar otra consulta. ¿Vale?

P – Vale. Gracias por todo y ojalá que no nos veamos pronto. Jajajajajaja

M – Jajajajajaja, de acuerdo. ¡Cuídate, Carla!

Según el texto, indica si las oraciones siguientes son *ciertas* (**C**) o *falsas* (**F**). Corrige cada oración falsa escribiendo una oración cierta.

_____ 1. Carla se siente súper fenomenal.

_____

_____ 2. Carla sufre de cansancio y de mucho dolor.

_____

_____ 3. Hace menos de una semana que Carla se encuentra así.

_____

_____ 4. Carla se ha desmayado.

_____

_____ 5. El médico le ha hecho unas pruebas médicas a Carla para ver si tiene cáncer.

_____

_____ 6. El médico encuentra que Carla tiene una sola infección viral.

_____

_____ 7. A Carla le interesan las sugerencias del médico.

_____

_____ 8. El médico no cree que sea importante que Carla termine todas las pastillas.

_____

_____ 9. Está claro que Carla va a sentirse mejor en un par de días.

_____

_____ 10. Carla no quiere ver al médico pronto porque ellos no se llevan bien.

_____

Actividad 25-9

Para formar cada oración, cambia el orden de palabras y puntuación para que tenga sentido.

1. ¿ haga quieres qué que ?

_____

2. demacraba más , se cada causa SIDA lamentablemente vez a del .

_____

3. corporal índice de tiene masa , su el sobrepeso hijo según

_____

4. el terapia del recomendado hija pediatra ha habla porque mi tartamudea .

_____

5. agachar se bien espalda no dolía porque podía le la.

_____

6. la llevaron la graves de sala porque calambres a emergencia sufría.

_____

7. paciente el grave herida una mortal pero sufrió bien no.

_____

8. paciente por pulmonía la muchos haber padecía años su asma y por fumado .

_____

9. consiguieron radioterapia su con quimioterapia cáncer y curar .

_____

10. la de y entumecimiento son diabetes retinopatía síntomas el la

_____

Actividad 26-1

Para cada oración, escribe la mejor respuesta en el espacio en blanco.

1. Todos tienen que ver con la puerta menos _____.

    a. la bisagra   b. el dintel   c. la cerradura   d. el desván

2. Se encuentran todos en un lecho típico excepto _____.

    a. las almohadas   b. las sábanas   c. el salvamanteles   d. la cobija

3. Todos son herramientas para el jardín excepto _____.

    a. la fregona   b. el azadón   c. el rastrillo   d. la pala

4. Todos son muebles menos _____.

    a. la mecedora   b. la estantería   c. el retrete   d. el sillón

5. Todos son ferretería excepto _____.

    a. el clavo   b. la lima   c. el tornillo   d. la tuerca

6. Todos son árboles menos _____.

    a. el naranjo   b. el peral   c. el rosal   d. el arce

7. Todos son electrodomésticos excepto _____.

    a. el frigorífico   b. la secadora   c. el lavaplatos   d. el lavamanos

8. Se limpia la casa con todos excepto _____.

    a. el trapo   b. los alicates   c. la escoba   d. el trapeador

9. Todas son formas (*shapes*) menos _____.

    a. redondo   b. plano   c. ovalado   d. cuadrado

10. Todos son partes del coche menos _____.

    a. la guantera   b. el salpicadero   c. el velocímetro   d. el ángulo muerto

Actividad 26-2

Contesta las preguntas siguientes con oraciones completas.

1. ¿Cómo es tu casa (condominio, etc.)? ¿Qué tiene (hay)? Píntame un cuadro (en sentido figurado).

2. ¿Dónde colocas tus llaves al entrar en tu casa?

3. ¿Qué deberes domésticos no te fastidian?

4. ¿Cuál te gusta más: piso de madera dura o alfombra? ¿Por qué?

5. ¿Qué tiendes a hacer en casa los fines de semana?

6. ¿Cómo era la casa de tu niñez? ¿Qué tenía (había)? Píntame un cuadro (todo en el imperfecto).

Actividad 26-3

Para cada oración, escribe la mejor palabra en el espacio en blanco.

1. Se alojan en un _____. departamento / arbusto / taller / tejado

2. Hay tres _____ en el jardín. bancos / tinas / rosales / colchas

3. Colgó dos _____ en la pared. picaportes / tapetes / pósters / clavos

4. El sofá es incómodo porque es _____. blando / duro / antiguo / de cuero

5. Pusimos la ferretería extra en un _____. asiento / huerto / retrete / recipiente

6. Medí el mueble con _____. velocímetro / flexómetro / plomería / alicates

7. Tenemos muebles de metal en el _____. techo / portal / fondo / patio

8. Se barre el piso con _____. martillo / rastrillo / azulejos / escoba

9. Llenó el _____ de agua para trapear. balde / cuadro / inodoro / porche

10. Limpias la alfombra con _____. manguera / fregona / cinta / aspiradora

11. Las cortinas _____ con la alfombra. se secan / hacen juego / se friegan

12. La _____ limpia la casa de cabo a rabo. chismosa / criada / gasolina / lima

13. Ella _____ de limpiar el coche. subió / arrancó / hubo / se puso

14. Chocó porque los _____ no funcionaban. frenos / asientos / espejos

15. Él _____ la ropa para quitar las arrugas. lavó / planchó / tendió / tejió

16. Hay un _____ alrededor del jardín. arbusto / cerco / parabrisas / mantel

17. Usas un _____ para destapar el inodoro. rastrillo / tapete / amigo / cubo

18. Empapamos al perro con la _____. tela / escalera / cajuela / manguera

19. Lavaron la ropa en la _____. arandela / lavadora / taza / estufa

20. El _____ es un auto familiar. muro / camión / grifo / monovolumen

Actividad 26-4

Indica si los comentarios siguientes son absurdos o normales.

	absurdo	normal
1. Sacudió el tapete para quitarle el polvo.		
2. Riega el zacate con la manguera.		
3. Para bañarse, hay que abrir la llave.		
4. Quiere que cenemos en el comedor.		
5. Guardo mis llaves en el mostrador al entrar.		
6. Había un inodoro cuadrado en su casa.		
7. Movimos la nieve del césped con una pala.		
8. Mi mamá cosió huevos para el desayuno.		
9. Mi tío había arreglado la transmisión y el embrague.		
10. Colgué el cuadro en la pared con clavos.		
11. El depósito estalló cuando el conductor chocó el camión.		
12. Duermo en una cama sin colchón.		
13. Barrieron la alfombra.		
14. Cuando llegué a su condominio, me dio una buena acogida.		
15. El balcón está en el primer piso.		
16. Hemos estacionado la troca en el zacate.		
17. La grúa lo remolcó porque el auto no se podía arrancar.		
18. La motocicleta tiene un asiento sin respaldo.		
19. Renta un apartamento porque no quiere una hipoteca.		
20. Fuimos escaleras abajo al desván.		
21. Hay dos manzanos en su jardín trasero.		
22. Dormí en su sofá porque no tenía cuarto de huéspedes.		
23. Vive en una casa de remolque de dos pisos.		
24. Dejó la puerta entreabierta.		
25. Siempre cerramos la puerta delantera con llave y cadena.		
26. Mi papá guarda todas sus herramientas en su taller.		
27. Su carro se estropeó porque puso gasóleo en el tanque.		

Actividad 26-5

Para cada verbo conjugado, escribe el sujeto, el tiempo verbal, el modo (indicativo o subjuntivo) y su infinitivo.

1. **cueza**   sujeto _____ tiempo verbal _____

   infinitivo _____ modo _____

2. **habías abierto** sujeto _____ tiempo verbal _____

   infinitivo _____ modo _____

3. **colgamos**   sujeto _____ tiempo verbal _____

   infinitivo _____ modo _____

4. **condujeron**   sujeto _____ tiempo verbal _____

   infinitivo _____ modo _____

5. **estaban**   sujeto _____ tiempo verbal _____

   infinitivo _____ modo _____

6. **te alojarás**   sujeto _____ tiempo verbal _____

   infinitivo _____ modo _____

7. **demos**   sujeto _____ tiempo verbal _____

   infinitivo _____ modo _____

8. **recibí**   sujeto _____ tiempo verbal _____

   infinitivo _____ modo _____

9. **hospedó**   sujeto _____ tiempo verbal _____

   infinitivo _____ modo _____

10. **ha acogido**   sujeto _____ tiempo verbal _____

   infinitivo _____ modo _____

Para cada verbo conjugado, escribe el sujeto, el tiempo verbal, el modo (indicativo o subjuntivo) y su infinitivo.

11. **riegas**   sujeto _____   tiempo verbal _____

  infinitivo _____   modo _____

12. **tienda**   sujeto _____   tiempo verbal _____

  infinitivo _____   modo _____

13. **recojamos**   sujeto _____   tiempo verbal _____

  infinitivo _____   modo _____

14. **fregué**   sujeto _____   tiempo verbal _____

  infinitivo _____   modo _____

15. **habremos pulido** sujeto _____   tiempo verbal _____

  infinitivo _____   modo _____

16. **sacudía**   sujeto _____   tiempo verbal _____

  infinitivo _____   modo _____

17. **solíamos**   sujeto _____   tiempo verbal _____

  infinitivo _____   modo _____

18. **tejiste**   sujeto _____   tiempo verbal _____

  infinitivo _____   modo _____

19. **conduzcas**   sujeto _____   tiempo verbal _____

  infinitivo _____   modo _____

20. **atropellaremos**   sujeto _____   tiempo verbal _____

  infinitivo _____   modo _____

Actividad 26-6

<u>Subraya</u> todos los verbos conjugados en el pretérito. ¿Qué impresión/imagen te da el pretérito?

Sueños con Dios

Pablo se levantó el lunes por la mañana y pensó, "¡Qué sueño más raro!" Se bañó como siempre lo hacía, se alistó, desayunó una rebanada de pan tostado y se fue a trabajar. Cuando llegó, entró en su oficina y cerró la puerta. "Pum, pum", oyó tocar a la puerta.

"Pase", ordenó.

Gloria, su empleada, entró y le dijo, "Mil disculpas, señor Vásquez, es que la enfermera de la escuela de mi hijo acaba de llamarme y me dice que mi hijo está enfermo. ¿Me permite ir por él? No creo regresar el resto del día".

"¡¿El resto del día?!" le gritó. "Son tan sólo las 8:15 de la mañana. No creo que podamos dejar que sigas saliendo tan pronto".

"¿Que siga saliendo? Será la primera vez este año", arguyó.

"Es probable que tu hijo realmente no esté enfermo. No dudo que nada más quiere escaparse de la escuela. No voy a permitir que te vayas. Saldrás a las 5:00, como los demás".

El reloj dio las 5:00 y Pablo fue a casa. Cenó y miró la televisión hasta que se durmió. Mientras dormía, soñó con Dios. Dios le dijo algo, pero no pudo oír lo que Dios quería decirle.

Pablo se despertó la mañana siguiente y pensó, "¡Qué raro! No sólo el mismo sueño dos noches seguidas, sino también, ¿qué me quiere decir Dios?" Pocos minutos después, se olvidó del sueño y cumplió con su rutina de la mañana. Después, se fue para su oficina.

Pablo entró y le preguntó a su secretaria, "¿Dónde está Gloria?" "Gloria no ha llegado", respondió.

"¡Gloria quería salir temprano ayer y hoy ni siquiera vino!" Pablo gritó, bien molesto.

"No es así", su secretaria trató de explicarle.

"¡Cállate que estoy reharto! ¡Gloria nunca trabajará más para esta empresa!" insistió.

"¡SEÑOR!" le gritó su secretaria bien determinada.

"¿Qué?"

"El hijo de Gloria se murió ayer mientras ella estaba aquí puesto que no podía llevarlo al hospital", le explicó.

Pasmado, Pablo se volteó sin decir palabra, se dirigió a su oficina y cerró la puerta. Se quedó callado pero bien pensativo el resto del día. Aquella noche, sintiendo que no se podía disculpar a sí mismo, Pablo se tiró desde su balcón y murió aplastado en la banqueta de abajo. Unos cuantos minutos después, su alma subió al cielo y se encontró frente a Dios. Llorando, le preguntó a Dios, "¿Por qué sucedió así?"

Dios le contestó, "Quise avisarte dos veces, pero mi sistema de altavoces no funcionaba".

Actividad 26-7

<u>Subraya</u> todos los verbos conjugados en el imperfecto. ¿Qué impresión/imagen te da el imperfecto?

Cuando vivía en México

Cuando vivía en México, me alojaba con una familia muy amable y me trataban como a un miembro de la familia. Ellos, o sea el padre y la madre, tenían tres hijos, pero nomás uno todavía vivía con ellos. Él era abogado y tenía 29 años, pero, de todos modos, se quedaba allí por como cuatro o cinco noches a la semana. La madre, quien se llamaba Irene, era ama de casa y el padre, Arturo, era ingeniero.

La casa en que me hospedaba era bastante grande desde la perspectiva de un mexicano típico. La casa tenía dos pisos, un jardín trasero con poca hierba y varios árboles. Tenían dos perros que vivían allí afuera en el jardín. En medio de la casa había un patio que servía de lavadero. Allí, Irene lavaba, secaba, y tendía la ropa, incluso la ropa mía. Como ama de casa, Irene limpiaba toda la casa todos los días de lunes a viernes y cuando digo toda la casa, quiero decir TODA; barría y fregaba todos los pisos, limpiaba los baños, limpiaba todas las ventanas, lavaba todos los platos, preparaba la comida, sacaba toda la basura, desempolvaba los muebles, y aun trabajaba en el jardín. ¡Era muy trabajadora!

En el primer piso había una sala con un sofá, una mesa rectangular y una chimenea. También, en aquel piso, había un comedor con una mesa grande de madera con muchas sillas, y una cocina bastante moderna. En la cocina había un refrigerador, un horno y estufa, un fregadero, una ventana que abría al patio, e incluso un horno de microondas nuevo. Irene acababa de recibir el microondas como regalo navideño y hasta entonces, no lo sabía usar bien. Por eso, siempre me pedía ayuda con él. También, en el primer piso, había un baño y, al lado, estaba la habitación para huéspedes, la cuál era la mía mientras me quedaba allí. Dentro de mi recámara, yo tenía todo lo que necesitaba: una cama cómoda para recostarme, un estéreo y un televisor para distraerme, un guardarropa, un escritorio con lámpara, y varios estantes para todas mis cosas.

En el segundo piso, había otros dos baños y otros cuatro dormitorios. Yo no pasaba mucho tiempo allí arriba porque tenía todo lo que quería en el primer piso, pero te aseguro que eran dormitorios típicos.

La casa, aunque no fuera muy especial para los estadounidenses, sí era algo muy especial para Arturo e Irene. Ellos tenían tanto orgullo por su casa y después de vivir como mexicano por un tiempo, empezaba a sentir el mismo orgullo.

Actividad 26-8

Un verano salmantino

Bueno, pues, hace varios años, yo fui a España por primera vez para estudiar y para experimentar un poco de la cultura y las raíces de la lengua española. No podía elegir la ciudad que más me gustara para estudiar porque fui como parte de un programa de la Universidad de Colorado del Norte y teníamos una sola opción: la Universidad de Salamanca (la más antigua de toda España). Sopesaba las opciones de vivir en las residencias con los demás estudiantes extranjeros, buscar mi propio departamento o vivir con una familia española. No quería hablar ni una sola palabra en inglés y sabía de antemano que la mayoría de los estudiantes extranjeros querría hablar en inglés. Me imaginaba que alquilar un departamento significaría aislamiento y eso no es lo que quería. Lo que sí quería era pasar todo mi tiempo con los españoles, aprendiendo todo lo posible de la cultura y de las diferencias lingüísticas entre España y otros países hispanohablantes. Entonces, decidí alojarme con una familia y eso es lo que hice.

Cuando llegué a Salamanca, encontré la casa de mi nueva familia muy fácilmente. Cuando llegué, me enteré de que la "casa" era un piso, igual que un apartamento aquí en los EE. UU. El piso donde iba a vivir por cinco semanas quedaba en el primer piso, es decir el segundo como lo llamamos en las Américas. En Europa, la planta baja es nuestro primer piso y el primero es nuestro segundo, etcétera. Bueno, cuando llegué, la mamá de la familia me esperaba y bajó para conocerme, y juntos, subimos y entramos. Al entrar, ella me guio a mi habitación y me mostró en donde podía guardar mis cosas personales, me mostró el balcón que había fuera de mi ventana y después, me mostró el cuarto de servicio y cómo funcionaba todo. Me preguntó si yo traía una toalla, jabón y champú y le dije que no. Me dijo que no me preocupara porque yo podría usar los suyos. Como eran las 7:00 de la tarde y yo había viajado quince horas para llegar, ella me alimentó y yo fui a mi habitación para desempacar todas mis cosas y me eché a dormir.

A la mañana siguiente, la mamá me sirvió el desayuno y después, me duché y me preparé para mi primer día de clases. Cuando regresé a casa aquella noche, la mamá y el resto de la familia me invitaron a cenar con ellos. Vimos las noticias del telediario y ellos se quejaron de todo lo que estaba pasando. Al terminar, fui a mi habitación para estudiar y dormir. Esto más o menos era la rutina hasta el fin de mi estancia allá. Lo extraño de toda mi experiencia era que casi no me preguntaron nada sobre mi vida en los EE. UU. y ni una vez me mostraron el resto del piso. Había dos o tres habitaciones, uno o dos cuartos de servicio y una cocina que nunca vi. ¡Eso era más de una mitad de la casa que yo no conocía! ¡Qué incómodo! Me parecía que no estaba invitado en otras partes del piso además del servicio, el comedor y mi habitación. Su piso entero era más pequeño que mi sala de estar en la casa mía en aquella época, entonces no había mucho espacio para hacer nada. Por eso, trataba de salir muy temprano por la mañana y regresar muy tarde por la noche para no sentirme como prisionero dentro de tan poco espacio. Resultó que no tuve la experiencia que quería. Al fin y al cabo, me di cuenta de que, para esa familia, alojar a los estudiantes no era una oportunidad de conocer a la gente de otros mundos sino puro negocio, una forma de ganarse la vida y sobrevivir.

Según el texto, indica si las oraciones siguientes son *ciertas* (**C**) o *falsas* (**F**).

_____ 1. Yo había ido a España varias veces.

_____ 2. Fui de vacaciones del verano para festejar.

_____ 3. Yo quería vivir con una familia española.

_____ 4. Me quedé en una casa grande y lujosa.

_____ 5. Me interesaban sus diferencias lingüísticas.

_____ 6. La mamá compartía su jabón y su champú conmigo y me prestó una toalla.

_____ 7. Regresaba a casa inmediatamente después de clases para aprovecharme de la buena conversación.

_____ 8. Yo conocí solamente una menor parte de la casa.

_____ 9. Según parece, la familia hospedaba a los estudiantes para conocer mejor otras culturas del mundo.

_____ 10. Tuve una muy buena experiencia con aquella familia.

Actividad 26-9

Completa el siguiente texto con los verbos indicados en sus formas apropiadas según el contexto. "**Ya**" indica que uses un tiempo perfecto.

Cuando yo _____ (tener) doce años, yo vivía en una casa de un piso

con tres habitaciones, dos baños, una sala, una sala de estar, un comedor y una cocina. En los

jardines, _____ (haber) césped, unos árboles y unos arbustos. _____

(ser) una casa típica en un barrio típico. Mis padres no _____ (ser) ni ricos ni pobres;

_____ (trabajar) de lunes a viernes y no _____ (tener)

mucho tiempo ni ganas de hacer todos los deberes domésticos. Por eso, mi hermano mayor y yo

siempre _____ (ayudar) en casa. _____ (haber) varios

deberes con que nuestros padres nos _____ (hacer) cumplir y muchos que

_____ (poder) hacer para ganar dinero. Todos los sábados, mi hermano

_____ (pasar) la aspiradora por toda la casa, nosotros dos _____

(arreglar) nuestros propios dormitorios y yo _____ (limpiar) nuestro baño.

También nosotros _____ (tener) que hacer nuestras camas todos los días por la

mañana y una vez a la semana, cada quién _____ (preparar) una cena para toda

la familia. Cada noche, toda la familia _____ (poner) y _____

(quitar) la mesa y, normalmente, nuestros padres _____ (fregar) los platos.

Por hacer todo eso, nuestros padres no nos _____ (dar) ni un centavo. Para ganar

dinero, _____ (haber) que _____ (trabajar) más, y a menudo,

mi hermano y yo lo _____ (hacer). Me _____ (gustar) cortar el

césped y a mi hermano le _____ (gustar) lavar las ventanas desde afuera. Unas

cinco o seis veces, yo _____ (arreglar) el garaje, diez o doce veces yo

_____ (barrer) el camino particular. Normalmente yo _____

(ganar) entre diez y quince dólares al mes por _____ (hacer) los deberes extras.

Recuerdo que un martes en el verano, yo les _____ (decir) a mis padres que

_____ (ir) a hacer todos los quehaceres aquel día y ellos no me _____

(creer), pero eso es exactamente lo que _____ (hacer). Yo _____

(cumplir) con todos los deberes posibles mientras mis padres _____

(trabajar). Cuando mis padres _____ (volver) a casa aquella tarde, yo **ya**

_____ (limpiar) las ventanas de toda la casa, _____

(arreglar) el garaje, _____ (barrer) el camino particular, _____

(desempolvar) los muebles, _____ (cortar) el césped, _____

(sacar) la basura y aun **ya** _____ (pulir) las botas de mi papá.

Cuando mis padres _____ (entrar) en la casa a eso de las 5:30, yo les

_____ (explicar) todo lo que _____ (hacer) y que

me _____ (deber) 38 dólares con 50 centavos. Ellos _____

(estar) bien asombrados y a la vez tan agradecidos que me _____ (pagar) en

efectivo inmediatamente. Además de todos los deberes que _____ (tener) que

_____ (hacer) cada semana de joven, y todos los deberes extras que

_____ (hacer) aquel martes, ahora que soy adulto, yo **ya** _____

_____ (hacer) casi todos los deberes domésticos posibles. Por ejemplo, yo

_____ (coser) y _____ (planchar) muchísima ropa,

_____ (pasar) un trapo un centenar de veces, _____

(excavar) para plantar arbustos, _____ (martillar) mil cosas,

_____ (rastrillar) y _____ (recoger) las hojas

otoño tras otoño, y _____ (mover) con pala toda la nieve en mi camino

particular más veces de las que quiero recordar. ¡Qué rollo!

Actividad 27-1

Llena el espacio en blanco con la conjugación correcta en <u>el condicional</u> del verbo entre paréntesis.

1. Me dijo que él mismo _____ el experimento. (repetir)

2. ¿_____ la Tierra sin la luna? (girar)

3. Los adaptadores no _____ la corriente eléctrica. (controlar)

4. Con tu conocimiento técnico, tú _____ muchas oportunidades. (tener)

5. Yo _____ más experimentos, pero no tengo el equipo. (hacer)

6. ¿Te _____ ampliar el estudio? (gustar)

7. _____ mejor googlearlo primero. (ser)

8. De hecho, yo le _____ una patente de invención. (poner)

9. Les dije que yo _____ el lunes, y aquí estoy. (venir)

10. Ella y yo _____ ser nómadas digitales. (querer)

11. El campo electromagnético no _____. (disminuirse)

12. La alarma _____ en caso de incendio. (sonar)

13. La clavija no _____ en el enchufe sin adaptador. (caber – como "saber")

14. ¿Qué hipótesis _____ tú? (proponer – como "poner")

15. Ganar un premio me _____ mucho. (agradar)

16. Los seres vivos no _____ sin mutaciones genéticas. (evolucionar)

17. La tecnología no _____ sin electricidad. (funcionar)

18. Yo, en tu lugar, _____ el procesador. (reiniciar)

19. Nosotros no _____ wifi sin el router. (tener)

20. Una computadora sin teclado no _____ de nada. (servir)

Actividad 27-2

Para cada oración, escribe la mejor respuesta en el espacio en blanco.

1. La Tierra tiene todos menos _____.

    a. líquido   b. un agujero negro   c. un eje   d. masa

2. Los átomos tienen todos excepto _____.

    a. neutrones   b. un núcleo   c. protones   d. moléculas

3. Todos son estados de materia excepto _____.

    a. líquido   b. sólido   c. químico   d. gaseoso

4. La taxonomía agrupa a los seres vivos según todos menos _____.

    a. la sobrevivencia   b. la especie   c. el orden   d. el reino

5. La teoría de la relatividad especial ($E=mc^2$) toma en cuenta todas excepto _____.

    a. la energía   b. la inercia   c. la masa   d. la aceleración

6. Todos son componentes de un ordenador menos _____.

    a. el disco duro   b. el procesador   c. el módem   d. la memoria

7. Todos nos ayudan a ver mejor excepto _____.

    a. los prismáticos   b. el telescopio   c. el alcoholímetro   d. la lupa

8. Todos pueden tener conexiones inalámbricas excepto _____.

    a. el teclado   b. el ratón   c. la impresora   d. la fuente de alimentación

9. Todos son unidades de corriente eléctrica menos _____.

    a. el amperio   b. el circuito   c. el vatio   d. voltio

10. Se comunica electrónicamente por todos estos medios menos _____.

    a. el perfil   b. el texto   c. el tuit   d. el correo electrónico

Actividad 27-3

Contesta las preguntas siguientes con oraciones completas.

1. ¿Qué conexión ves entre las ciencias y la tecnología? Elabora tu respuesta.

_____

_____

_____

2. ¿Cómo es posible que los seres vivos evolucionemos? ¿Qué factores/condiciones contribuyen?

_____

_____

_____

3. ¿Qué campo científico te llamaba más la atención en la escuela preparatoria? ¿Por qué?

_____

_____

_____

4. ¿Qué es la taxonomía?

_____

_____

5. ¿Cómo ha influido la tecnología en tu vida? ¿Cómo la utilizas?

_____

_____

6. ¿Crees que los científicos merecen alabanzas por los avances tecnológicos?

_____

_____

_____

Actividad 27-4

Llena los espacios en blanco con las conjugaciones correctas en el subjuntivo del imperfecto.

1. Quería que tú _____ el subjuntivo la semana pasada. (estudiar)

2. No era importante que tú _____ el estudio. (repetir)

3. No les gustaba que nosotros _____ cada aspecto. (controlar)

4. Dudaba que ellos _____ los documentos en una sola hora. (imprimir)

5. Valió la pena que tú _____ la computadora. (reiniciar)

6. Para evolucionar, era imprescindible que las especies _____. (sobrevivir)

7. Yo no estaba seguro de que la funda _____ el teléfono. (proteger)

8. Puede que el adaptador no _____ la corriente eléctrica. (convertir)

9. Era imposible que la clavija _____ en el enchufe. (caber – como "saber")

10. Agruparon a los organismos para que _____ entender la evolución. (poder)

11. Pedí que tú _____ la máquina, pero no lo hiciste. (enchufar)

12. Me entristece que ellos _____ la potencia de la fisión nuclear. (descubrir)

13. No era imposible que la corriente _____ la pila. (sobrecargar)

14. Preferían que nosotros les _____ la información. (textear)

15. Me parece raro que ella no _____ el sitio web. (buscar)

16. Me dio vergüenza que nosotros no _____ de acuerdo. (ponerse)

17. No hacía falta que _____ el vataje. (disminuir)

18. Permitieron que yo _____ el estudio. (ampliar)

19. No me imaginaba que _____ perfectamente bien al comenzar. (servir)

20. Le dio alegría que ellos le _____ tantos halagos por su descubrimiento. (dar)

298

Actividad 27-5

Para cada oración, escribe la mejor palabra en el espacio en blanco.

1. Puedes copiar y pegar si haces clic _____. derecho / izquierdo / doble / extra

2. La biología es el estudio de los _____ vivos. genes / seres / átomos / reinos

3. Hay estaciones por _____ de la Tierra. el eje inclinado / la rotación / la órbita

4. Hay día y noche por _____ de la Tierra. el eje inclinado / la rotación / la órbita

5. Hay mareas altas por _____ de la luna. el eje inclinado / la rotación / la órbita

6. La _____ es la historia de la evolución. taxonomía / filogenia / genética / familia

7. La _____ estudia el ADN. astrofísica / la biología / química / bioquímica

8. Sólido y líquido son estados de _____. plasma / gas / materia / elementos

9. Si quieres wifi, necesitas un/a _____. computadora / router / tableta / clave

10. Los avances harán _____ la tecnología actual. avanzada / obsoleta / corriente

11. Los móviles inteligentes tienen pantallas _____. sabias / ineptas / táctiles

12. Me gusta chatear en _____. la prensa / el buscador / la contraseña / el foro

13. Los electrones tienen una _____ negativa. actitud / energía / carga / partícula

14. Los seres humanos somos organismos _____. alternos / complejos / líquidos

15. La nomenclatura binomial es _____. género y especie / clase y orden / reino y filo

16. Un átomo con carga se llama _____. negativo / ion / positivo / atómico

17. Pon tu nombre de usuario y _____. recado / perfil / contraseña / vínculo

18. El que manda un correo electrónico es el _____. destinatario / obsoleto / remitente

19. Tienen la esperanza de oír noticias _____. desagradables / agradables / extra

20. Podrán continuar con el estudio porque recibieron la _____ que pidieron.
    propuesta / patente de invención / subvención / prensa

Actividad 27-6

Indica si los comentarios siguientes son ciertos o falsos.

	cierto	falso
1. Los científicos más sabios son los más obsoletos.	_____	_____
2. La Tierra rota alrededor de su eje.	_____	_____
3. Todo cuerpo con masa tiene gravedad.	_____	_____
4. La Tierra es magnética.	_____	_____
5. Los físicos estudian las hormonas.	_____	_____
6. Todos los átomos tienen carga eléctrica positiva.	_____	_____
7. Los astrofísicos creen que Júpiter sólo consiste en gas y líquido.	_____	_____
8. Plutón es el 9º planeta de nuestro sistema solar.	_____	_____
9. Te hace falta una contraseña para acceder a algunos sitios web.	_____	_____
10. Hacer una búsqueda googleográfica requiere wifi.	_____	_____
11. El fusible sirve de protección para los aparatos electrónicos.	_____	_____
12. La fisión y la fusión son diferentes tipos de reacción nuclear.	_____	_____
13. Los astrónomos creen que Marte tenía agua.	_____	_____
14. La microbiología estudia los organismos complejos.	_____	_____
15. Hay cuatro estados de materia: sólido, líquido, gas y plasma.	_____	_____
16. Los astrónomos usan lupas para ver galaxias distantes.	_____	_____
17. Unos adaptadores convierten la corriente alterna en continua.	_____	_____
18. Los ornitólogos usan los prismáticos para ver a las aves.	_____	_____
19. La tecnología electrónica no sirve sin fuente de alimentación.	_____	_____
20. El aire acondicionado es una novedad en algunos países.	_____	_____

Actividad 27-7

Para cada verbo conjugado, escribe el sujeto, el tiempo verbal, el modo (indicativo o subjuntivo) y su infinitivo.

1. **hicieras**   sujeto _____   tiempo verbal _____

    infinitivo _____   modo _____

2. **podríamos**   sujeto _____   tiempo verbal _____

    infinitivo _____   modo _____

3. **repitan**   sujeto _____   tiempo verbal _____

    infinitivo _____   modo _____

4. **evolucionamos**   sujeto _____   tiempo verbal _____

    infinitivo _____   modo _____

5. **he controlado**   sujeto _____   tiempo verbal _____

    infinitivo _____   modo _____

6. **rota**   sujeto _____   tiempo verbal _____

    infinitivo _____   modo _____

7. **tuviéramos**   sujeto _____   tiempo verbal _____

    infinitivo _____   modo _____

8. **sabríais**   sujeto _____   tiempo verbal _____

    infinitivo _____   modo _____

9. **quepo**   sujeto _____   tiempo verbal _____

    infinitivo _____   modo _____

10. **sepa**   sujeto _____   tiempo verbal _____

    infinitivo _____   modo _____

Para cada verbo conjugado, escribe el sujeto, el tiempo verbal, el modo (indicativo o subjuntivo) y su infinitivo.

11. **había visto**   sujeto _____   tiempo verbal _____

     infinitivo _____   modo _____

12. **inicié**   sujeto _____   tiempo verbal _____

     infinitivo _____   modo _____

13. **ocupó**   sujeto _____   tiempo verbal _____

     infinitivo _____   modo _____

14. **cupe**   sujeto _____   tiempo verbal _____

     infinitivo _____   modo _____

15. **convirtiera**   sujeto _____   tiempo verbal _____

     infinitivo _____   modo _____

16. **progresarías**   sujeto _____   tiempo verbal _____

     infinitivo _____   modo _____

17. **avance**   sujeto _____   tiempo verbal _____

     infinitivo _____   modo _____

18. **suena**   sujeto _____   tiempo verbal _____

     infinitivo _____   modo _____

19. **daría**   sujeto _____   tiempo verbal _____

     infinitivo _____   modo _____

20. **fuéramos**   sujeto _____   tiempo verbal _____

     infinitivo _____   modo _____

Actividad 27-8

Para formar cada oración, cambia el orden de palabras y puntuación para que tenga sentido.

1. yo repitieras resultados que tú experimento el quería para comprobar los .

_____

_____

2. fue colmo injusto que subvención rechazaran la perdiéramos de invención y , para patente , la .

_____

_____

3. ¿ crees el ratón funcionaría pila inalámbrico que sin cómo ?

_____

4. corriente tomacorriente que la previene el pila sobrecargue la .

_____

5. sirve veces tiene mi táctil teclado móvil, pero a no .

_____

6. evolucionaran organismos para era los humanos seres simples que importante los .

_____

7. el los hizo estudio que expandir descubrimiento pudieran científicos su .

_____

8. pero rechazadas he que otra sido hipótesis , propuesto todas han alguna .

_____

9. consenso no hipótesis ningún hubo confirmara que la .

_____

10. un reloj y entre es buen el conexión las atómico de ejemplo la ciencias la tecnología .

_____

Actividad 28-1

Para cada oración, escribe la mejor respuesta en el espacio en blanco.

1. Todos son crímenes menos _____.

    a. el homicidio   b. linchar   c. el acoso   d. matar a puñaladas

2. Todos son delitos en EE. UU. excepto _____.

    a. chantajear   b. armar una huelga   c. el secuestro   d. el narcotráfico

3. Todas son armas de fuego excepto _____.

    a. la pistola   b. la navaja   c. la ametralladora   d. la escopeta

4. Todas son drogas menos _____.

    a. la mula   b. la mota   c. la cocaína   d. la heroína

5. Todos son fallos de un juez excepto _____.

    a. la cadena perpetua b. una multa   c. la pena de muerte d. regañar al reo

6. Es normal que una fuerza de tarea trate de acabar con todos menos _____.

    a. el narcotráfico   b. el terrorismo   c. las pandillas   d. la venganza

7. Los paramédicos entran en acción para hacer todos excepto _____.

    a. alarmar   b. rescatar   c. resucitar   d. salvar

8. Todas estas palabras son jerga excepto _____.

    a. la paz   b. el bote   c. la mota   d. el soplón

9. Es común que la policía decomise todos menos _____.

    a. las armas   b. el contrabando   c. los explosivos   d. los cadáveres

10. Todas estas profesiones son legales en EE. UU. menos _____.

    a. detective   b. guardaespaldas c. sicario   d. cazador de
       clandestino   recompensas

Actividad 28-2

Llena los espacios en blanco con las conjugaciones correctas en <u>el condicional</u> y <u>el subjuntivo del imperfecto</u> de los verbos entre paréntesis.

1. Si la patrulla los _____ (perseguir) bien, los policías _____ (detener) a los sospechosos en un dos por tres.

2. Los ladrones no _____ (meterse) en la cárcel si no _____ (ser) delincuentes.

3. Yo no _____ (preocuparse) si no lo _____ (hacer).

4. Aunque él _____ (robar) el banco a mano armada, yo _____ (entrar) en acción porque siempre porto una pistola.

5. Nosotros no _____ (enfrentar) cargos si _____

   (conocer) al poli porque le _____ (dar) una mordida y ya.

6. Si tú _____ (contratar) al sicario, el secuestrador no _____ (huir) a ningún lado.

7. Si ellos _____ (arrepentirse) honestamente, _____ (reformarse) de verdad.

8. Nosotros no _____ (demandar) si _____ (llegar) a un acuerdo.

Llena los espacios en blanco con las conjugaciones correctas en <u>el condicional perfecto</u> y <u>el subjuntivo del pluscuamperfecto</u> de los verbos entre paréntesis.

9. Si la policía no _____ (golpear) a palos a los protestantes, ellos

   no _____ (incitar) el motín.

10. Yo _____ (salir) ileso si no _____ (haber) una segunda explosión.

11. Si el guardia _____ (vigilar) bien, los ladrones no

    _____ (poder) robar la joyería.

12. Si no _____ (ser) por los paramédicos, todas las víctimas

    _____ (fallecer).

Actividad 28-3

Contesta las preguntas siguientes con oraciones completas.

1. ¿Matarías si fuera una cuestión de vida o muerte?

_____

_____

2. ¿Qué harías si estuvieras en un banco durante un robo? ¿Entrarías en acción? ¿Te esconderías?

_____

_____

3. ¿Conoces a alguien que haya enfrentado cargos, aunque fuera inocente? ¿De qué lo acusaron?

_____

_____

4. ¿Es legal en este país/estado portar armas abiertamente? ¿Estás de acuerdo con la ley?

_____

_____

5. ¿Te preocupas de que alguien te culpe de algo que no hayas hecho?

_____

6. ¿Son las drogas y las armas de fuego una cuestión de libertades personales o seguridad pública?

_____

_____

_____

7. ¿Has tenido que testificar alguna vez o has servido de jurado/a?

_____

8. ¿Has disparado un arma de fuego o detonado un explosivo alguna vez?

_____

Actividad 28-4

Para cada oración, escribe la mejor palabra en el espacio en blanco.

1. Robó el banco a _____. palos / quemarropa / mano armada / puñetazos

2. Persiguieron al sospechoso cuando _____. se escondió / huyó / estuvo a salvo

3. El terrorista se suicidó detonando la _____. pandilla / patrulla / bomba / paz

4. Apuñaló a la víctima con una _____. bala / escopeta / venganza / navaja

5. _____ al policía para que no lo arrestara. sobornó / denunció / estafó / acosó

6. Hubo 33 _____ por el motín. heridos / ilesos / rehenes / castigos

7. La jueza _____ al reo a la muerte. defendió / superó / condenó / fracasó

8. Tiene al reo bajo _____. custodia / la ley / la prisión / venganza

9. Burro, mota, soplón y bote son de _____. armas / urgencias / chantaje / argot

10. La cadena perpetua es _____. una estafa / severa / ilegal / culpable

11. La paramédica me _____ la vida. arriesgó / salvó / identificó / dirigió

12. La explosión nos _____. destrozó / denunció / asustó / liberó

13. No fui testigo de los _____. tipos / derechos / acontecimientos / hechos

14. Le disparó a _____. mano armada / quemarropa / puñaladas / palos

15. _____ varios eventos aquel día. fue / era / estuvo / estaba / hubo / había

16. El narcotraficante se _____ en la cárcel. escondió / metió / sobornó / denunció

17. La ambulancia lo llevó a las _____. protestas / cortes / urgencias / cazas

18. Lo mató en _____. defensa propia / demanda / vida / paz

19. Ha muerto esta mañana. Que descanse en _____. precaución / paz / guerra / venganza

20. Todos han de estar en casa en la noche por _____.
    el toque de queda / la orden de alejamiento / la cadena perpetua / la defensa propia

Reescribe las siguientes oraciones en negativo, sustituyendo el indicativo del verbo subrayado por el subjuntivo correspondiente.

1. Pienso que las armas de fuego deben ser ilegales en los EE. UU.

No pienso que _____

2. Está claro que la detective pondrá en libertad a los reos.

_____

3. Conozco a alguien que ha contratado a un cazador de recompensas.

_____

4. Es evidente que el testigo habrá identificado a los culpables.

_____

5. Parece que los rehenes huyeron durante el tiroteo.

_____

6. Era obvio que las pandillas no querían guerra.

_____

7. Se notaba que los delincuentes se entregarían a la policía.

_____

8. Estoy seguro de que la mula había ocultado el contrabando antes.

_____

9. Creo que el sicario lo habría matado a palos si la poli no hubiera llegado a tiempo.

_____

10. Es un hecho que el fallo del juez incitó el motín.

_____

Actividad 28-6

Indica si los comentarios siguientes son absurdos o normales.

	absurdo	normal
1. El asesino le disparó a palos.		
2. Me fastidia que lo mataran a quemarropa.		
3. Hubo tres atentados la semana pasada.		
4. El terrorista hizo explotar la bomba a puñetazos.		
5. Hubo un tiroteo entre tres diferentes pandillas.		
6. Las víctimas del homicidio resultaron ilesas.		
7. La policía arrestó a más de 100 personas tras el motín.		
8. Si no lidiases con el juez, te metería en la cárcel.		
9. Lo denunciaron, pero creo que es nomás el cabeza de turco.		
10. Condenaron a la muerte a la ladrona.		
11. Encarcelaron al inocente y pusieron en libertad al culpable.		
12. Los abogados defienden hasta a los peores criminales.		
13. Ocultó la pistola al huir para evitar cargos de posesión.		
14. El guardia vigilaría mejor si le dieran una multa.		
15. Es sorprendente que la abogada defendiera al acusado.		
16. Los prisioneros incitaron un motín y mataron a un guardia.		
17. Lo lincharon sin juez ni jurado.		
18. El testigo sopló y denunció a los narcotraficantes.		
19. Había cadáveres por todas partes del lugar de los hechos.		
20. Quisieron chantajear al juez, pero el soplón los denunció.		
21. Hubo una masacre por cuestiones de venganza.		
22. Los policías le pegaron a palos hasta que confesara.		
23. Los jóvenes desesperados recurren a la droga o a las pandillas.		
24. Las manifestaciones me molestan, pero no me hacen daño.		
25. Los paramédicos investigarán el crimen.		
26. La muerte los mató.		
27. La bala no le hizo daño porque llevaba un chaleco antibala.		

Actividad 28-7

Para cada verbo conjugado, escribe el sujeto, el tiempo verbal, el modo (indicativo o subjuntivo) y su infinitivo.

1. **apuñaláramos**   sujeto _____   tiempo verbal _____

   infinitivo _____   modo _____

2. **habría estallado**   sujeto _____   tiempo verbal _____

   infinitivo _____   modo _____

3. **haya**   sujeto _____   tiempo verbal _____

   infinitivo _____   modo _____

4. **fallecieses**   sujeto _____   tiempo verbal _____

   infinitivo _____   modo _____

5. **recurrió**   sujeto _____   tiempo verbal _____

   infinitivo _____   modo _____

6. **pegábamos**   sujeto _____   tiempo verbal _____

   infinitivo _____   modo _____

7. **detendrían**   sujeto _____   tiempo verbal _____

   infinitivo _____   modo _____

8. **me he metido**   sujeto _____   tiempo verbal _____

   infinitivo _____   modo _____

9. **dijésemos**   sujeto _____   tiempo verbal _____

   infinitivo _____   modo _____

10. **fallarán**   sujeto _____   tiempo verbal _____

   infinitivo _____   modo _____

Para cada verbo conjugado, escribe el sujeto, el tiempo verbal, el modo (indicativo o subjuntivo) y su infinitivo.

11. **confisque**   sujeto _____   tiempo verbal _____

　　 infinitivo _____   modo _____

12. **actúo**   sujeto _____   tiempo verbal _____

　　 infinitivo _____   modo _____

13. **haya impuesto**   sujeto _____   tiempo verbal _____

　　 infinitivo _____   modo _____

14. **te preocupes**   sujeto _____   tiempo verbal _____

　　 infinitivo _____   modo _____

15. **cacéis**   sujeto _____   tiempo verbal _____

　　 infinitivo _____   modo _____

16. **se arrepintieron** sujeto _____   tiempo verbal _____

　　 infinitivo _____   modo _____

17. **era**   sujeto _____   tiempo verbal _____

　　 infinitivo _____   modo _____

18. **fueran**   sujeto _____   tiempo verbal _____

　　 infinitivo _____   modo _____

19. **habrías sabido**   sujeto _____   tiempo verbal _____

　　 infinitivo _____   modo _____

20. **quisiera**   sujeto _____   tiempo verbal _____

　　 infinitivo _____   modo _____

Actividad 28-8

Para formar cada oración, cambia el orden de palabras y puntuación para que tenga sentido.

1. ¿ son las suicidio quiénes del víctimas ?

_____

2. hay, cada rehenes vida parece muerte una momento cuestión ser de o cuando.

_____

3. le multa impondrá jueza lo una a severa pero la no sentenciará la prisión .

_____

4. sospechoso identificara al , correría si testigo de ser el riesgo el asesinado .

_____

5. los juzgado enfrentaron libres en cargos ahora acusados el , pero son .

_____

6. el encontró lo culpable lo del jurado a homicidio condenó y el muerte juez la .

_____

7. lo prisión de y máxima años la ahora violación una acusan enfrenta 10 sentencia de en .

_____

_____

8. heridas más ilesas personas de 50 personas y menos resultaron de 10 salieron .

_____

9. los no familiares cadáveres identificar pudieron los .

_____

10. hubiera si no habido sido por paramédicos , habría los muertes más .

_____

Actividad 29-1

Para cada oración, escribe la mejor respuesta en el espacio en blanco.

1. Todos son ramas militares estadounidenses menos _____.

    a. el ejército   b. la fuerza aérea   c. la guardia nacional   d. la marina de guerra

2. Todos son partidos políticos excepto _____.

    a. republicano   b. dictador   c. socialista   d. democrático

3. Todos son oficiales gubernamentales en EE. UU. excepto _____.

    a. la senadora   b. el primer ministro   c. la congresista   d. el presidente

4. Todas son ramas del gobierno federal estadounidense menos _____.

    a. la congresional   b. la legislativa   c. la judicial   d. la ejecutiva

5. Todos son recursos naturales excepto _____.

    a. el oro   b. el petróleo   c. el gas natural   d. la expansión

6. Todas son crisis mundiales menos _____.

    a. la pobreza   b. la campaña   c. la hambruna   d. la sequía

7. Todas son organizaciones internacionales excepto _____.

    a. la Cruz Roja   b. OTAN   c. la bolsa de valores   d. OPEP

8. Todos son países de habla hispana excepto _____.

    a. Cuba   b. Paraguay   c. Belice   d. México

9. Todos comparten una frontera con Bolivia menos _____.

    a. Argentina   b. Uruguay   c. Chile   d. Perú

10. Todos son países centroamericanos menos _____.

    a. Panamá   b. El Salvador   c. Nicaragua   d. Venezuela

Actividad 29-2

Para cada oración, escoge o *ser* o *estar* según el contexto y escribe tu respuesta en el espacio.

1. Los conservadores _____ en contra del candidato socialista. (son / están)

2. Las víctimas del terremoto _____ paralizadas. (son / están)

3. ¿En qué año _____ el maremoto? (fue / estuvo)

4. Las luces _____ apagadas cuando volví a casa. (eran / estaban)

5. Los huérfanos _____ abandonados por tres días. (fueron / estuvieron)

6. En una democracia, la gente _____ libre. (es / está)

7. Los derechos civiles _____ garantizados por la ley. (son / están)

8. _____ cojos y por eso aplican para los servicios sociales. (son / están)

9. Puedo reunirme contigo este sábado porque _____ libre. (seré / estaré)

10. Los desamparados _____ abandonados por su gobierno. (fueron / estuvieron)

11. Los niños _____ asustados por el trueno. (fueron / estuvieron)

12. Los voluntarios _____ en contra de la nueva ley. (son / están)

13. Las víctimas del incendio _____ muertas. (son / están)

14. Los dos marineros _____ sargentos ahora. (son / están)

15. ¿Dónde _____ la manifestación este sábado? (será / estará)

16. El refugio _____ destruido después del tornado. (era / estaba)

17. Los almirantes y generales no _____ políticos. (son / están)

18. No todos los ancianos logran _____ jubilados. (ser / estar)

19. Los desamparados _____ necesitados y vulnerables. (son / están)

20. No creo que los tiranos _____ locos. (sean / estén)

Actividad 29-3

Para cada oración, escribe la mejor palabra en el espacio en blanco.

1. La Cruz Roja recaudó fondos para las _____. políticas / víctimas / ancianas

2. Arrestaron a los indocumentados en las _____. elecciones / campañas / redadas

3. Lo reclutaron para alistarse en el _____. ejército / deslave / fraude / apagón

4. Los huidos de guerra a otro país son _____. minusválidos / refugiados / mancos

5. Los ciudadanos _____ a los senadores. votan / eligen / se postulan / mandan

6. Proponen construir un _____ por la frontera. mudo / espantapájaros / senado / muro

7. Los candidatos _____ cuatro veces. vencieron / realizaron / debatieron / batallaron

8. El ejército es una _____ militar. rama / libre / conscripción / expansión

9. Los EE. UU. es una _____ democrática. visa / república / promesa / bolsa

10. NAFTA es un _____. tratado de libre comercio / arma biológica / gobierno

11. Canadá tiene un _____. senado / congreso / parlamento / partido político

12. La ciudad no tenía luces por el _____. apagón / deslave / presupuesto / distrito

13. Las personas mancas están _____. jubiladas / discapacitadas / necesitadas

14. Las tropas _____ a la guerra. se unieron / se ofrecieron / marcharon

15. La candidata _____ al senador en la corrupción. valió / implicó / unió / solicitó

16. El dictador _____ que voten. admira / sugiere / prohíbe / suplica

17. Bolivia es un país _____. hispanohablante / angloparlante / centroamericano

18. Los guineanos son _____. americanos / africanos / caribeños / europeos

19. Chile comparte una frontera con _____. Ecuador / España / Perú / Paraguay

20. Ojalá las tropas _____ sanas y salvas. regresaban / volvieron / regresen / vuelven

Actividad 29-4

Indica si los comentarios siguientes son ciertos o falsos.

	cierto	falso
1. Los comunistas tienen elecciones libres.		
2. El presidente de EE. UU. elige a los secretarios de su gabinete.		
3. Las armas nucleares podrían aniquilar toda la vida humana.		
4. En los EE. UU., el partido republicano es el más liberal.		
5. Los mancos y los tuertos se consideran discapacitados.		
6. La sequía es la escasez de comida.		
7. Los indocumentados no tienen ni pasaporte.		
8. Los paraguayos son hispanoparlantes.		
9. Colombia compartía una frontera con Panamá.		
10. Mucha gente indocumentada contribuye a la economía.		
11. La Unión Europea es una organización militar.		
12. OPEP es la Organización de Países Exportadores de Petróleo.		
13. Las Naciones Unidas es una organización económica.		
14. Almirante es el rango más alto del ejército.		
15. Las armas biológicas podrían aniquilar toda la humanidad.		
16. OTAN es la Organización del Tratado del Atlántico Norte.		
17. La gente indocumentada no paga impuestos.		
18. La segunda dama es la esposa del vicepresidente.		
19. Los ancianos pueden aplicar para el seguro social.		
20. Los candidatos prometen mucho, pero luego cumplen poco.		
21. CAFTA es una expansión de NAFTA.		
22. Los puertorriqueños son ciudadanos estadounidenses.		
23. Los mexicanos son europeos.		
24. México tiene un primer ministro.		
25. El secretario del Estado es parte del gabinete del presidente.		
26. Los hondureños y nicaragüenses son centroamericanos.		
27. Es injusto que no todos los ancianos se puedan jubilar.		

Actividad 29-5

Para cada verbo conjugado, escribe el sujeto, el tiempo verbal, el modo (indicativo o subjuntivo) y su infinitivo.

1. **sugirió**   sujeto _____   tiempo verbal _____

      infinitivo _____   modo _____

2. **murieran**   sujeto _____   tiempo verbal _____

      infinitivo _____   modo _____

3. **han escoltado**   sujeto _____   tiempo verbal _____

      infinitivo _____   modo _____

4. **realice**   sujeto _____   tiempo verbal _____

      infinitivo _____   modo _____

5. **garanticé**   sujeto _____   tiempo verbal _____

      infinitivo _____   modo _____

6. **venzo**   sujeto _____   tiempo verbal _____

      infinitivo _____   modo _____

7. **eligiésemos**   sujeto _____   tiempo verbal _____

      infinitivo _____   modo _____

8. **cumplías**   sujeto _____   tiempo verbal _____

      infinitivo _____   modo _____

9. **incluyeron**   sujeto _____   tiempo verbal _____

      infinitivo _____   modo _____

10. **ruegues**   sujeto _____   tiempo verbal _____

      infinitivo _____   modo _____

Para cada verbo conjugado, escribe el sujeto, el tiempo verbal, el modo (indicativo o subjuntivo) y su infinitivo.

11. **valdrá**   sujeto _____   tiempo verbal _____

    infinitivo _____   modo _____

12. **impida**   sujeto _____   tiempo verbal _____

    infinitivo _____   modo _____

13. **prohíbe**   sujeto _____   tiempo verbal _____

    infinitivo _____   modo _____

14. **se han roto**   sujeto _____   tiempo verbal _____

    infinitivo _____   modo _____

15. **ofrezcamos**   sujeto _____   tiempo verbal _____

    infinitivo _____   modo _____

16. **obtuve**   sujeto _____   tiempo verbal _____

    infinitivo _____   modo _____

17. **quiebran**   sujeto _____   tiempo verbal _____

    infinitivo _____   modo _____

18. **habéis donado**   sujeto _____   tiempo verbal _____

    infinitivo _____   modo _____

19. **beneficiaba**   sujeto _____   tiempo verbal _____

    infinitivo _____   modo _____

20. **gobernaste**   sujeto _____   tiempo verbal _____

    infinitivo _____   modo _____

Actividad 29-6

Para formar cada oración, cambia el orden de palabras y puntuación para que tenga sentido.

1. la contra Segunda aliados Guerra el Mundial , los fascismo durante lucharon .

_____

2. la desempleo debe ciudadanos a de alarmar todos tasa los .

_____

3. los país diamantes saquearon militares todos los del .

_____

4. podemos no poco con un el que acabar hambre a ser todos no mundial contribuyamos .

_____

_____

5. los alguien esperando dé desamparados amparo a que están les.

_____

6. no de ciudadanos justo hambre se que nuestros es mueran .

_____

7. contras los de votar , hay antes pros considerar que y los .

_____

8. promesas candidato por el que llevara el fin de con a cabo sus votamos .

_____

9. venció republicana elecciones su generales las en la rival a socialista .

_____

10. mandó la garantizar quería a porque tropas las porque le paz la guerra , sino guste no .

_____

_____

Actividad 30-1

Escucha la pronunciación de cada palabra y determina si falta un acento escrito o no. Si falta, escribe el acento en la vocal correcta.

1. aleman

2. algebra

3. critico / critico / critico

4. calculo / calculo / calculo

5. opera / opera

6. estadistica

7. ingles

8. fisica

9. frances

10. matematicas

11. musica

12. quimica

13. caracter

14. caracteres

15. practico / practico / practico

16. formula / formula

17. calculadora

18. auditorio

19. pizarron

20. significa

21. rubrica

22. examen

23. examenes

24. presentacion

25. presentaciones

26. proximo

27. boton

28. especifica / especifica

29. sueter

30. regimen

31. regimenes

32. periodico

33. segun

34. mamifero

Actividad 30-2

<u>Subraya</u> los diptongos. Separa las vocales de cada hiato con una línea vertical.

aa   ea   ia   oa   ua   ía   óa   úa   íi   eú

iu   ae   ee   ie   oe   íu   iú   éi   úo   ío

oo   ui   ai   ei   ii   íe   úi   oú   óe   úe

uo   ou   uu   ao   eo   uí   aí   úu   aú   éo

eu   io   oi   ue   au   éa   eí   íi   uú   áe

<u>Subraya</u> la sílaba tónica de cada palabra. Todas las palabras ya están bien escritas.

1. pudiera
2. buenos
3. contemplaría
4. muriendo
5. principios
6. ornitólogo
7. incruento
8. quirófano
9. pañal
10. rasguear
11. circulo
12. caliente
13. fabrica

14. imaginarios
15. Quetzalcóatl
16. ungüento
17. noroeste
18. pleito
19. aliado
20. auriculares
21. ataúd
22. deuda
23. caída
24. continuo
25. continúo
26. realmente

27. bloqueo
28. viuda
29. coordina
30. construir
31. causas
32. dieciséis
33. pingüinos
34. actúas
35. oigo
36. oeste
37. maestro
38. carácter
39. caracteres

Trabajo de artículo de prensa

El propósito:
- Ayudar al/a la estudiante a mejorar sus habilidades de leer y escribir y proveerle la oportunidad de conocer mejor las culturas españolas y latinoamericanas por medio de explorar materiales auténticos.

El trabajo:
- Escribir un resumen en español (con una extensión mínima de 75 palabras) de un artículo de prensa de un periódico español o latinoamericano.
- Entregarle el resumen a tu maestro/a o leerlo en clase (o con tu tutor) cada semana. Esto puede abrir una plática auténtica a base de eventos corrientes.

Pasos para el éxito:
- Usando los recursos de los sitios web a continuación, busca un artículo de un periódico español o latinoamericano sobre cualquier tema que te interese.
- Échale un vistazo al artículo para asegurarte de que vayas a poder resumir el contenido.
- Usando el diccionario, investiga las palabras claves desconocidas (no todas).
- En una hoja de papel, saca apuntes (en español) sobre lo esencial del artículo.
- Guarda el artículo y escribe un párrafo resumiendo el artículo. Si no recuerdas un detalle importante, revisa el artículo y luego vuelve a guardarlo y continúa resumiéndolo. La idea es entender el contenido del artículo lo suficientemente bien como para poder hablar del tema sin simplemente parafrasear el artículo.

Recursos de la red:	**Diccionarios en línea:**
www.zonalatina.com	www.rae.es
www.prensaescrita.com	www.spanishdict.com

Trabajo de diario

El propósito:
- Ayudar al/a la estudiante a desarrollar su propia voz en español y a pensar en español sobre los acontecimientos diarios, sus problemas, sus deseos, etc.

El trabajo:
- Escribir una entrada de diario (con una extensión mínima de 150 palabras) por lo menos una vez a la semana.
- Entregarle la entrada a tu maestro/a cada semana. Esto puede identificar errores y fallas individuales.

Temas de ensayo y/o conversación

Unidad 21 – donde vivimos

Transporte particular vs. transporte público – las ventajas vs. las desventajas

La importancia de los límites de velocidad en las calles y autopistas

¿Dónde prefieres vivir: el campo, la ciudad, o las zonas residenciales de las afueras?

Unidad 22 – el entretenimiento

La censura en el arte, la prensa, el cine, etc.

La violencia vs. la desnudez en la tele y en el cine – los efectos y las consecuencias

Unidad 23 – el medioambiente y la naturaleza

Lo que puede hacer el individuo para mejorar el medioambiente

¿Por qué (no) se debe comprar prendas de vestir de piel?

Los derechos de los animales

¿Debe ser obligatorio ofrecer servicios de reciclaje?

¿Es preferido ser vegetariano?

Las consecuencias del cambio climático y qué responsabilidad tenemos para mitigar los efectos

Los beneficios de formas alternativas de energía (solar, de viento, etc.)
¿Cómo será la casa del futuro, el auto?

Los efectos de la sobrepoblación - ¿Cuáles son las consecuencias y qué responsabilidades tenemos para mitigar los efectos?

Unidad 24 – los misterios, los fenómenos y los complots

¿Existen los fantasmas? ¿Has tenido una experiencia personal?

Los seres vivos extraterrestres inteligentes ¿realidad o fantasía?

Teorías de complots – ¿hay algunos válidos? ¿Son realidad, trastornos mentales, otro? ¿Por qué fascinan?

Unidad 25 – el cuerpo humano y la medicina

La eutanasia / la muerte con dignidad

¿Debe estar disponible la pastilla para el aborto Ru468 (Mifeprex) en los EE.UU?

El negar a las personas indocumentadas servicios médicos

El estrés y la ansiedad y sus efectos sobre los jóvenes

El fumar en lugares públicos – ¿se debe permitir/prohibir?

El cuidado de salud universal

Los efectos de la comida rápida en la dieta estadounidense y como ha afectado otros países

La mala práctica (negligencia) médica y las demandas

Analiza los beneficios de un trasplante de órganos.

Unidad 26 – la vida doméstica

Escribe un cuento corto de ficción narrado en el pasado con una extensión mínima de 600 palabras. (p. 80 de *Gramática* te ayudará)

¿Es mejor rentar o comprar?

¿Prefieres una casa, mini casa, apartamento, condominio, remolque?

¿Vale la pena vivir con compañeros de cuarto para bajar los costos?

Unidad 27 – las ciencias y la tecnología

Según nuevos estudios, los medios de comunicación sociales son tan adictivos como el alcohol, los cigarros y los juegos por dinero. ¿Debe haber una edad mínima para abrir una cuenta en los medios sociales?

Las noticias falsas en los medios de comunicación sociales

¿Debe los EE. UU. continuar a explorar el espacio y otros planetas?

Unidad 28 – el crimen, las delincuencias y la justicia

Los efectos posibles de los juguetes/juegos violentos en los niños

Cómo bajar las tasas de crimen

Alguna gente cree que la pobreza causa el crimen. ¿Estás de acuerdo o no?

¿Es justa la guerra contra las drogas? ¿Se puede ganar?

La pena de muerte, ¿estás a favor, en contra, o depende? Elabora.

Unidad 29 – la política y los asuntos mundiales

El control o límite que debe imponer el gobierno sobre la publicidad (cigarros, alcohol, sexo)

¿Por qué (no) deben registrarse las armas de fuego?

¿Debe ser Puerto Rico colonia/territorio estadounidense, el 51 estado, o país independiente?

La explotación de niños y mujeres en las fábricas americanas en Latinoamérica/Asia

Los derechos de los estados en cuanto a: derechos civiles, educación pública, etc.

¿Debe los EE. UU. tener diferentes leyes de inmigración para diferentes países?

¿Cómo se distinguen el terrorismo y la revolución y cómo se comparan?

¿Cómo balanceamos los costos de programas de beneficio social para las poblaciones más vulnerables y los costos de la policía, cárceles, fuerzas antidroga, etc.? ¿Hay conexión?

¿Debe los EE. UU. eliminar el colegio electoral o es fundamental a su democracia?

¿Qué plan de impuestos propondrías al congreso/senado y cuáles serían los detalles?

Apuntes

Apuntes

Apuntes

Apuntes

Apuntes

About the Author

David Faulkner holds bachelor's and master's degrees in Spanish, with an emphasis in teaching, and has taught Spanish in every grade from fourth to the university level. He is passionate about the fundamentals of language, as well as interpersonal communication and personal expression, particularly where their practical application has a positive impact on people's lives.

Faulkner opened up about his childhood in his memoir, *Superheroes* (2015), and has since shifted his focus back to his true calling: teaching Spanish and inspiring others to practice it in their daily lives.

Faulkner enjoys spending time with his family, public speaking, traveling the world, and staying active. He is an idealist and a relentless dreamer, reveling in the happiness of pursuit. *De cabo a rabo* (*Gramática*, *Vocabulario*, and *Actividades*) comprises his second, third, and fourth books.

To schedule David Faulkner for a curriculum presentation to see how his Spanish guides could benefit your language program, or to hire him for private lessons or as a guest teacher at your school, please contact him through DavidFaulknerBooks.com.

Made in the USA
Las Vegas, NV
30 September 2021